Libro del alumno

Nivel 4

Rosângela Dantas

1.ª edición: 2014
6.ª impresión: 2019

Impreso en España/*Printed in Spain*
© Edelsa Grupo Didascalia S.A., Madrid 2014
Autora: Rosângela Dantas.

Dirección y coordinación editorial: Departamento de Edición de Edelsa.
Diseño de cubierta: Departamento de Imagen de Edelsa.
Diseño de interior y maquetación: Departamento de Imagen de Edelsa.
Ilustraciones: Ángeles Peinador Arbiza.
Fotografías: thinkstockphotos.es

Audio: Locuciones y montaje sonoro ALTA FRECUENCIA Madrid, 915195277, altafrecuencia.com.

ISBN versión internacional: 978-84-7711-568-7
ISBN versión brasileña: 978-84-7711-747-6

Depósito legal: M-19534-2014

Notas y agradecimientos:
- La editorial Edelsa ha solicitado los permisos de reproducción correspondientes y agradece a todas aquellas instituciones que han prestado su colaboración.
- Las imágenes y documentos no consignados más arriba pertenecen al Departamento de Imagen de Edelsa.
- Cualquier forma de reproducción de esta obra solo puede ser realizada con la autorización de la editorial, salvo excepción prevista por la ley. Diríjase a CEDRO (Centro de Derechos Reprográficos, www.cedro.org) si necesita fotocopiar o escanear algún fragmento de esta obra.

¡Bienvenido a este curso de español!

Versión mixta: digital y papel

¿En qué consiste?

1. Trabajar con el material digital

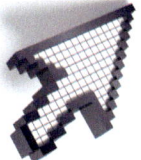

- Libro del alumno digitalizado interactivo
- *Blog* en la red
- Ejercicios y actividades complementarias de descarga gratuita

} www.edelsa

2. Trabajar con el libro en formato papel

- Libro del alumno (Págs. 6 a 121).
- Esquemas de repaso gramatical (Págs. 122 a 127).

¿Cómo funciona este curso?

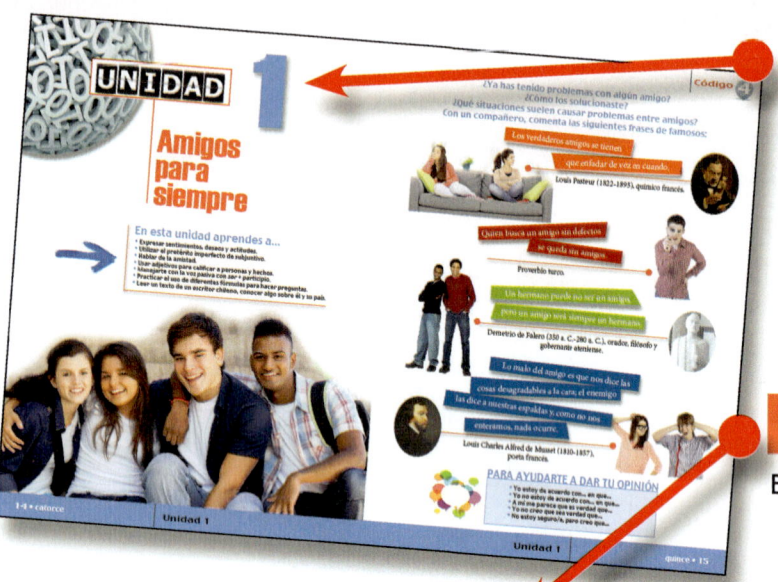

Este libro tiene 6 unidades

Observa la primera página de cada unidad y sus objetivos.
En la segunda, hay una actividad de repaso y sistematización del léxico.

Cada unidad tiene 2 lecciones

Empezamos cada unidad con un diálogo o un texto.

Responde las preguntas sobre el diálogo o el texto.

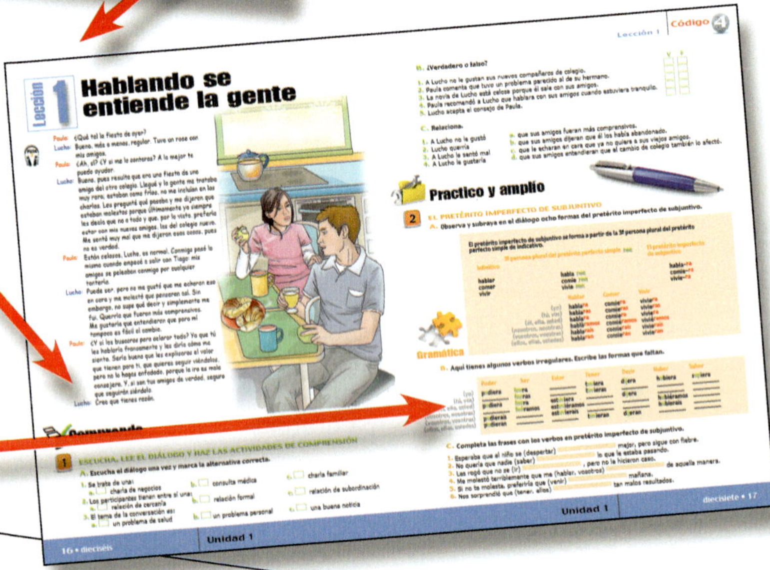

Practica y comunica en español.

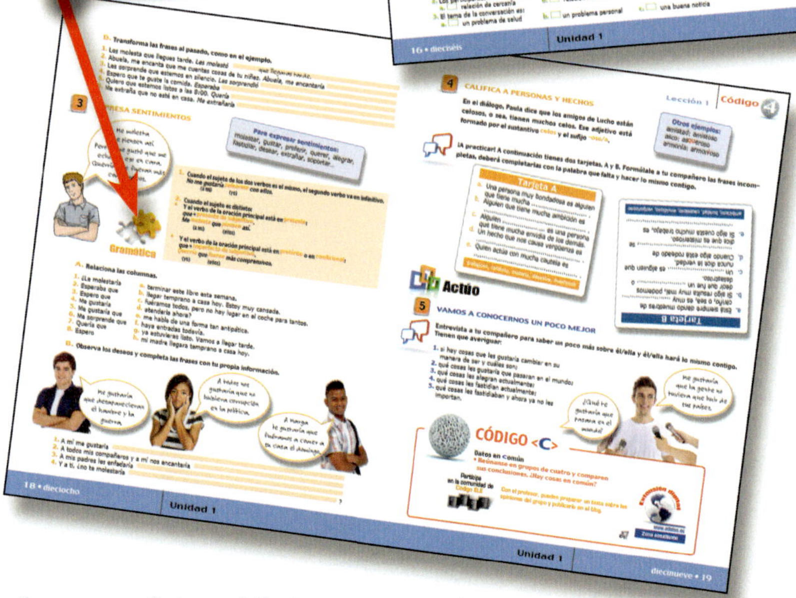

Participa en la comunidad de **Código ELE**

BLOG

Extensión digital

www.edelsa

Escribe en español y publícalo en el *blog* Código ELE en www.edelsa

On-line

Tu biblioteca de español

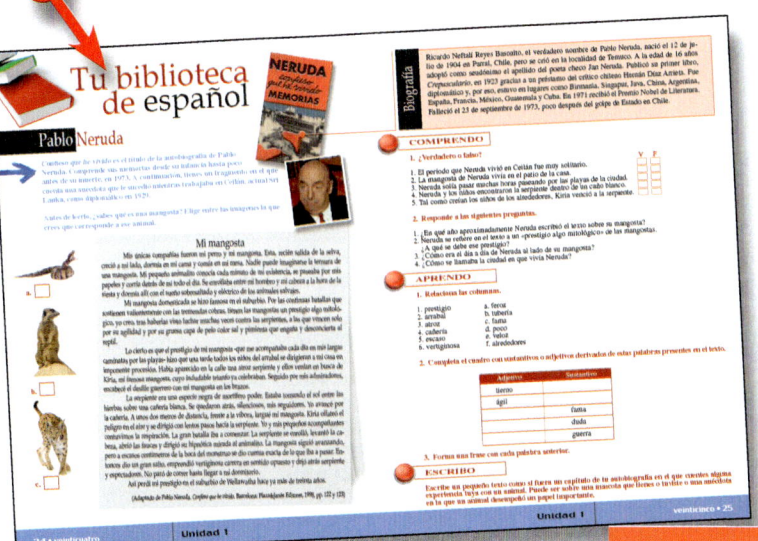

Actividades de comprensión lectora y expresión escrita.

Tu rincón hispano

Acercamiento a la cultura de América Latina y variantes del español.

Arte y aparte

Cierra cada unidad con actividades a partir de cuadros relacionados temáticamente con la unidad.

Modelos de examen

Repasa y fija tus conocimientos:
- de comunicación.
- de gramática.
- de texto.

cinco • 5

		Competencias comunicativas
Unidad 0 Pág. 8	De regreso a las clases	**Repaso de los contenidos de los niveles anteriores.** - Formas de los tiempos verbales de indicativo y del presente de subjuntivo. - Usos del presente de subjuntivo. - Léxico del aula. - Contraste del artículo *lo/el*.
Unidad 1 Pág. 14 **Amigos para siempre**	**Lección 1** Hablando se entiende la gente	- Desarrollar su capacidad de **comprensión auditiva**: La fiesta de Lucho. - **El pretérito imperfecto de subjuntivo** (formas en –ra y usos para expresar deseos de difícil realización). - **Expresa sentimientos** (*molestar, gustar, preferir, fastidiar, alegrar...*). - **Califica a personas y hechos** (adjetivos calificativos). - **Actúa** y vamos a conocernos un poco mejor.
	Lección 2 Una amistad de película	- Desarrollar su capacidad de **comprensión lectora**: La película *Machuca*, de Andrés Wood. - **Formula preguntas** (preguntas directas, indirectas y retóricas). - **Oraciones pasivas** (ser + participio). - **Colocación pronominal** (referirse a algo mencionado antes). - **Actúa** y haz una entrevista absurda.
	Tu biblioteca de español. Pablo Neruda: *Confieso que he vivido* y contar un episodio autobiográfico. **Tu rincón hispano. Chile.**	
Unidad 2 Pág. 32 **Usos de las nuevas tecnologías**	**Lección 3** Yo en tu lugar	- Desarrollar su capacidad de **comprensión auditiva**: La abuela de Cecilia tiene un portátil. - **Expresa condiciones** (dar consejos personales). - **Haz hipótesis con el futuro compuesto** (¿Le habrá pasado algo?). - **Actúa** y haz un glosario de Internet.
	Lección 4 Los peligros de las redes sociales	- Desarrollar su capacidad de **comprensión lectora**: Los adolescentes no controlan su privacidad en las redes sociales. - **Habla de cifras y cantidades** (*un tercio, un quinto, la inmensa mayoría, un cuarto, la mitad de*). - **Organiza las informaciones en un texto** (*según, conforme, por el contrario, además...*). - **Rellena una encuenta** (interpretar datos). - **Actúa** y haz tu encuesta.
	Tu biblioteca de español. Ángeles Mastretta: *Mal de amores* y escribir un relato. **Tu rincón hispano. México.**	
Unidad 3 Pág. 50 **En cuerpo y alma**	**Lección 5** Una dieta equilibrada para ti	- Desarrollar su capacidad de **comprensión auditiva**: Un trabajo para el instituto. - **Los alimentos.** - **Los pronombres de complemento.** - **Actúa** y da una receta.
	Lección 6 Cuidados para un cuerpo sano	- Desarrollar su capacidad de **comprensión lectora**: Tu espalda y vos. - **El voseo.** - **Las partes del cuerpo.** - **Actúa** y haz una tabla de ejercicios.
	Tu biblioteca de español. Mario Benedetti: *Primavera con una esquina rota* y describir un lugar. **Tu rincón hispano. Uruguay.**	
Unidad 4 Pág. 68 **El mundo en tu bolsillo**	**Lección 7** Viaje de fin de curso	- Desarrollar su capacidad de **comprensión lectora**: Dos ofertas de viajes a Bariloche. - **Las oraciones finales.** - **Otras fórmulas para expresar finalidad** (*a fin de que, con el objeto de que*). - **Describe lugares.** - **Actúa** y haz un resumen.
	Lección 8 ¡Buen viaje!	- Desarrollar su capacidad de **comprensión auditiva**: El guía les da la bienvenida a Bariloche. - **El estilo indirecto** (¿Qué ha dicho?). - **Da instrucciones en el estilo indirecto** (Pidió que...). - **Actúa** y el bote de pedidos.
	Tu biblioteca de español. Julio Cortázar: *Historia de cronopios y famas* y narrar un viaje. **Tu rincón hispano. Argentina.**	
Unidad 5 Pág. 86 **El planeta en tus manos**	**Lección 9** Debate sobre el medio ambiente	- Desarrollar su capacidad de **comprensión auditiva**: Un programa de Hay que cuidar nuestro planeta. - **Recuerda lo que sabes sobre los temas medioambientales** (vocabulario). - **Expresa tu opinión** (Creo/No creo que...). - **Opina y refuta opiniones** (Antes no sabía que...). - **Actúa** y da una noticia.
	Lección 10 Movilízate	- Desarrollar su capacidad de **comprensión auditiva**: Un evento especial. - **Cede la elección** (Donde tú quieras...). - **Presenta alternativas.** - **Pon obstáculos para acciones futuras** (Aunque). - **Actúa** y haz proyectos ecologistas.
	Tu biblioteca de español. Gabriel García Márquez: *Vivir para contarla.* **Tu rincón hispano. Colombia.**	
Unidad 6 Pág. 104 **Consumo y dinero**	**Lección 11** Pensar antes de comprar	- Desarrollar su capacidad de **comprensión auditiva**: Un problema familiar. - **Conoce el léxico de la economía** (Ingresos, gastos...). - **El pretérito perfecto de subjuntivo.** - **Expresar alegría, sorpresa y desagrado.** - **Actúa** y debate sobre una propuesta.
	Lección 12 Buscando trabajo	- Desarrollar su capacidad de **comprensión lectora**: Trabajo temporal para jóvenes. - **El pretérito pluscuamperfecto de subjuntivo y el condicional compuesto.** - **Expresa condiciones no producidas en el pasado** (Si hubiera...). - **Actúa** y evalúa ofertas de trabajo.
	Tu biblioteca de español. Nicolás Guillén: *La muralla.* **Tu rincón hispano. Cuba.**	

ÍNDICE

Conocimientos lingüísticos

- Repaso de la forma del pretérito perfecto simple (indefinido) de indicativo.
- Formación y usos del imperfecto de subjuntivo en *–ra*.
- Contraste entre el uso del infinitivo, el presente y el imperfecto de subjuntivo en oraciones de sentimientos.
- Los sufijos *–oso/-osa* para formar adjetivos calificativos.

- Repaso del uso de los pronombres interrogativos y de los conectores.
- Las oraciones pasivas con *ser* y los participios regulares e irregulares.
- Repaso de los pronombres de objeto directo e indirecto.

- Las oraciones condicionales de difícil realización.
- La forma del futuro compuesto y los usos para expresar hipótesis en contraste con el futuro simple.

- Indefinidos y partitivos.
- Los conectores del discurso escrito.

- Los nombres de algunos alimentos y sus nutrientes.
- Repaso de los pronombres de complementos juntos.
- Procedimientos de elaboración de platos.

- Formas y usos del voseo.
- Los nombres de las partes del cuerpo.
- Repaso de los usos del imperativo.

- Las oraciones finales con infinitivo o con subjuntivo.
- Repaso del imperativo negativo.
- Adjetivos de valoración.

- El estilo indirecto en presente y en pasado.
- Usos de los tiempos del subjuntivo en el estilo indirecto.

- Expresiones de opinión con indicativo y con subjuntivo.
- Oraciones de opinión en pasado.

- Oraciones de relativo con antecedente desconocido.
- Oraciones adversativas.
- Usos de *aunque* con subjuntivo.

- El pretérito perfecto de subjuntivo.
- Contraste entre los usos del presente y del perfecto de subjuntivo.
- Las oraciones de sentimiento con subjuntivo.

- Las oraciones condicionales imposibles.
- La forma del pretérito pluscuamperfecto de subjuntivo y del condicional compuesto y sus usos en oraciones condicionales.

Índice

siete • 7

UNIDAD 0

De regreso a las clases

En esta unidad vamos a recordar...
- Cómo hablar de experiencias pasadas.
- Cómo expresar deseos.
- Los nombres de algunos útiles escolares.
- El uso del artículo *lo*.
- Cómo dar recomendaciones o consejos.

Todos los años, los estudiantes se enfrentan a ese mismo momento: el regreso a las clases. ¿Volver a empezar te sigue causando las mismas emociones que cuando estabas en primaria? ¿Qué es lo peor de ese momento? ¿Y lo mejor?

PARA AYUDARTE A HABLAR DE LOS RECUERDOS PASADOS Y DEL PRESENTE

- Recuerdo que, cuando era pequeño,...
- Me acuerdo de que...
- A mí antes (no) me gustaba..., pero ahora...
- De pequeño..., pero ahora...

Lección 0: Volver a empezar

Comprendo

1. ESCUCHA, LEE Y HAZ LAS ACTIVIDADES DE COMPRENSIÓN

A. Vas a escuchar un fragmento de un programa de radio. Mientras lo escuchas, marca los temas que se mencionan.

- a. ☐ Los gastos con los útiles escolares.
- b. ☐ La falta de plazas en las escuelas públicas.
- c. ☐ La dificultad para volver a levantarse temprano.
- d. ☐ El exceso de actividades extraescolares.
- e. ☐ La importancia de una buena alimentación.
- f. ☐ La alegría de reencontrar a los amigos.

Locutor: Ya han terminado las vacaciones y hoy miles de chicos han vuelto a las clases. Tenemos en el estudio a la psicopedagoga Mónica Alvarado que nos va a hablar sobre ese momento. Esperamos que les resulten útiles las orientaciones. Hola, buenos días, Mónica. Los primeros días, es duro volver a levantarse temprano y agarrar el ritmo. ¿Qué nos puede decir al respecto?

Entrevistada: La organización es la clave para no sufrir tanto al inicio. Lo ideal es empezar una semana antes a levantarse una hora más temprano cada día hasta llegar al horario en el que se tiene que levantar habitualmente para ir a la escuela.

Locutor: Los padres, a su vez, tienen que enfrentarse al impacto económico que el inicio del año escolar representa en sus presupuestos.

Entrevistada: Sí, es verdad. Y además están los gastos que hicieron durante las vacaciones. En cuanto a los útiles, es importante averiguar qué se puede reaprovechar o seguir usando y comprar solo lo imprescindible. Muchos colegios también organizan ferias de libros usados en las que se pueden comprar libros de texto mucho más baratos.

Locutor: Otro tema importante es la merienda escolar. ¿Es cierto que la alimentación también influye en el rendimiento de los alumnos?

Entrevistada: Efectivamente. En los adolescentes, tenemos problemas tanto por el alto consumo de grasa y azúcar como por no comer. Ambas situaciones provocan fatiga, dificultad de concentración, irritabilidad y, consecuentemente, la disminución en su capacidad de aprendizaje. Hay que evitar la comida industrializada y preferir frutas, verduras, yogures, panes integrales y proteínas magras tanto en el desayuno como en la merienda. Y, por supuesto, es muy importante que sigan esas recomendaciones también en las otras comidas.

Locutor: Muchas gracias. Y a todos los estudiantes, les deseamos que tengan un excelente año académico. ¡Que les vaya bien!

B. Basándote en la entrevista que acabas de escuchar, marca verdadero o falso.

	V	F
a. La entrevistada se llama Mónica Álvarez y es la secretaria de Educación del municipio.	☐	☐
b. Para no tener sueño al volver a las clases, hay que mantener la misma rutina de horarios durante las vacaciones.	☐	☐
c. Reaprovechar los útiles del año anterior y comprar libros de texto usados son las recomendaciones que se dan para reducir los gastos al inicio del año escolar.	☐	☐
d. Se puede concluir que la alimentación es la principal causa del fracaso escolar.	☐	☐

C. Marca qué alimentos se recomiendan tomar en el diálogo.

a. ☐   b. ☐   c. ☐   d. ☐
e. ☐   f. ☐   g. ☐   h. ☐

Practico y amplío

2 HABLA DEL PASADO

Pretérito perfecto simple	Acciones puntuales que no incluyen el momento presente. Marcadores temporales: *ayer, el año pasado, el mes pasado,* etc.	Y además están los gastos que *hicieron* durante las vacaciones.
Pretérito perfecto compuesto	Acciones puntuales que incluyen el presente o cuyo resultado se extiende hasta el presente. Marcadores temporales: *hoy, este mes, este año, esta semana, ya, nunca, todavía,* etc.	Hoy miles de chicos *han vuelto* a las clases. Estas vacaciones me *he divertido* mucho.
Pretérito imperfecto	Acciones habituales o costumbres pasadas.	Durante las vacaciones, *iba* todos los días a la piscina. Pues yo *estaba* todo el tiempo con mis amigas del edificio.

Gramática

Lección 0 | **Código 4**

A. Completa el cuadro con las formas de los verbos en la persona *yo*.

	Pretérito perfecto compuesto	Pretérito perfecto simple (indefinido)	Pretérito imperfecto
viajar		*viajé*	
correr			
vivir	*he vivido*		
ser			
estar			
querer			*quería*
poder			
tener			
hacer			

B. Marca la alternativa correcta.

0. Esta mañana no *he logrado* levantarme cuando sonó el despertador.

a. [X] he logrado
b. [ ] ha logrado
c. [ ] había logrado
d. [ ] has logrado

1. Antes no cuidaba el material escolar y _____ siempre perdiendo cosas.

a. [ ] estabas
b. [ ] he estado
c. [ ] estuve
d. [ ] estaba

2. El año pasado casi _____ Matemáticas porque no _____ los deberes.

a. [ ] repruebo/hiciste
b. [ ] reprobó/hacías
c. [ ] ha reprobado/hice
d. [ ] reprobé/hacía

3. En mi aula, _____ veinte chicas y nueve chicos. Ojalá este año esté más equilibrado.

a. [ ] hubo
b. [ ] tuvo
c. [ ] había
d. [ ] ha habido

4. Todavía no _____ los horarios de los deportes. Quiero apuntarme al baloncesto.

a. [ ] salen
b. [ ] han salido
c. [ ] salían
d. [ ] salí

5. ¿_____ qué buena es la página del colegio ahora? La han remodelado.

a. [ ] Veían
b. [ ] He visto
c. [ ] He visto
d. [ ] Han visto

C. Completa con los verbos entre paréntesis en el tiempo correcto del pasado.

• Durante las vacaciones, me (acostar) _____ después de la una de la mañana y nunca me (despertar) _____ antes de las once.
• Yo, el mes pasado, (ir) _____ prácticamente todos los días a la piscina.
• Se nota. Qué lindo color tienes. Y tú, Roberto, ¿qué tal las vacaciones?
• Muy bien, pero en casa. Como las vacaciones del año pasado, con mi familia, (hacer, nosotros) _____ un viaje largo y costoso, estas me (quedar) _____ por aquí mismo.
• Pues yo me (aburrir) _____ como una ostra. (Ir, nosotros) _____ a ver a mi abuela que vive en una ciudad muy chica. Allí no (haber) _____ nada que hacer y encima (llover) _____ todos los días por la tarde.

Unidad 0

3 ÚTILES ESCOLARES

En la entrevista se mencionan los útiles escolares. Vamos a recordar cómo se dice en español algunos de los materiales que usamos. Encuentra en esta sopa de letras los nombres que corresponden a las definiciones.

1. Lo usamos para pegar.
2. Lo necesito cuando tengo que afilar mi lápiz.
3. Si quiero destacar algo en un texto que estoy leyendo, uso un _____.
4. En ella llevo mis cosas al colegio. Pesa cada vez más y me está dañando la columna.
5. Sirven para cortar.
6. En eso guardamos bolígrafos, lápices, la goma, etc.
7. La uso para borrar algo escrito con lápiz.
8. La usas para dibujar líneas rectas y para medir.
9. Para leer y estudiar.
10. Es donde escribes tus notas y apuntes y donde haces tus deberes.

```
E I C M N E S I L I E N
S O A A D R E G L A P B
T N M R E A I A A I E G
U D I C R S D C S D G R
C E S A C A P U N T A S
H R P D D Z G A D A M F
E A A O E A Q D E C E E
L I B R O R P E R U N C
Y G E Q A R L R A A T S
M O C H I L A N S L O A
X M L D P O D O P A S T
Z A I E T I J E R A S I
M B M R V U S E Q A R L
```

4 EXPRESA DESEOS

Usamos el presente de subjuntivo para expresar deseos referidos a otras personas.

Esperar / Desear / Querer	que	+ presente de subjuntivo	Esperamos que les resulten útiles las orientaciones. Les deseamos que tengan un excelente año académico.
Ojalá / Que	(que)		Ojalá que aprueben el curso. ¡Que les vaya bien!

Gramática

A. Recuerda el presente de subjuntivo.

Infinitivo	(yo)	(nosotros)
poder		
querer		queramos
	sienta	
	esté	
tener		
		hayamos
	haga	

Lección 0 | Código 4

B. Completa las frases con las expresiones del recuadro y teniendo en cuenta el contexto propuesto para cada una.

• pasarlo bien • no ser difícil • sentirse como en casa • verse pronto • decirme la verdad

1. (Tú a tus tíos que se van de vacaciones). ¡Que _____!
2. (Tú a un amigo al despedirse de él). Ojalá _____
3. (Los alumnos al iniciar una prueba). Esperamos _____
4. (Tu madre a tu hermano que es un poco mentiroso). Quiero _____
5. (El recepcionista a un huésped en un hotel). Deseamos _____

5 EL ARTÍCULO *LO*

• *Lo ideal* es empezar una semana antes a levantarse una hora más temprano.
• Es importante averiguar qué se puede reaprovechar (...) y comprar solo *lo imprescindible*.

Usamos el artículo neutro *lo* delante de un adjetivo o adverbio para expresar un concepto general.

LO	EL
Nunca se usa delante de sustantivos.	Antecede sustantivos o se refiere a uno ya aludido.

Gramática

Completa con *el* o *lo*.

1. Hay que ver ____ malos que son los estrenos en el cine de esta semana.
2. ¿Te acuerdas del chico del que te hablé ayer? Está allí, es ____ rubio, de gorra azul.
3. ¿Conoces esta canción de Ricky Martin? Se llama «____ mejor de mi vida eres tú».
4. Previsión del tiempo para hoy: ____ calor sigue, tendremos temperaturas por encima de los 28º y, por la tarde, lluvia.
5. Esta mañana he escuchado una entrevista en la que hablaban sobre la importancia de distinguir entre ____ ideal y ____ real o posible.
6. Durante ____ intervalo, te enseño algunas fotos de mis vacaciones.
7. Con ____ regreso a las clases, ____ tráfico ya empieza a empeorar.

Actúo

6 HAZ TU ENCUESTA

A. ¿Recuerdas tu primer día de clase? Habla con un compañero al respecto.

RECURSOS
• lo mejor/ideal/imprescindible es...
• lo menos importante es...
• es importante/necesario...
• hay que...

Lo más difícil fue que pensaba que iba a estar solo, pues no conocía a nadie, pero durante el recreo me invitaron a jugar al fútbol y me divertí un montón.

Lo que recuerdo es que estaba muy ansiosa y la noche anterior no pude dormir.

B. Pensando en tu experiencia, ¿qué cosas le dirías a alguien que está empezando en tu escuela? En grupos, hagan una lista. Después, comparen las listas de la sala y entre todos elijan la que será publicada en la web del colegio.

UNIDAD 1

Amigos para siempre

En esta unidad aprendes a...
- Expresar sentimientos, deseos y actitudes.
- Utilizar el pretérito imperfecto de subjuntivo.
- Hablar de la amistad.
- Usar adjetivos para calificar a personas y hechos.
- Manejarte con la voz pasiva con *ser* + participio.
- Practicar el uso de diferentes fórmulas para hacer preguntas.
- Leer un texto de un escritor chileno, conocer algo sobre él y su país.

¿Ya has tenido problemas con algún amigo?
¿Cómo los solucionaste?
¿Qué situaciones suelen causar problemas entre amigos?
Con un compañero, comenta las siguientes frases de famosos:

Los verdaderos amigos se tienen que enfadar de vez en cuando.

Louis Pasteur (1822-1895), químico francés.

Quien busca un amigo sin defectos se queda sin amigos.

Proverbio turco.

Un hermano puede no ser un amigo, pero un amigo será siempre un hermano.

Demetrio de Falero (350 a. C.-280 a. C.), orador, filósofo y gobernante ateniense.

Lo malo del amigo es que nos dice las cosas desagradables a la cara; el enemigo las dice a nuestras espaldas y, como no nos enteramos, nada ocurre.

Louis Charles Alfred de Musset (1810-1857), poeta francés.

PARA AYUDARTE A DAR TU OPINIÓN

- Yo estoy de acuerdo con... en que...
- Yo no estoy de acuerdo con... en que...
- A mí me parece que es verdad que...
- Yo no creo que sea verdad que...
- No estoy seguro/a, pero creo que...

Hablando se entiende la gente

Paula: ¿Qué tal la fiesta de ayer?

Lucho: Bueno, más o menos, regular. Tuve un roce con mis amigos.

Paula: ¿Ah, sí? ¿Y si me lo contaras? A lo mejor te puedo ayudar.

Lucho: Bueno, pues resulta que era una fiesta de una amiga del otro colegio. Llegué y la gente me trataba muy raro; estaban como fríos, no me incluían en las charlas. Les pregunté qué pasaba y me dijeron que estaban molestos porque últimamente yo siempre les decía que no a todo y que, por lo visto, prefería estar con mis nuevos amigos, los del colegio nuevo. Me sentó muy mal que me dijeran esas cosas, pues no es verdad.

Paula: Están celosos, Lucho, es normal. Conmigo pasó lo mismo cuando empecé a salir con Tiago: mis amigas se peleaban conmigo por cualquier tontería.

Lucho: Puede ser, pero no me gustó que me echaran eso en cara y me molestó que pensaran así. Sin embargo, no supe qué decir y simplemente me fui. Querría que fueran más comprensivos. Me gustaría que entendieran que para mí tampoco es fácil el cambio.

Paula: ¿Y si los buscaras para aclarar todo? Yo que tú les hablaría francamente y les diría cómo me siento. Sería bueno que les explicaras el valor que tienen para ti, que quieres seguir viéndolos, pero no lo hagas enfadado, porque la ira es mala consejera. Y, si son tus amigos de verdad, seguro que seguirán siéndolo.

Lucho: Creo que tienes razón.

1 **ESCUCHA, LEE EL DIÁLOGO Y HAZ LAS ACTIVIDADES DE COMPRENSIÓN**

A. Escucha el diálogo una vez y marca la alternativa correcta.

1. Se trata de una:
   a. ☐ charla de negocios
   b. ☐ consulta médica
   c. ☐ charla familiar
2. Los participantes tienen entre sí una:
   a. ☐ relación de cercanía
   b. ☐ relación formal
   c. ☐ relación de subordinación
3. El tema de la conversación es:
   a. ☐ un problema de salud
   b. ☐ un problema personal
   c. ☐ una buena noticia

Lección 1 | Código 4

B. ¿Verdadero o falso?

1. A Lucho no le gustan sus nuevos compañeros de colegio.
2. Paula comenta que tuvo un problema parecido al de su hermano.
3. La novia de Lucho está celosa porque él sale con sus amigos.
4. Paula recomendó a Lucho que hablara con sus amigos cuando estuviera tranquilo.
5. Lucho acepta el consejo de Paula.

V F

C. Relaciona.

1. A Lucho no le gustó
2. Lucho querría
3. A Lucho le sentó mal
4. A Lucho le gustaría

a. que sus amigos fueran más comprensivos.
b. que sus amigos dijeran que él los había abandonado.
c. que le echaran en cara que ya no quiere a sus viejos amigos.
d. que sus amigos entendieran que el cambio de colegio también lo afectó.

Practico y amplío

2 EL PRETÉRITO IMPERFECTO DE SUBJUNTIVO

A. Observa y subraya en el diálogo ocho formas del pretérito imperfecto de subjuntivo.

El pretérito imperfecto de subjuntivo se forma a partir de la 3ª persona plural del pretérito perfecto simple de indicativo.

Infinitivo	3ª persona plural del pretérito perfecto simple	El pretérito imperfecto de subjuntivo
hablar	habla ~~ron~~	habla-ra
comer	comie ~~ron~~	comie-ra
vivir	vivie ~~ron~~	vivie-ra

	Hablar	Comer	Vivir
(yo)	hablara	comiera	viviera
(tú, vos)	hablaras	comieras	vivieras
(él, ella, usted)	hablara	comiera	viviera
(nosotros, nosotras)	habláramos	comiéramos	viviéramos
(vosotros, vosotras)	hablarais	comierais	vivierais
(ellos, ellas, ustedes)	hablaran	comieran	vivieran

Gramática

B. Aquí tienes algunos verbos irregulares. Escribe las formas que faltan.

	Poder	Ser	Estar	Tener	Decir	Haber	Saber
(yo)	pudiera	fuera	....	tuviera	dijera	hubiera	supiera
(tú, vos)	....	fueras	....	tuvieras	....	....	....
(él, ella, usted)	pudiera	fuera	estuviera	....	dijera	....	....
(nosotros, nosotras)	....	fuéramos	estuviéramos	....	....	hubiéramos	....
(vosotros, vosotras)	pudierais	....	estuvierais	....	....	hubierais	....
(ellos, ellas, ustedes)	pudieran	....	....	tuvieran	dijeran	....	....

C. Completa las frases con los verbos en pretérito imperfecto de subjuntivo.

1. Esperaba que el niño se (despertar) .... mejor, pero sigue con fiebre.
2. No quería que nadie (saber) .... lo que le estaba pasando.
3. Les rogó que no se (ir) ...., pero no le hicieron caso.
4. Me molestó terriblemente que me (hablar, vosotros) .... de aquella manera.
5. Si no te molesta, preferiría que (venir) .... mañana.
6. Nos sorprendió que (tener, ellos) .... tan malos resultados.

D. **Transforma las frases al pasado, como en el ejemplo.**

1. Les molesta que llegues tarde. *Les molestó* que llegaras tarde.
2. Abuela, me encanta que me cuentes cosas de tu niñez. *Abuela, me encantaría*
3. Les sorprende que estemos en silencio. *Les sorprendió*
4. Espero que te guste la comida. *Esperaba*
5. Quiero que estemos listos a las 8:00. *Quería*
6. Me extraña que no esté en casa. *Me extrañaría*

EXPRESA SENTIMIENTOS

Para expresar sentimientos:
molestar, gustar, preferir, querer, alegrar, fastidiar, desear, extrañar, soportar...

Me molesta que piensen así. Pero no me gustó que me echaran eso en cara. Querría que fueran más comprensivos.

Gramática

1. Cuando el sujeto de los dos verbos es el mismo, el segundo verbo va en infinitivo.
   No me gustaría pelearme con ellos.
   (a mí)   (yo)

2. Cuando el sujeto es distinto:
   • Y el verbo de la oración principal está en presente:
   que + presente de subjuntivo.
   Me molesta que piensen así.
   (a mí)   (ellos)

   • Y el verbo de la oración principal está en pretérito o en condicional:
   que + imperfecto de subjuntivo.
   Querría que fueran más comprensivos.
   (yo)   (ellos)

A. **Relaciona las columnas.**

1. ¿Le molestaría
2. Esperaba que
3. Espero que
4. Me gustaría
5. Me gustaría que
6. Me sorprende que
7. Quería que
8. Espero

a. terminar este libro esta semana.
b. llegar temprano a casa hoy. Estoy muy cansada.
c. fuéramos todos, pero no hay lugar en el coche para tantos.
d. atenderla ahora?
e. me hable de una forma tan antipática.
f. haya entradas todavía.
g. ya estuvieras listo. Vamos a llegar tarde.
h. mi madre llegara temprano a casa hoy.

B. **Observa los deseos y completa las frases con tu propia información.**

Me gustaría que desaparecieran el hambre y la guerra.

A todos nos gustaría que no hubiera corrupción en la política.

A Marga le gustaría que fuéramos a comer a su casa el domingo.

1. A mí me gustaría
2. A todos mis compañeros y a mí nos encantaría
3. A mis padres les enfadaría
4. Y a ti, ¿no te molestaría   ?

Lección 1 | Código 4

4 CALIFICA A PERSONAS Y HECHOS

En el diálogo, Paula dice que los amigos de Lucho están celosos, o sea, tienen muchos celos. Ese adjetivo está formado por el sustantivo **celos** y el sufijo **–oso/a**.

Otros ejemplos:
amistad: amistoso
asco: asqueroso
armonía: armonioso

¡A practicar! A continuación tienes dos tarjetas, A y B. Formúlale a tu compañero las frases incompletas, deberá completarlas con la palabra que falta y hacer lo mismo contigo.

Tarjeta A

a. Una persona muy bondadosa es alguien que tiene mucha ....
b. Alguien que tiene mucha ambición es ....
c. Alguien .... es una persona que tiene mucha envidia de los demás.
d. Un hecho que nos causa vergüenza es ....
e. Quien actúa con mucha cautela es ....

trabajoso, cariñoso, misterio, desastre, mentiroso

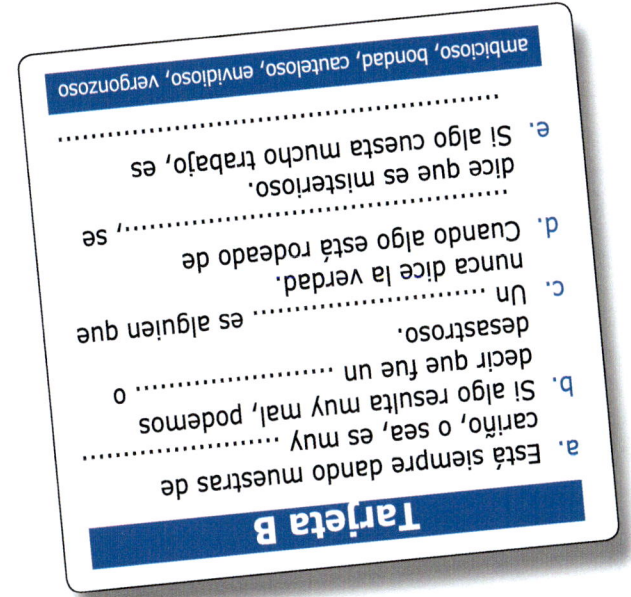

Tarjeta B

a. Está siempre dando muestras de cariño, o sea, es muy ....
b. Si algo resulta muy mal, podemos decir que fue un .... o un desastroso.
c. Un .... es alguien que nunca dice la verdad.
d. Cuando algo está rodeado de ...., se dice que es misterioso.
e. Si algo cuesta mucho trabajo, es ....

ambicioso, bondad, cauteloso, envidioso, vergonzoso

Actúo

5 VAMOS A CONOCERNOS UN POCO MEJOR

Entrevista a tu compañero para saber un poco más sobre él/ella y él/ella hará lo mismo contigo. Tienen que averiguar:

1. si hay cosas que les gustaría cambiar en su manera de ser y cuáles son;
2. qué cosas les gustaría que pasaran en el mundo;
3. qué cosas les alegran actualmente;
4. qué cosas les fastidian actualmente;
5. qué cosas les fastidiaban y ahora ya no les importan.

¿Qué te gustaría que pasara en el mundo?

Me gustaría que la gente no tuviera que huir de sus países.

CÓDIGO <C>

Datos en común
• Reúnanse en grupos de cuatro y comparen sus conclusiones. ¿Hay cosas en común?

Participa en la comunidad de **Código ELE**

Con el profesor, pueden preparar un texto sobre las opiniones del grupo y publicarlo en el blog.

Extensión digital
www.edelsa.es
Zona estudiante

Unidad 1

Lección 2: Una amistad de película

10 LA CARTELERA
Críticas | Sin interés ○ | Floja ★ | Entretenida ★★ | Buena ★★★ | Muy buena ★★★★ | Obra Maestra ★★★★★ |

Machuca ★★★★★

La película *Machuca*, del director Andrés Wood, cuenta la historia de dos amigos, Gonzalo Infante y Pedro Machuca. Ambos tienen 11 años y viven en Santiago de Chile: el primero, en un barrio de clase alta y el segundo, en una población ilegal de las cercanías. Es 1973, meses antes del inicio de la larga dictadura que vivió Chile después del golpe de Estado por el que llegó al poder el general Augusto Pinochet. Un muro invisible divide los mundos de los protagonistas, un muro que el padre McEnroe, director de un exclusivo colegio, quiere derribar admitiendo, de forma gratuita, a hijos de familias pobres. Machuca e Infante son compañeros de clases y es ahí donde nace su amistad, llena de emociones y descubrimientos.

Comprendo

1. LEE ESTE FRAGMENTO DE UNA ENTREVISTA A ANDRÉS WOOD

El director de la película Andrés Wood

A. Relaciona las preguntas con sus respectivas respuestas.

1. ¿El personaje del padre McEnroe está basado en un sacerdote real?
2. ¿Qué pasó con él después del golpe de Estado?
3. ¿Cuál es origen de *Machuca*?
4. ¿Por qué crees que ha tenido tanto éxito en Chile?
5. Pese a que tiene una cualidad política muy clara, también parece tener como tema central la pérdida de la inocencia, ¿no?

a. ☐ La historia nace de una experiencia personal que tuve en un colegio chileno de clase económica media-alta, en el cual un sacerdote estadounidense, llamado Gerardo Whelan, incorporó masivamente –mucho más que en la película– a niños de las **cercanías** del colegio. También tiene de real que el colegio fue tomado por los militares el 11 de septiembre de 1973 y los curas fueron expulsados.

b. ☐ Sí, sí, era un sacerdote que vivió en Chile durante la dictadura de Pinochet y que quiso **derribar** diferencias sociales.

c. ☐ A mí no me gusta explicar mucho la película, pero sí está la pérdida de la inocencia. Y también la **traición**. O sea, es una película de crecer, de iniciación, de amistad, de conocer mundos.

d. ☐ Es una sorpresa para mí, porque había en Chile un gran prejuicio con el tema del cine que se refería a esos años. Siento que el éxito tiene que ver con que la mirada es nueva y está hecha a partir de los ojos de los niños. Es una mirada que abre muchas puertas, particularmente a la gente joven. Eso la ha hecho muy popular. Se ha convertido en un puente entre generaciones.

e. ☐ Trabajó durante 20 años en las poblaciones pobres de Santiago y se convirtió en un importante **activista** político. En los años 90, regresó al colegio, pero desgraciadamente murió siete meses antes del **estreno** de la película, así que no alcanzó a verla, pero está dedicada a su memoria.

Lección 2 | Código 4

B. Completa las frases con las palabras que faltan para que correspondan a las informaciones del texto.

1. La historia que se cuenta en *Machuca* está basada en una _____ del director Andrés Wood, que estudió en un colegio de clase media-alta que abrió sus puertas a los chicos menos favorecidos.
2. Para Andrés Wood, el éxito de la película se debe a que la historia se desarrolla desde el punto de vista de _____ .
3. _____, la persona que inspiró al personaje del padre McEnroe, _____ antes de ver la película.
4. En la vida real, ese sacerdote dedicó _____ años de su vida al trabajo en las _____ de Santiago.

C. Encuentra entre las palabras en negrita del texto las que corresponden a las siguientes definiciones.

1. Persona que promueve los ideales de un partido o doctrina.
2. Lugar que está próximo.
3. Echar abajo.
4. Primera representación o proyección de un espectáculo o de una película.
5. Violación de la fidelidad o lealtad.

Practico y amplío

 2 LA FORMULACIÓN DE PREGUNTAS

> **Para formular preguntas en español usamos:**
> 1. Preguntas directas de respuesta *sí* o *no*.
> 2. Preguntas parciales, con los pronombres interrogativos: *quién(es), qué, cuál(es), cuándo, dónde, cómo*...
> 3. Preguntas para confirmar una información, con palabras o expresiones como *verdad, no, no es cierto*, para pedir la confirmación de lo que afirmamos anteriormente.

A. Clasifica las preguntas del texto anterior según los recursos utilizados.

1. ¿El personaje del padre McEnroe está basado en un sacerdote real? ☐
2. ¿Qué pasó con él después del golpe de Estado? ☐
3. ¿Cuál es origen de *Machuca*? ☐
4. ¿Por qué crees que ha tenido tanto éxito en Chile? ☐
5. Pese a que tiene una cualidad política muy clara, también parece tener como tema central la pérdida de la inocencia, ¿no? ☐

B. Reordena las palabras de las frases siguientes para que formen preguntas.

1. El de no tiene días abril mes treinta _____
2. quiere Por tema qué gente no sobre la hablar ese _____
3. de La Óscar fiesta verdad es mañana _____
4. mañana al conmigo cine Vienes _____
5. los Quiénes de son película protagonistas la _____
6. cansado De tan dónde vienes _____

Unidad 1

3 ORACIONES PASIVAS

A. Observa los ejemplos y completa el cuadro.

1. El colegio fue tomado por los militares el 11 de septiembre de 1973.
2. Los curas fueron expulsados.
3. La película *Machuca* fue dirigida por Andrés Wood.
4. Los niños de las cercanías fueron acogidos por el sacerdote.

Gramática

Acción	Agente de la acción	Sujeto que sufre la acción
1. tomar	los militares	el colegio
2.	no se menciona	los curas
3. dirigir	....	....
4.	sacerdote	....

> En español, las oraciones en la voz pasiva con el verbo *ser* no se usan con mucha frecuencia. Se encuentran sobre todo en textos periodísticos o en textos en los que se cuenta la historia de obras, monumentos.

B. Marca los titulares que están en la voz pasiva.

☐ Dos hombres fueron confundidos con secuestradores por policías municipales.
☐ Avanza la reforma educativa en el Congreso.
☐ Despedidos seis empleados por leer un comunicado en un teatro.
☐ Encontrada una tumba de un niño de 1550 a. C.
☐ La Municipalidad inicia una campaña sobre la tenencia de mascotas.

C. Escribe el participio de los siguientes verbos.

1. abrir ....
2. tener ....
3. devolver ....
4. hacer ....
5. leer ....
6. escribir ....
7. aumentar ....
8. distribuir ....
9. proponer ....
10. ver ....

D. Transforma las frases como en el modelo.

Esta noche van a exhibir un documental sobre el golpe militar en Chile.
Esta noche será exhibido un documental sobre el golpe militar en Chile.

1. Localizaron dos linces en el parque municipal.
   _____

2. El Gobierno bajará la tarifa de energía.
   _____

3. La población denunció a los culpables.
   _____

4. Los jesuitas construyeron esta iglesia en el año 1600.
   _____

5. Una comitiva del Gobierno inauguró la nueva plaza.
   _____

Lección 2 | Código 4

4 COLOCACIÓN PRONOMINAL

A. Subraya los pronombres complementos en las frases siguientes.

1. ¿Tenías un objetivo político al hacerla?
2. Lo que me interesa son los personajes y cómo se desarrollan.
3. Eso la ha hecho muy popular.
4. Se ha convertido en un puente entre generaciones.
5. (...) murió siete meses antes del estreno de la película, así que no alcanzó a verla.

B. Teniendo en cuenta los ejemplos, completa la regla sobre la colocación pronominal en español.

Gramática

> En español, normalmente el pronombre complemento va .... del verbo. Solo va .... y pegado al verbo en tres casos: con verbos en gerundio, en imperativo afirmativo y en infinitivo.
>
> • Con la perífrasis «*ir a* + infinitivo», el pronombre puede ir antes del verbo conjugado o después del infinitivo: *voy a verla esta tarde; la voy a ver esta tarde.*
>
> • Lo mismo pasa cuando usamos el gerundio con el verbo *estar*: *estaba mirándome; me estaba mirando.*

C. Marca la opción correcta.

1. Me tengo que ir, mi madre ☐ está me esperando ☐ me está esperando.
2. Machuca e Infante ☐ se hicieron ☐ hiciéronse amigos en el colegio.
3. La película *Machuca* ☐ estrenose ☐ se estrenó en el año 2004.
4. A Machuca en el colegio ☐ lo discriminaban ☐ discriminábanlo porque era pobre.
5. El objetivo del padre McEnroe es que todos los niños ☐ respétense ☐ se respeten.

Actúo

5 ENTREVISTA ABSURDA

ENTREVISTA A LA PATATA

Prepara con tu compañero una entrevista imaginaria y absurda. Elijan entre un objeto, un alimento, un deporte o un país. Incluyan distintas formas de hacer preguntas y, después, presenten el resultado al grupo que debe descubrir de qué se trata. A continuación, te damos un ejemplo.

¿Cuál es tu origen?

Aunque muchos me creen europea, soy americana, específicamente del Altiplano andino.

Fuiste muy importante en la historia de Europa, ¿verdad?

Por supuesto que sí, sin mí miles de personas habrían muerto de hambre.

¿Dónde podemos encontrarte actualmente?

En muchos lugares del mundo. Soy el ingrediente de muchos platos diferentes.

¿Cuáles son tus beneficios?

Soy fuente de energía, porque tengo muchos hidratos de carbono. Además estoy riquísima en las formas más diferentes. Te aseguro que frita soy irresistible.

Unidad 1

Tu biblioteca de español

Pablo Neruda

➡ *Confieso que he vivido* es el título de la autobiografía de Pablo Neruda. Comprende sus memorias desde su infancia hasta poco antes de su muerte, en 1973. A continuación, tienes un fragmento en el que cuenta una anécdota que le sucedió mientras trabajaba en Ceilán, actual Sri Lanka, como diplomático en 1929.

Antes de leerlo, ¿sabes qué es una mangosta? Elige entre las imágenes la que crees que corresponde a ese animal.

a. ☐

b. ☐

c. ☐

Mi mangosta

Mis únicas compañías fueron mi perro y mi mangosta. Esta, recién salida de la selva, creció a mi lado, dormía en mi cama y comía en mi mesa. Nadie puede imaginarse la ternura de una mangosta. Mi pequeño animalito conocía cada minuto de mi existencia, se paseaba por mis papeles y corría detrás de mí todo el día. Se enrollaba entre mi hombro y mi cabeza a la hora de la siesta y dormía allí con el sueño sobresaltado y eléctrico de los animales salvajes.

Mi mangosta domesticada se hizo famosa en el suburbio. Por las continuas batallas que sostienen valientemente con las tremendas cobras, tienen las mangostas un prestigio algo mitológico, yo creo, tras haberlas visto luchar muchas veces contra las serpientes, a las que vencen solo por su agilidad y por su gruesa capa de pelo color sal y pimienta que engaña y desconcierta al reptil.

Lo cierto es que el prestigio de mi mangosta -que me acompañaba cada día en mis largas caminatas por las playas- hizo que una tarde todos los niños del arrabal se dirigieran a mi casa en imponente procesión. Había aparecido en la calle una atroz serpiente y ellos venían en busca de Kiria, mi famosa mangosta, cuyo indudable triunfo ya celebraban. Seguido por mis admiradores, encabecé el desfile guerrero con mi mangosta en los brazos.

La serpiente era una especie negra de mortífero poder. Estaba tomando el sol entre las hierbas sobre una cañería blanca. Se quedaron atrás, silenciosos, mis seguidores. Yo avancé por la cañería. A unos dos metros de distancia, frente a la víbora, largué mi mangosta. Kiria olfateó el peligro en el aire y se dirigió con lentos pasos hacia la serpiente. Yo y mis pequeños acompañantes contuvimos la respiración. La gran batalla iba a comenzar. La serpiente se enrolló, levantó la cabeza, abrió las fauces y dirigió su hipnótica mirada al animalito. La mangosta siguió avanzando, pero a escasos centímetros de la boca del monstruo se dio cuenta exacta de lo que iba a pasar. Entonces dio un gran salto, emprendió vertiginosa carrera en sentido opuesto y dejó atrás serpiente y espectadores. No paró de correr hasta llegar a mi dormitorio.

Así perdí mi prestigio en el suburbio de Wellawatha hace ya más de treinta años.

(Adaptado de Pablo Neruda. *Confieso que he vivido*. Barcelona: Plaza&Janés Editores, 1998, pp. 122 y 123)

Biografía

Ricardo Neftalí Reyes Basoalto, el verdadero nombre de Pablo Neruda, nació el 12 de julio de 1904 en Parral, Chile, pero se crió en la localidad de Temuco. A la edad de 16 años adoptó como seudónimo el apellido del poeta checo Jan Neruda. Publicó su primer libro, *Crepusculario*, en 1923 gracias a un préstamo del crítico chileno Hernán Díaz Arrieta. Fue diplomático y, por eso, estuvo en lugares como Birmania, Singapur, Java, China, Argentina, España, Francia, México, Guatemala y Cuba. En 1971 recibió el Premio Nobel de Literatura. Falleció el 23 de septiembre de 1973, poco después del golpe de Estado en Chile.

COMPRENDO

1. ¿Verdadero o falso?

	V	F
1. El periodo que Neruda vivió en Ceilán fue muy solitario.	☐	☐
2. La mangosta de Neruda vivía en el patio de la casa.	☐	☐
3. Neruda solía pasar muchas horas paseando por las playas de la ciudad.	☐	☐
4. Neruda y los niños encontraron la serpiente dentro de un caño blanco.	☐	☐
5. Tal como creían los niños de los alrededores, Kiria venció a la serpiente.	☐	☐

2. Responde a las siguientes preguntas.

1. ¿En qué año aproximadamente Neruda escribió el texto sobre su mangosta?
2. Neruda se refiere en el texto a un «prestigio algo mitológico» de las mangostas. ¿A qué se debe ese prestigio?
3. ¿Cómo era el día a día de Neruda al lado de su mangosta?
4. ¿Cómo se llamaba la ciudad en que vivía Neruda?

APRENDO

1. Relaciona las columnas.

1. prestigio   a. feroz
2. arrabal   b. tubería
3. atroz   c. fama
4. cañería   d. poco
5. escaso   e. veloz
6. vertiginosa   f. alrededores

2. Completa el cuadro con sustantivos o adjetivos derivados de estas palabras presentes en el texto.

Adjetivo	Sustantivo
tierno	
ágil	
	fama
	duda
	guerra

3. Forma una frase con cada palabra anterior.

ESCRIBO

Escribe un pequeño texto como si fuera un capítulo de tu autobiografía en el que cuentes alguna experiencia tuya con un animal. Puede ser sobre una mascota que tienes o tuviste o una anécdota en la que un animal desempeñó un papel importante.

Tu rincón hispano
Chile

1. Imágenes de Chile.
Relaciona las imágenes siguientes con su descripción.

a. Palacio de la Moneda: sede de la presidencia del país, está en Santiago.
b. La cueca: baile típico chileno.
c. Géiseres del Tatio en el desierto de Atacama.
d. Parque de las Esculturas en Santiago.
e. Estación de esquí en Valle Nevado.
f. Gabriela Mistral, poeta que recibió el Premio Nobel de Literatura en 1945.
g. Violeta Parra, folklorista y cantautora. Es de su autoría la canción *Gracias a la vida*.

1. ◯   2. ◯   3. ◯   4. ◯   5. ◯   6. ◯   7. ◯

2. Datos sobre Chile.
a. Clasifica estas palabras según el ámbito.

| ingresos | pobreza | exportación | suroeste | expedición |
| montañas | océano | batallas | mercado | fundación |

GEOGRAFÍA	ECONOMÍA	HISTORIA

b. Completa los textos con las palabras anteriores. Luego, comprueba escuchando el audio.

GEOGRAFÍA
Chile se ubica al (a) .... de América del Sur en una estrecha franja de tierra que no supera los 350 km de ancho entre la cadena de (b) .... conocida por cordillera de los Andes y el (c) .... Pacífico. Al norte limita con Perú y Bolivia.

ECONOMÍA
Chile es un país con un desarrollo orientado a la (d) .... La minería es su principal fuente de (e) .... y es el mayor productor mundial de cobre del mundo. Por otro lado, tiene pocos recursos energéticos y tiene que adquirirlos en el (f) .... externo. En cuanto a la realidad social, aunque se redujo la (g) .... en los últimos años, la desigualdad en la distribución de los ingresos y de las riquezas es una de las más grandes de América Latina.

HISTORIA

Antes de la llegada de los españoles, habitaban la región de Chile distintas etnias indígenas, todas prácticamente extinguidas, a excepción de los mapuches. El primer contacto de los españoles con los indígenas tuvo lugar en 1536 con la (h) .... dirigida por Diego de Almagro y originaria de Perú. Recorrieron el norte y el centro del país y, decepcionados por no encontrar oro, regresaron a Perú. En 1541 vino a Chile la segunda expedición, capitaneada por el español Pedro de Valdivia, quien quería asentarse en el territorio y gobernarlo. Se debe a él la (i) .... de varias ciudades. El periodo que va de 1536 a 1598 se denomina «Conquista Española» y fue marcado por sangrientas (j) .... y enfrentamientos entre los conquistadores y los indígenas.

3. Lee el texto siguiente y responde a las preguntas.

LOS CHILENOS Y EL TÉ

Durante los siglos XIX y XX América Latina recibió inmigrantes de las más diferentes regiones. En Chile, los británicos tuvieron una presencia importante en la formación social, cultural y económica del país. Tanto es así que Chile es el país de América Latina que tiene la mayor población de descendientes de británicos. Apenas se abrió el puerto de Valparaíso al libre comercio en 1811, los ingleses establecieron ahí su principal colonia. Se nota su influencia en los apellidos de origen británico –irlandeses, ingleses y escoceses– presentes tanto en la historia y en la política del país como entre la población en general, y también en diferentes costumbres relacionadas con la cultura. Una de esas marcas es la costumbre de «tomar once» que corresponde a tomar té acompañado de pan con mantequilla, mermelada o jamón –y a veces más cosas– a la tarde, hábito claramente heredado de los ingleses. El origen de la expresión es incierto.

Hoy día, Chile es el mayor consumidor de té de América Latina, con un consumo de más de 9 000 toneladas año. Además, por el ritmo de la vida moderna o la extensión de las horas de trabajo, la once a veces reemplaza la cena y surgen términos como «once-cena» u «once-comida».

a. Explica la relación entre el año 1811, la ciudad de Valparaíso y la inmigración británica en Chile.
b. Cita dos hechos que comprueban la influencia británica en Chile.
c. ¿La costumbre de la once permanece inalterada actualmente? Explícalo.

Una variedad del español

Al igual que todos los pueblos que hablan español, los chilenos tienen un acento característico, o sea, una manera de pronunciar los sonidos, elaborar las frases y usar determinadas palabras que los identifica. El cartel de al lado circuló en Chile en 1988, durante el plebiscito para saber si el general Pinochet seguiría en el poder hasta 1997 o si se deberían convocar elecciones al año siguiente. El verbo *pescar* en Chile significa 'tomar en cuenta' y *cachar* es lo mismo que *entender*. La frase del cartel equivaldría a «No me importas, ¿entiendes?». Hay otras palabras que podemos identificar como de la variedad chilena del español. *La guata*, por ejemplo, es *la barriga*. Y *guatón* es el que tiene una guata muy grande. Si un chico nos presenta su *polola*, significa que es su novia. Y un libro o un filme *fome* es muy aburrido o feo.

AHORA YA SÉ

Comunicación

Expresar sentimientos pasados

1. Completa las frases de forma correcta.

1. (fastidiar, la profesora) _____ que llegáramos tan tarde.
2. (sorprender, yo) _____ que no me saludara.
3. (disgustar, Antonio) _____ que yo pensara que estaba mintiendo.
4. (encantar, yo) _____ que estuvieran todos cuando llegué.

Expresar deseos

2. Expresa un deseo respecto a las siguientes situaciones usando *Me gustaría* + pretérito imperfecto de subjuntivo.

1. Hay mucha desigualdad social.
2. Sigue habiendo tráfico de animales en extinción.
3. Todavía no se ha descubierto la cura para el sida.
4. Los países ricos no se preocupan por el futuro del planeta.

3. Subraya la opción correcta.

1. Esperaba *que llegara/llegar* temprano al examen, pero me quedé dormido y me atrasé.
2. Me encantaría *que tocara/tocar* un instrumento, pero no tengo talento para eso.
3. Me sorprendería *que estuviera/estar* todo listo para la fiesta de Raúl.
4. La profesora quería *que empezáramos/empezar* ya la presentación oral, pero todavía no estamos listos.
5. Le gustaría *que invitara/invitar* a más gente a mi cumpleaños, pero el lugar es muy chico.

Formular preguntas

4. Lee el texto y escribe preguntas con pronombres interrogativos para obtener las informaciones subrayadas.

Alejandro Amenábar es un director de cine hispano-chileno. Nació en Santiago de Chile, pero creció en España y mantiene la doble nacionalidad. Sus padres se fueron de Chile en 1973 cuando Amenábar tenía apenas un año, poco antes del golpe militar. Ganó nueve premios Goya y un Óscar. Su película más conocida es *Mar adentro*, protagonizada por Javier Bardem.

1. _____
2. _____
3. _____
4. _____
5. _____

Usar la voz pasiva

5. Pasa las frases siguientes a la voz pasiva usando la construcción «*ser* + participio».

1. Todavía no abrieron la exposición al público. _____
2. Un terremoto destruyó parcialmente la ciudad. _____
3. Los voluntarios prepararon la comida. _____
4. Las autoridades visitaron muchas localidades. _____

28 • veintiocho | Unidad 1

Código 4

Gramática

El imperfecto de subjuntivo

6. Completa la tabla y, luego, escribe la regla para formar el imperfecto de subjuntivo.

Infinitivo	Pretérito perfecto simple de indicativo	Pretérito imperfecto de subjuntivo
temer	temieron	temiera
sufrir		
hacer		
poder		
creer		

El pretérito imperfecto de subjuntivo se forma _____

7. Pasa los verbos en presente de subjuntivo al pretérito imperfecto de subjuntivo.

Ojalá que las hojas no te toquen el cuerpo cuando caigan
para que no las puedas convertir en cristal,
ojalá que la lluvia deje de ser el milagro que baja por tu cuerpo,
ojalá que la Luna pueda salir sin ti,
ojalá que la tierra no te bese los pasos.

Adaptado de Ojalá, de Silvio Rodríguez

8. Escribe este relato en pasado.

¿Cómo te sientes en tu nuevo colegio?
Hay cosas que me gustan y otras que no. Por ejemplo, me encanta que tengamos un laboratorio bien equipado y que podamos tener clases prácticas haciendo experimentos. También me gusta mucho que esté cerca de casa, porque puedo ir caminando y no tengo que levantarme muy pronto. Por otro lado, me fastidia que nos separen en las clases de gimnasia porque mi mejor amiga siempre se queda en el otro grupo.

¿Cómo te sentías en tu antiguo colegio?
Había cosas que me gustaban y otras que no. Por ejemplo, _____ que _____ un laboratorio bien equipado y que _____ tener clases prácticas haciendo experimentos. También _____ mucho que _____ cerca de casa, porque _____ ir caminando y no _____ que levantarme muy pronto. Por otro lado, _____ que nos _____ en las clases de gimnasia porque mi mejor amiga siempre se _____ en el otro grupo.

Colocación pronominal

9. Completa el texto con uno de los siguientes pronombres.

| le (x2) | se (x2) | lo (x3) | me |

«_____ pregunté a la Domitila qué hacía ella cuando tenía un secreto terrible.
—_____ _____ cuento a otra —me contestó.
—Pero ¿si es algo que no se puede contar a nadie?
—Entonces lo escribo en una carta.
—Tú no entiendes nada —_____ dije —. Es algo que no puede saber _____ nadie.
—Entonces, escríba_____ a nadie —_____ dijo, y soltó la risa».

Adaptado de Papelucho, de Marcela Paz

Léxico

10. Completa las frases con las opciones del recuadro.

| celoso — prejuicio — roce — perjuicio — se enojó — echó en cara |

1. Mi hermano _____ al descubrir que no le habían invitado a la fiesta.
2. Carlos está _____ de los amigos de su novia.
3. Están enfadados porque tuvieron un _____ la clase pasada. Corine les _____ que ella sola había hecho el trabajo entero.
4. El cambio de colegio no significó ningún _____ para él, aprobó todas las asignaturas.
5. No estoy de acuerdo contigo y me parece que actuar así es alimentar un _____ muy peligroso.

Unidad 1

Preparo mi examen

LEO 1. Completa este texto con las palabras de la lista.

> caracterizadas — emociones — satisfacción — compartamos — según
> persona — diferencia — enfado — inactividad — noticias

Ciertas .... intensas, como el miedo, el enfado y la diversión, nos mueven a compartir artículos, ... y mensajes con nuestros amigos y contactos, ya sea en .... o a través de correo electrónico y redes sociales, según revela un estudio de la universidad de Pensilvania (EE. UU.). «Si algo nos hace sentir ...., es más probable que lo .... con amigos, familia que si algo nos hace sentir simplemente tristes», explica Jonah Berger, coautor del trabajo que publica la revista Psychological Science. .... Berger, tanto el miedo como el enfado o la ira y la diversión son emociones .... por altos niveles de excitación y nos mueven a la acción, a .... de la tristeza y la ...., que suelen producir ....

Fuente: http://www.muyinteresante.es/salud/articulo/el-miedo-y-el-enfado-mejor-compartidos

2. Elige el mejor título para el texto anterior.

1. ☐ Compartir emociones nos ayuda a entenderlas
2. ☐ El miedo y el enfado, mejor compartidos
3. ☐ Las redes sociales: escenario para vivir emociones

ESCUCHO Escucha la entrevista que le hacen a Campanella, un director de cine argentino, y contesta a las siguientes preguntas.

1. Para Campanella, ¿cuál es la diferencia entre trabajar con actores para el cine y para la televisión?
2. Además de que sepan actuar, ¿qué valora Campanella al elegir a los actores?
3. ¿Qué dice Campanella sobre *Luna de Avellaneda*?
4. ¿Qué planes tiene para su próxima película?

ESCRIBO Piensa en cómo eras cuando tenías 10 años y completa las siguientes frases.

Cuando tenía 10 años, me enfadaba que la gente ....
Me daba miedo ....
Me ponía contento que mis padres ....
No soportaba que mis amigos ....
Me alegraba que los profesores ....

HABLO Por turnos, expresa a tu compañero dos cosas que desearías que pasaran dentro de diez años.

- En el mundo
- Contigo
- A tus familiares
- A tus amigos

arte y aparte

La vida allende la muerte
Roberto Matta

Observa
Describe el cuadro. Para ello, responde a estas preguntas:
¿Es un cuadro figurativo o abstracto?
¿En cuántas partes se puede dividir?
¿Qué imágenes logras identificar?
¿Qué colores hay en el cuadro? ¿Cómo se distribuyen?

Analiza
En grupos, con la ayuda de Internet investiga los siguientes aspectos:
¿Cuál es la nacionalidad del pintor?
¿Qué colores tiene la bandera de ese país?
¿Quién fue Allende? ¿Qué le pasó?
¿Cuál es el significado de la palabra *allende* en español?
Comparen ese cuadro con la obra *Guernica*, de Pablo Picasso. ¿Se puede establecer puntos en común entre ambas obras?

Da tu interpretación
¿Qué crees que retrata el cuadro?
¿Qué habrá querido mostrar el autor?
¿Qué sentimientos te produce esta obra?
¿Te gusta? ¿Por qué?

UNIDAD 2
Usos de las nuevas tecnologías

En esta unidad aprendes a...
- Hablar del uso de la tecnología en nuestras vidas.
- Expresar condiciones de diferentes tipos.
- Usar el pretérito imperfecto de subjuntivo en oraciones condicionales.
- Formular hipótesis y conjeturas.
- Presentar datos e informaciones.
- Interpretar gráficos.
- Leer un texto de una escritora mexicana, conocer algo sobre ella y su país.

Observa estas imágenes e identifica sus nombres.

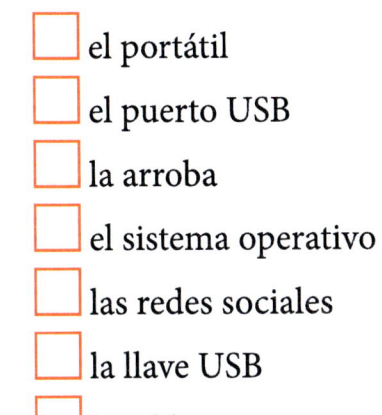
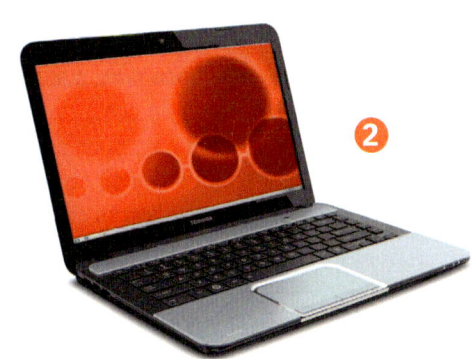

- ☐ el celular o el móvil
- ☐ el portátil
- ☐ el puerto USB
- ☐ la arroba
- ☐ el sistema operativo
- ☐ las redes sociales
- ☐ la llave USB
- ☐ la tableta

Todos los términos anteriores están relacionados con las nuevas tecnologías de la información y la comunicación, las llamadas TIC.
¿Cómo las usas en tu día a día? ¿Crees que hay diferencias respecto a ese uso entre las generaciones? ¿Te consideras adicto a alguna de las facilidades que proporcionan?

PARA AYUDARTE A EXPRESAR HÁBITOS

- Soy adicto a...
- Yo, normalmente,...
- Suelo...
- En general,...
- Casi todos los días...
- Casi nunca...

Unidad 2 — treinta y tres • 33

Lección 3: Yo en tu lugar

Cecilia: ¡Qué raro, una llamada de mi abuela! Nunca me llama a estas horas, sabe que estoy en clase. ¿Qué habrá pasado? ¡Ojalá no sea nada grave!

Susana: Tranquila, a lo mejor se ha equivocado. Si fuera algo grave, llamaría a tu mamá y no a ti.

Cecilia: Tal vez tengas razón. En cuanto terminen las clases, la llamo.
(...)

Cecilia: ¡Hola, abuela! ¿Me has llamado?

Victoria: Sí, perdón. Estaba tan ansiosa que se me olvidó que estabas en la escuela. Es que me compré un portátil y no nos estamos entendiendo.

Cecilia: Si yo estuviera en tu lugar, abuela, llamaría a un técnico para que me ayudara. No sé, a alguien que sepa de computadoras.

Victoria: ¿Y no me podrías ayudar tú?

Cecilia: Claro que sí, abuela, no hay problema. Paso más tarde por tu casa y te ayudo.
(...)

Cecilia: Ya está. Todo funciona. ¡Qué moderna eres, abuela! Con un portátil y todo. Susana me dijo que su abuela no sabe siquiera usar el cajero automático.

Victoria: Bueno, quizás le cuesta porque no pudo estudiar o vivió toda su vida en el campo. No pienses que es fácil para los de mi generación usar todos esos aparatos. Yo es que creo que, si quieres envejecer bien, tienes que estar siempre aprendiendo algo. Y además la tecnología nos puede ayudar mucho: pagar cuentas sin ir al banco, estudiar, hablar con tu tía de los Estados Unidos o ver a mis nietos. Para eso me he comprado el portátil. ¿No querrás ser mi profesora?

Cecilia: Ay, abuela, eres muy especial. Por supuesto que quiero. ¿Y si empezáramos abriendo una cuenta en una red social?

Victoria: A ver, calma. ¿Para qué sirve eso?

Cecilia: Para mantener contacto con la gente, dar a conocer tus ideas, mostrar tus viajes, compartir lo que te gusta. Y para hablar con mi tía Zulma también.

Victoria: ¿No será peligroso? Yo qué sé, todo el mundo se va a enterar de lo que hago.

Cecilia: Si se lo cuentas a todos, puedes tener problemas. Te enseño a tomar algunas precauciones, ¿vale?

Victoria: Bueno, ¿qué mal habrá por probarlo?

Cecilia: Ven, te voy a mostrar qué hacer. Escribe aquí en la barra de dirección...

Lección 3 | Código 4

1 ESCUCHA, LEE EL TEXTO Y HAZ LAS ACTIVIDADES DE COMPRENSIÓN

A. Completa las informaciones con las palabras del recuadro.

> nerviosa – grave – suele – abuela – tranquiliza – es – ayude – comunicarse – usarlo – pagar – portátil – red

1. Cecilia recibe una llamada de su _____ y se pone un poco _____, porque ella no _____ llamarla durante las clases. La compañera de Cecilia la _____ diciendo que no _____ nada _____.
2. Después de clase, Cecilia llama a su abuela. Es que se ha comprado un _____ y no sabe _____. Su abuela le pide que la _____ y Cecilia le promete que irá a su casa.
3. La abuela quiere el ordenador para _____ con su hija, que vive en los Estados Unidos, para ver a sus nietos y para _____ las cuentas sin moverse de casa. Cecilia le propone que se abra una cuenta en una _____ social.

B. ¿Verdadero o falso?

	V	F
1. La abuela quiere que Cecilia la ayude con su nuevo celular.	☐	☐
2. Cecilia no logra poner en marcha el nuevo aparato.	☐	☐
3. La tía de Cecilia vive en los Estados Unidos.	☐	☐
4. La abuela se resiste a incorporar la tecnología a su vida cotidiana.	☐	☐
5. Cecilia convence a su abuela de que se registre en una red social.	☐	☐

C. ¿Cuál de las alternativas sustituye mejor a las afirmaciones extraídas del diálogo?

1. ¿Qué mal habrá por probarlo?
   a. ☐ No debo probarlo.
   b. ☐ Es muy peligroso probarlo.
   c. ☐ No pasa nada si lo pruebo.

2. ¡Menuda noticia, abuela!
   a. ☐ ¡Qué susto, abuela!
   b. ☐ ¡Qué buena noticia, abuela!
   c. ☐ ¡Dime la verdad, abuela!

3. No nos estamos entendiendo.
   a. ☐ No sé cómo encenderlo.
   b. ☐ No logro usarlo para hacer lo que quiero.
   c. ☐ No entiendo su manual de instrucciones.

4. Ya está.
   a. ☐ Basta.
   b. ☐ Magnífico.
   c. ☐ Listo.

Practico y amplío

2 EXPRESA CONDICIONES

A. Busca en el diálogo estas frases y di si expresan una condición real o una hipótesis.

> SI QUIERES ENVEJECER BIEN, TIENES QUE ESTAR SIEMPRE APRENDIENDO ALGO.

> SI YO ESTUVIERA EN TU LUGAR, ABUELA, LLAMARÍA A UN TÉCNICO PARA QUE ME AYUDARA.

> SI SE LO CUENTAS A TODOS, PUEDES TENER PROBLEMAS.

B. Ahora completa la regla y di otro ejemplo como los que te damos.

Condicionales reales	Si + ...	presente	Si tomas determinadas precauciones, no pasa nada.
		imperativo	Si necesitas ayuda, pídemela.
		perífrasis de futuro	Si quieres, voy a verte esta tarde.
Condicionales irreales	Si + ...	condicional	Si fuera algo grave, llamaría a tu mamá y no a ti.

C. En las oraciones condicionales siguientes, marca **R** en las que presentan hechos que realmente se pueden cumplir e **I** en las que presentan hechos de cumplimiento poco probable.

1. Si estás muchas horas delante de la computadora, te puedes dañar la vista. ☐
2. Si me aumentaran la paga, podría hablar más por el celular. ☐
3. Si haces clic en ese botón, el archivo se abrirá y se instalará en tu computadora. ☐
4. Si tuvieras más cuidado, tendrías tus cosas en mejor estado. ☐
5. Si estás cansado, acuéstate temprano esta noche. ☐

D. Relaciona las columnas para formar frases correctas.

1. Si tuviera crédito suficiente,
2. Si no existieran los buscadores,
3. Si yo fuera tú,
4. Si llevaras tu cámara,
5. Si tuviera mi portátil conmigo,

a. no sé cómo haríamos para localizar informaciones.
b. podríamos sacar fotos y, después, compartirlas.
c. no lo aceptaría como amigo.
d. eso se solucionaría en un instante.
e. buscaría la dirección en Internet.

E. Completa con los verbos entre paréntesis conjugados en el tiempo correcto.

1. Si no encuentro un precio mejor, (volver) _____ a la primera tienda.
2. Si no me (ayudar, tú) _____, no conseguiré terminar el trabajo.
3. Si no quieres tener virus, no (abrir) _____ mensajes sospechosos.
4. Si (tener) _____ mucho poder, haría llegar la tecnología a todo el mundo.
5. Si (ser, nosotros) _____ más organizados, no estaríamos en ese lío.
6. Si no quieres perder datos importantes, (hacer) _____ copia de seguridad.
7. Si no (perder, tú) _____ tanto tiempo jugando en la computadora, tendrías mejores notas.
8. Si (olvidar) _____ tu contraseña, pincha aquí.

3 HAZ HIPÓTESIS CON EL FUTURO COMPUESTO

Haber en futuro + participio pasado

(yo)	hab**ré**	
(tú, vos)	hab**rás**	pasado
(él, ella, usted)	hab**rá**	comido
(nosotros, nosotras)	hab**remos**	vivido
(vosotros, vosotras)	hab**réis**	
(ellos, ellas, ustedes)	hab**rán**	

Se usa para expresar hipótesis sobre hechos pasados.
No encuentro mi celular. Lo habré olvidado en la casa de Lorena.

No recibí el archivo. Se habrán equivocado con la dirección.

El futuro simple y el futuro compuesto

El futuro simple se usa para referirse a hechos hipotéticos que están ocurriendo o que van a ocurrir. El futuro compuesto se usa para hablar de hechos hipotéticos pasados.

¡Qué raro, el profesor no ha venido a clase! ¿Estará hoy enfermo?
Ayer no vino el profesor. Seguramente habrá estado enfermo.

Lección 3 | **Código 4**

Estas personas tienen problemas con la tecnología. Reacciona a lo que dicen expresando hipótesis con el futuro compuesto. Las posibilidades del recuadro te pueden ayudar.

> descargarse la batería – desconfigurarse – ponerlo mal – abrirlo con el programa equivocado – olvidarse de pagar la factura

1. No logro abrir mi *pendrive*.
2. No puedo encender mi portátil.
3. El archivo se abrió de una forma rara.
4. Mi micrófono no funciona.
5. No logro hacer llamadas con mi celular.

Actúo

4 HAZ UN GLOSARIO DE INTERNET

A. Cecilia le preparó a su abuela un pequeño glosario de términos relacionados con el uso de Internet. Reorganiza las letras de cada término para descubrir a qué se refiere la definición.

cbadardeónirreci	Componente de los navegadores en donde el usuario indica la dirección de la página web a la que quiere acceder o el término que quiere buscar.
tsañpea	Elemento que permite cambiar entre distintos documentos o páginas webs de forma rápida dentro de una misma ventana. Se parece a los marcadores en una agenda telefónica.
aonryto	Programa maligno que se disfraza de benigno con el propósito de infiltrarse en las computadoras para robar datos o dañarlas.
sedrgaca	Hecho de hacer una copia personal de algo que está en Internet, normalmente música, películas y *software*.

B. Con un compañero, completa el glosario. Escribe las definiciones para estos términos y añade otros que te parezcan importantes.

| perfil | muro | cuenta | me gusta | solicitud de amistad |

CÓDIGO <I>

Orientaciones en Internet
• **Construyan una página con orientaciones en Internet.**

Aunque no parezca, mucha gente tiene dudas respecto a cómo usar computadoras. En grupos, construyan una página, publiquen el glosario que elaboraron y otras orientaciones para usuarios principiantes:

1. Glosario: comparen los resultados y unifiquen las definiciones seleccionando las que les parezcan las mejores y publíquenlo.
2. Orientaciones: piensen en situaciones en las que un usuario principiante pueda tener dudas, expónganlas y presenten un consejo o la solución. Ejemplo:

Si su cursor empezara a moverse sin sentido, eso significa que tendrías un troyano. Apaga el ordenador inmediatamente y busca un programa antivirus.

Participa en la comunidad de **Código ELE**

Extensión digital
www.edelsa.es
Zona estudiante

Unidad 2

Lección 4: Los peligros de las redes sociales

noticias

Los adolescentes no controlan su privacidad en las redes sociales

Las redes sociales pueden ser muy **beneficiosas**: han revolucionado las formas diarias de contactar con nuestros amigos y con la familia, nos ofrecen una forma directa de vincularnos profesionalmente con otras personas e _____ conseguir trabajo. _____, es ya sabido que revelar **demasiada** información de nuestra intimidad puede causarnos daños irreparables. Sin embargo, un estudio realizado por el Centro de Investigaciones Pew que publica el portal *Diario ADN* revela que la mayoría de los adolescentes viven ajenos a esta realidad y no controlan la información que suben a sus cuentas en las redes sociales. _____ el informe, el 33 % de los jóvenes que tiene una cuenta en Facebook tiene «amistad» con usuarios que nunca han conocido cara a cara.

_____ llegar a estas cifras, los investigadores estudiaron a 802 adolescentes de diferentes regiones de Estados Unidos, con edades entre 12 y 17 años y a sus padres. De los jóvenes que tenían una cuenta en la red social de Mark Zuckerberg, el creador de Facebook, un 91 % aseguró mantener contacto con miembros de su familia, un 98 % con amigos del colegio y un 30 % con profesores y maestros.

Como conclusión, _____ a la privacidad de los datos compartidos, el estudio revela que desde el año 2006, año que se realizó el último estudio de estas características, los usuarios prestan menos atención a la información **personal** que publican en las redes. Haciendo un promedio de las respuestas de chicos y chicas, un 91 % de los adolescentes incluye una foto suya en su perfil y un 20 % revela su número de teléfono celular. Asimismo, el 71 % expone su ciudad de residencia, el 82 % su fecha de cumpleaños, el 92 % su nombre real, el 53 % la dirección de su cuenta de correo electrónico, el 62 % su situación sentimental, y el 24 % aseguró haber subido un vídeo de sí mismo en esta red.

No obstante, el estudio también observó que un 26 % de estos adolescentes incluye información **falsa** en su perfil para «desorientar» a los curiosos y proteger así su identidad. En este sentido, muchos de ellos han optado por migrar a la red social de *microblogging* Twitter para salvaguardar su privacidad con el uso de un seudónimo.

Adaptado de http://noticias.universidad.edu.ve

Comprendo

1. LEE EL TEXTO Y HAZ LAS ACTIVIDADES

A. Completa los espacios en blanco del texto con las siguientes palabras y expresiones.

- Según
- Para
- incluso
- en cuanto
- Por otra parte

B. Responde a las siguientes preguntas.

1. ¿Qué estudio se menciona en el texto? ¿Quién lo llevó a cabo?
2. ¿Cuál fue la población investigada en el estudio?
3. ¿A qué conclusión se llegó?

C. Encuentra entre las palabras marcadas en el texto los antónimos de las siguientes palabras.

1. verdadero   2. dañino   3. colectivo   4. insuficiente

D. Marca la palabra que mejor reemplaza los términos subrayados en las frases.

1. «(…) la mayoría de los adolescentes viven ajenos a esta realidad»
   ☐ indiferentes a   ☐ privados de   ☐ pendientes de
2. «(…) para salvaguardar su privacidad con el uso de un seudónimo»
   ☐ disfrazar   ☐ ocultar   ☐ preservar

E. Estos gráficos representan los datos del estudio. Identifica a qué información se refiere cada uno. Después, explica los otros datos.

INFORMACIÓN PERSONAL COMPARTIDA EN REDES SOCIALES POR GÉNERO Y EDAD

☐ Vídeo de sí mismo
☐ Ciudad donde vive
☐ Foto de sí mismo
☐ Dirección de correo electrónico
☐ Fecha de cumpleaños
☐ Número del teléfono celular
☐ Situación sentimental
☐ Nombre real

F. Debate.

Entre todos, ¿qué opinan sobre los resultados de la encuesta? ¿Por qué son peligrosas las redes sociales? ¿Qué consejos darían a alguien que empieza a usar una red social?

Practico y amplío

2 HABLA DE CIFRAS Y CANTIDADES

Encuentra en el recuadro las expresiones que corresponden a las cantidades expresadas a continuación.

- un tercio
- un quinto
- la inmensa mayoría
- más de la mitad
- un cuarto
- menos de la mitad
- un décimo

1. 33 %
2. 40 %
3. 60 %
4. 20 %
5. 25 %
6. 10 %
7. 93 %

El 50 % es la mitad.

3 ORGANIZA LAS INFORMACIONES EN UN TEXTO

A. Los marcadores textuales o conectores son términos que ayudan a presentar las ideas en un texto. Marca **O** en los que sirven para presentar ideas o informaciones opuestas y **A** en los que sirven para agregar ideas o informaciones del mismo tipo.

☐ **Asimismo**, el 71 % expone su ciudad de residencia, el 82 % su fecha de cumpleaños (...)
☐ **No obstante**, el estudio también observó que un 26 % de estos adolescentes incluye información falsa (...)
☐ **Sin embargo**, un estudio realizado por el Centro de Investigaciones Pew que publica el portal *Diario ADN* (...)
☐ **En este sentido**, muchos de ellos han optado por migrar a la red social (...)

B. Organiza los siguientes marcadores en la casilla correspondiente según lo que expresen.

- según
- para
- incluso
- en cuanto
- por otra parte

Agregar información o idea del mismo tipo	Contraponer información o idea	Citar la fuente de la información o idea	Indicar finalidad	Introducir un tema
hasta además también	en cambio por el contrario	conforme	con el objetivo de con la finalidad de	acerca de sobre respecto a

Gramática

C. En las frases siguientes, sustituye el término marcado por otro de igual valor.

1. Los celulares hoy día se usan para sacar fotos, escuchar canciones, hacer un *post* y **hasta** para llamar a alguien.
2. Mi abuelo no me controla mucho en Internet, **en cambio**, mi abuela me vuelve loca y no me deja hacer nada.
3. **Conforme** un estudio realizado en Europa, las personas con más de 60 años están usando Internet más que antes.
4. **Para** facilitar su uso por las personas mayores, las empresas de celulares están introduciendo diferentes cambios en su diseño. **En cuanto** al teclado, por ejemplo, lo están haciendo más grande.
5. Mi abuelo va a venir al instituto para hablarnos de seguridad en Internet. **También** nos va a explicar cómo evitar virus.

Lección 4 | Código 4

4 RELLENA UNA ENCUESTA

Escucha esta encuesta y marca las informaciones que da el entrevistado.

Pista 6

Los jóvenes y la red — ENCUESTA

1. Edad del encuestado.
   - [ ] entre 18 y 20
   - [ ] entre 21 y 25
   - [ ] entre 26 y 30
   - [ ] más de 30

2. Estudios.
   - [ ] educación básica
   - [ ] educación media superior
   - [ ] educación superior o más alta

3. ¿Usa alguna red social?
   - [ ] sí [ ] no

   Si la respuesta es no, la encuesta termina aquí.

4. ¿Cuál(es)?
   - [ ] Facebook
   - [ ] Twitter
   - [ ] MySpace
   - [ ] Instagram
   - [ ] LinkedIn
   - [ ] Google +

   ¿Otros? ¿Cuál(es)? ....

5. Frecuencia con que las usa.
   - [ ] menos de una vez por semana
   - [ ] una vez por semana
   - [ ] de dos a tres veces por semana
   - [ ] de cuatro a cinco veces por semana
   - [ ] todos los días

6. ¿Cuántas horas diarias calcula que pasa en las redes?
   - [ ] menos de una hora diaria
   - [ ] entre una y dos horas diarias
   - [ ] entre dos y tres horas diarias
   - [ ] entre tres y cuatro horas diarias
   - [ ] más de cuatro horas diarias

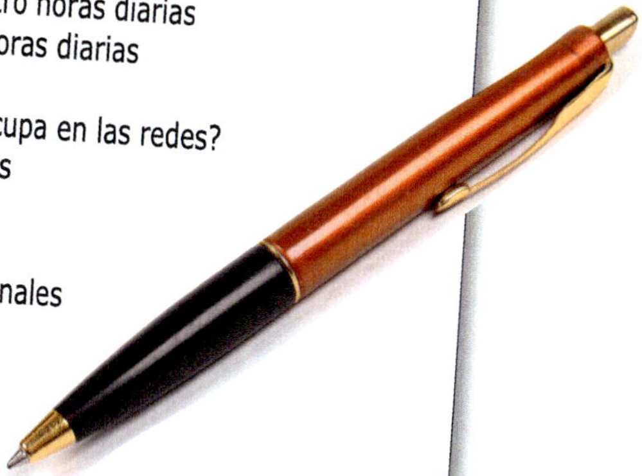

7. ¿De qué temas se ocupa en las redes?
   - [ ] asuntos familiares
   - [ ] belleza
   - [ ] famosos
   - [ ] intereses profesionales
   - [ ] literatura
   - [ ] música
   - [ ] noticias
   - [ ] películas
   - [ ] política
   - [ ] salud
   - [ ] religión

   ¿Otros? ¿Cuál(es)? ....

8. ¿Cómo accede a las redes sociales?
   - [ ] celular/*smartphone*
   - [ ] PC
   - [ ] *notebook/laptop*
   - [ ] tableta

Actúo

5 HAZ TU ENCUESTA

Elaboren una encuesta como la anterior y apliquenla entre los compañeros del colegio. Luego, elaboren el informe correspondiente.

CÓDIGO <C>

Tu enc**uesta**
- Compartan la encuesta en la red. Pueden organizar las informaciones en diferentes gráficos usando programas informáticos.

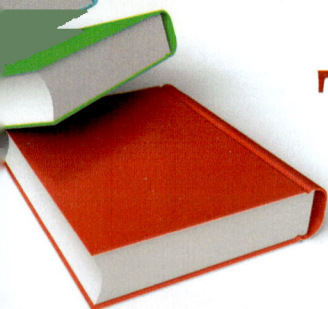

Tu biblioteca de español

Ángeles Mastretta

Mal de amores cuenta la historia de Emilia Sauri, una mujer en el México revolucionario de finales del siglo XIX que intenta vivir de acuerdo a sus convicciones rompiendo las limitaciones de su condición femenina.
Este fragmento narra el encuentro de sus padres, Diego Sauri (un joven médico que vuelve a su México natal después de haber vivido por Europa) y Josefa Veytia (una hermosa joven de Puebla).

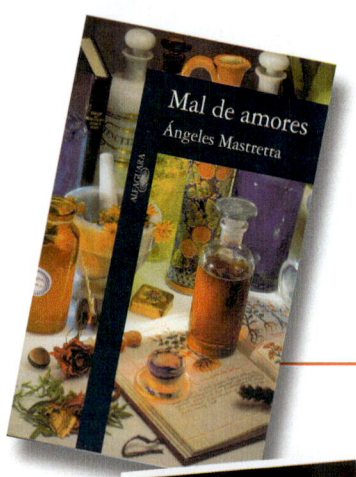

Mal de amores

Varios años y muchos aprendizajes después, Diego Sauri volvió a México como quien vuelve a sí mismo y no se reconoce. Sabía hablar cuatro idiomas, había vivido en diez países, trabajado como asistente de médicos, investigadores y farmacéuticos, caminado las calles y los museos hasta memorizar los recovecos de Roma y las plazas de Venecia.

Apenas tenía veintisiete años la tarde que desembarcó al tibio ardor de un aire que reconoció como a su alma. El puerto de Veracruz era pariente de la isla donde había nacido y lo bendijo aunque su tierra fuera oscura y sus aguas turbias.

Caminando deprisa se metió al puerto que hacía un ruido desordenado y caliente. Fue hasta la plaza y entró en un hostal bullicioso. Olía a café recién tostado y a pan nuevo, a tabaco y a perfume de anís. Al fondo, entre la gente que hablaba muy rápido y los meseros que iban y venían como empujados por un viento continuo, estaban, sin más, los ojos de Josefa Veytia.

Diego llevaba mucho tiempo persiguiendo su destino como para no saber que lo estaba encontrando. Josefa Veytia había ido a Veracruz desde Puebla, con su madre y su hermana Milagros, a esperar al hermano menor de su padre, su tío Miguel Veytia, que llegaba de España. A él su padre había encargado la familia antes de morir cuando Josefa tenía doce años.

Según supieron las Veytia esa tarde, en España se había proclamado la República dos semanas antes.
- Quién sabe lo que va a pasar en España -les dijo Diego Sauri una vez que estuvo sentado entre ellas como si fuera un viejo conocido. Y sin más se puso a contarles la fiebre republicana de algunos españoles y la vocación monárquica de muchos otros.
-Yo no dudaría que en un año estén de nuevo queriendo un rey -profetizó en el tono apasionado que la política le provocó siempre.

Quince meses después de aquella tarde, durante el diciembre de 1874, los españoles proclamaron rey a Alfonso XII y Diego Sauri se casó con Josefa Veytia en la iglesia de Santo Domingo, que aún dormita a dos cuadras de la plaza principal, en la muy noble ciudad de Puebla.

(Adaptado de Mastretta, Ángeles. *Mal de amores*. México: Alfaguara, 1996)

Biografía

Nació en Puebla, México, el 9 de octubre de 1949. Se licenció en Periodismo por la Universidad Autónoma de México (UNAM). Trabajó en periódicos y en la televisión. Como escritora, es autora de poemas, relatos cortos y novelas. En sus obras contempla la realidad social y política de México y la condición femenina. Entre los premios, destaca el Rómulo Gallegos en 1997 por su segunda novela, *Mal de amores* (1996). Esta novela tiene como escenario el México prerrevolucionario del siglo XIX y como protagonista, Emilia Sauri, una mujer que lucha por sus convicciones y se niega a renunciar a sus sentimientos, en una sociedad machista y conservadora.

COMPRENDO

1. Di si las siguientes afirmaciones son verdaderas o falsas.

V   F

1. Diego Sauri tenía veintisiete años cuando se fue de México.
2. Josefa Veytia había ido a Veracruz a esperar a su madre.
3. Diego Sauri nació en una isla mexicana.
4. El tío de Josefa era monárquico y por eso se había fugado de España.
5. El comentario de Diego Sauri respecto a España se volvió realidad.
6. La boda de Diego y Josefa ocurrió en Puebla.

2. Marca entre las opciones siguientes la que mejor sirve como título para el fragmento.

1. La República
2. La huérfana y el aventurero
3. Las aguas de Veracruz
4. Un encuentro fatal

APRENDO

1. Localiza en el texto las oraciones que aparecen a continuación e interpreta qué quieren decir.

1. ... aunque su tierra fuera oscura y sus aguas turbias.
2. ... al tibio ardor de un aire...
3. A él su padre había encargado la familia antes de morir...
4. ... que aún dormita a dos cuadras de la plaza principal...
5. ... la fiebre republicana de algunos españoles y la vocación monárquica de muchos otros.

2. En la descripción del espacio la autora usa algunos recursos relacionados con los sentidos. Organiza las palabras según se refieran a la audición, a la visión, al olfato o al tacto.

- tibio
- fiebre
- olor a tabaco
- ardor
- bullicioso
- perfume de anís
- turbio
- olor a café
- ruido desordenado
- oscura
- olor a pan nuevo
- tono

audición	visión	olfato	tacto

ESCRIBO

Reescribe lo que se cuenta en el fragmento como si fueras Diego Sauri, o sea, en primera persona. No olvides incluir el comentario profético y su cumplimiento.

Unidad 2

cuarenta y tres • 43

Tu rincón hispano
México

1. Mexicanos famosos
Relaciona las imágenes siguientes con su identificación.

1. ☐ 2. ☐ 3. ☐ 4. ☐ 5. ☐

a. Julieta Venegas: cantante y compositora. Ganadora de un premio Grammy y dos Grammy Latino.
b. Alfonso Cuarón: director de cine. Dirigió el episodio *El prisionero de Azkaban*, de Harry Potter.
c. Gael García Bernal: actor. Trabajó con Pedro Almodóvar, Walter Salles y Alfonso Cuarón.
d. Octavio Paz: escritor. Recibió el Nobel de Literatura en 1990.
e. Salma Hayek: actriz. Nominada al Óscar y al Globo de Oro por su interpretación de la pintora mexicana Frida Kahlo.

2. Frida Kahlo
a. Lee el texto y responde a las preguntas.

Breve biografía de Frida Kahlo

Frida Kahlo nació en Coyoacán en 1907 y falleció ahí también en 1954. Creó una pintura absolutamente personal y profundamente metafórica, derivada de su exaltada sensibilidad y de varios acontecimientos que marcaron su vida:
- A los dieciocho años, sufrió un gravísimo accidente en un tranvía que la obligó a una larga convalecencia, durante la cual aprendió a pintar, y que influyó en su complejo mundo psicológico que se refleja en sus obras.
- Se casó con el muralista Diego Rivera, varios años mayor que ella, pero no pudo tener hijos, hecho que también aparece reflejado en su obra.

En su búsqueda de las raíces estéticas de México, Frida Kahlo realizó espléndidos retratos de niños y obras inspiradas en la iconografía mexicana anterior a la conquista, pero son los cuadros que se centran en ella misma y en su azarosa vida los que la han convertido en una figura destacada de la pintura mexicana del siglo xx.

La casa en que Frida nació, vivió y murió fue convertida en museo en 1958, cuatro años después de la muerte de la pintora. Ubicada en la calle de Londres, 247, en uno de los barrios más bellos y antiguos de la Ciudad de México, la llamada Casa Azul es hoy uno de los museos más concurridos en la capital mexicana: mensualmente recibe cerca de 25 000 visitantes, 45 % de ellos extranjeros.

b. Contesta.

1. ¿Qué hechos de la vida de Frida influenciaron su obra?
2. ¿Qué temática tienen sus obras que le dieron reconocimiento?
3. ¿Qué características tiene la pintura de Frida Kahlo?
4. ¿Qué es la Casa Azul? ¿Qué importancia tiene actualmente?

c. Relaciona las palabras con sus significados.

1. derivado
2. conturbado
3. compartir
4. convalecencia
5. concurrido

a. intranquilo
b. participar en algo
c. que trae su origen de otra cosa
d. se dice de los lugares a donde va mucha gente
e. recuperación

3. Españoles en México
a. Lee el texto e infórmate.

El exilio republicano en México

Al finalizar la Guerra Civil española en 1939, miles de ciudadanos dejaron el país. Numerosos españoles, que habían defendido la República y que en el nuevo régimen dictatorial instaurado por el general Francisco Franco solo podían esperar la cárcel, se establecieron por todo el continente, desde Argentina a Estados Unidos.
Tal vez el caso más relevante sea el de México. Por aquel entonces gobernaba el general Lázaro Cárdenas, que prestó ayuda al gobierno de la República Española hasta el último día de la guerra y aún después, permitiendo que el gobierno en el exilio se estableciera en México. Cárdenas ofreció a los republicanos españoles la posibilidad de trasladarse al país. Se produjo una emigración casi masiva con un nivel de cualificación que podía considerarse más que alto. Cientos de intelectuales, artistas, literatos, filósofos, científicos, arquitectos, ingenieros, etc., se establecieron en suelo mexicano, la mayoría se integraron definitivamente. Entre ellos, el escritor Max Aub, el director de cine Luis Buñuel, el escritor Luis Cernuda y tantos otros que sería imposible su enumeración aquí. Su contribución al desarrollo mexicano fue inestimable en todos los aspectos. Puede recordarse como ejemplo la creación de la Fundación Colegio de México, la positiva influencia en el mundo editorial o la colaboración en la Universidad Autónoma de México (UNAM).

b. Localiza los siguientes términos y explica por qué aparecen en el texto.

Guerra Civil
régimen dictatorial
nivel de cualificación
exilio
contribución inestimable

c. ¿Quiénes fueron?

- Francisco Franco
- Lázaro Cárdenas
- Luis Cernuda
- Luis Buñuel

d. ¿Se puede decir que la persecución a los republicanos en España después de la Guerra Civil tuvo un lado positivo? ¿Por qué?

Una variedad del español

México es un país en el cual conviven muchas etnias indígenas. Esa convivencia ha dejado en el español que se habla en ese país muchas palabras de origen indígena, como *coyote* (un animal parecido al lobo), *papalote* (la cometa con que juegan los niños), *apapachar* (manifestar amor, cuidar bien). También es muy característico del habla de México el uso de diminutivos y del pronombre *le* con algunos verbos, como *ándale, córrele, pásale*. En el habla coloquial, un adjetivo muy común para expresar que algo es bueno es *padre*: *Acabo de leer un libro padrísimo. ¡Qué padre casa!*

AHORA YA SÉ

Comunicación
Expresar condiciones

1. Completa las frases con el verbo entre paréntesis conjugado en el tiempo correcto.
1. Si (tener) _____ tiempo y talento, haría un curso de diseño de videojuegos. ¡Me parece superentretenido!
2. Si no (ser) _____ por la tecnología, sería mucho más caro comunicarme con mi familia en el extranjero.
3. Si (saber) _____ la verdad, te la diría.
4. Si (poder) _____ elegir, me quedaría en casa toda la semana.
5. Si (empezar, nosotros) _____ a las dos en punto, a las seis estaría todo listo.

2. Transforma las frases para que expresen condiciones reales.
1. Si el archivo no se abriera, deberías llamarme.
2. Si mi celular volviera a apagarse, lo llevaría de vuelta a la tienda.
3. Si yo recibiera en las redes una invitación de un desconocido, no la contestaría.
4. Si no lograras desconectarte nunca, deberías pensar en buscar ayuda.

Reaccionar y expresar hipótesis

3. Completa el diálogo con las siguientes frases.

> 1. Ojalá no sea nada serio.   2. ¿Qué habrá pasado?   3. ¡Qué raro!

- _____ Le quiero mandar un mensaje privado a Federico y no encuentro su perfil.
- Creo que lo ha borrado.
- ¿En serio? _____
- No sé, parece que se enfadó con algunos comentarios. Sabes que en la red la gente mete mucho la pata.
- Sí, es verdad. _____

4. Forma frases usando los elementos entre paréntesis para expresar hipótesis sobre lo que le puede haber pasado.

> Ángel todavía no ha venido a una cita que tenía con Melisa y Pamela.

1. (A lo mejor/olvidarse)
2. (Quizás/quedarse dormido)
3. (Futuro simple/estar en una zona sin señal)
4. (Tal vez/equivocarse de día)

Organizar informaciones
5. Subraya la opción correcta.

Según/Respecto a las redes sociales, *en cambio/por un lado* te ofrecen infinitas posibilidades *asimismo/tales como* mantener el contacto con personas que viven lejos, intercambiar experiencias y *hasta/en cuanto* dinamizar movimientos culturales y políticos. *Sin embargo/Acerca de*, las redes *también/en cuanto* presentan riesgos y pueden resultar peligrosas principalmente para los menores.

Gramática

El futuro compuesto de indicativo

6. Completa el esquema del futuro compuesto.

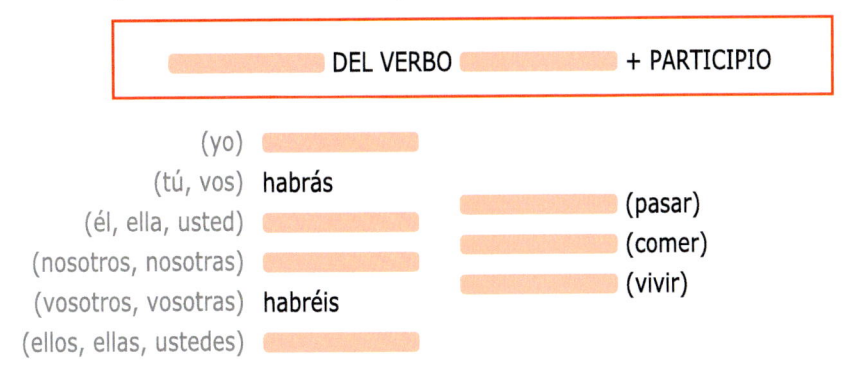

> _____ DEL VERBO _____ + PARTICIPIO

- (yo) _____
- (tú, vos) habrás
- (él, ella, usted) _____
- (nosotros, nosotras) _____
- (vosotros, vosotras) habréis
- (ellos, ellas, ustedes) _____

- _____ (pasar)
- _____ (comer)
- _____ (vivir)

7. Conjuga los verbos entre paréntesis en el futuro compuesto.

1. ¿Dónde (guardar, yo) _____ ese archivo?
2. ¿Se (olvidar) _____ todos de mi cumpleaños?
3. (Estar, vosotros) _____ muy ocupados, ¿no? Hace días que no me llamáis.
4. ¿(Incluir, nosotros) _____ a Juan Pedro en el mensaje?
5. ¿Que no encuentras tu móvil? ¿Lo (perder) _____ de nuevo?
6. Usted me lo (decir) _____, seguro, pero se me olvidó.

Contraste entre el futuro simple y el compuesto

8. Completa las frases con el futuro simple o con el futuro compuesto.

- No logro conectarme a la wifi.
- (Poner, tú) _____ la contraseña equivocada.
- (Ser) _____ algún problema del módem.

Ahora completa la regla.

El _____ se usa para referirse a hechos hipotéticos que están ocurriendo o que van a ocurrir.

El _____ se usa para hablar de hechos hipotéticos pasados.

Léxico

9. Crucigrama

Horizontales
1. Barra de _____.
2. Hacer copia personal de algo que está en Internet.
3. Mientras navegas, puedes elegir abrir un documento o página como otra ventana o como _____.

Verticales
4. Espacio en cada perfil de usuario donde los amigos escriben mensajes para que el usuario los vea.
5. Programa maligno que se disfraza de benigno para infiltrarse en las computadoras y robar datos o dañarlas.
6. Código de seguridad.
7. «El _____ USB no funciona».

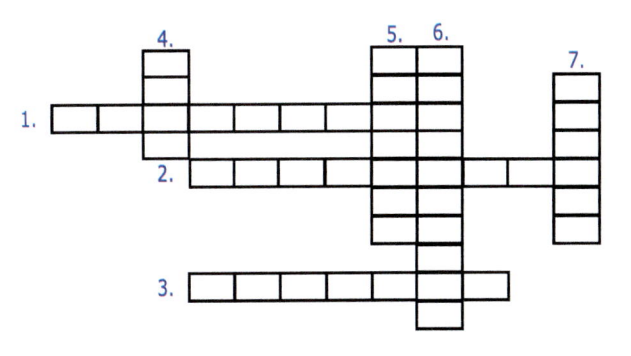

Preparo mi examen

LEO — Ordena la secuencia del texto a continuación.

Seguridad e Internet: consejos para navegar con seguridad

( ) Pero, además de los millones de sitios que visitar y cosas que hacer, Internet ofrece multitud de formas de malgastar el tiempo e incluso de meterse en problemas. Y, como ocurre en el mundo no cibernético, algunas de las personas que conocerás on-line podrían intentar aprovecharse de ti. La clave está en protegerte cuando estés conectado y practicar lo que llamamos «navegación inteligente».

( ) La mayoría de las personas y las empresas dignas de confianza nunca te pedirán esa información por Internet. O sea que, si alguien te la pide, tómatelo como una señal de aviso de que puede esconder segundas intenciones.

( ) ¿Qué sería de nosotros sin Internet? Es la forma que tenemos la mayoría de seguir en contacto con los amigos, encontrar información para hacer los deberes y trabajos escolares, seleccionar lugares que visitar o acceder a las últimas noticias.

( ) ¿Cuál es la primera regla de la navegación inteligente? Mantén al máximo el anonimato. Esto significa mantener la privacidad de toda la información personal como tu nombre completo, tu dirección, tu número de teléfono o nombres de familiares tuyos, por ejemplo.

Texto adaptado de http://kidshealth.org/teen/en_espanol/seguridad/internet_safety_esp.html?tracking=T_RelatedArticle

ESCUCHO — Escucha el texto y contesta verdadero o falso. (Pista 7)

1. ☐ Como viene haciendo desde hace cinco años, la empresa Ipsos divulgó su informe anual sobre ciberacoso escolar.
2. ☐ Brasil fue el país con el segundo mayor índice de padres que admitieron que sus hijos fueron víctimas de ciberacoso escolar.
3. ☐ Casi la mitad de los padres afectados afirmó que sus hijos fueron víctimas de acoso en las redes sociales.
4. ☐ Se cree que la incidencia del ciberacoso escolar en realidad es mayor porque las familias no denuncian a sus agresores.

ESCRIBO — Escribe tu respuesta utilizando cinco de los siguientes elementos.

la computadora	tus amigos	programas	apagarse	recibir
iniciarse	*spam* desde tu correo	lenta	inesperadamente	

- ¿Estará mi *compu* infectada por un virus? ¿Hay cómo saberlo?
- Sí, hay algunas pistas, si por ejemplo...

HABLO — En parejas. El colegio creó un grupo de estudios para saber sobre el uso de las redes sociales entre sus alumnos. Por turnos, cada uno debe charlar con el compañero para obtener los datos de cada papel.

Alumno A

Datos que debes obtener
- redes que usa
- finalidades del uso (estudio, amistad)
- forma de acceso (celular, computadora, tableta)
- si ya tuvo problemas por comentarios o publicaciones
En caso afirmativo, ¿qué pasó?

Alumno B

Datos que debes obtener
- redes que usa
- datos personales que comparte
- cosas que suele publicar
- si ya tuvo problemas por comentarios o publicaciones
En caso afirmativo, ¿qué pasó?

arte
y aparte

Autorretrato entre México y los Estados Unidos

Frida Kahlo

Observa
Describe el cuadro: ¿qué hay en el centro, a la derecha y a la izquierda?
Observa el título del cuadro, ¿qué parte del cuadro representa México y qué parte representa Estados Unidos? ¿Qué hay en la frontera?
El cuadro es un autorretrato. Describe la imagen de la artista: cómo está vestida, qué lleva en las manos, donde está, a qué se asemeja.

Analiza
¿Cómo caracteriza Frida el paisaje mexicano? ¿Qué elementos están retratados?
¿Qué elementos están retratados en el lado que representa Estados Unidos? ¿Qué tipo de paisaje es: urbano o rural?
¿Qué está escrito en las chimeneas a la derecha? ¿Quién fue esa persona?
El cuadro es de 1932. Investiga la vida de Frida Kahlo y descubre dónde estaba ella en esa fecha.

Da tu interpretación
¿Cómo relacionas la obra a lo que Frida Kahlo estaba viviendo en 1932?
¿Cómo crees que se sentía frente a cada país?
¿Te gusta el cuadro? ¿Ya has vivido algo parecido?

UNIDAD 3

En cuerpo y alma

En esta unidad aprendes a...
- Hablar de temas relacionados con la salud.
- Recordar y ampliar el uso de los pronombres de complemento.
- Conocer el voseo.
- Recordar y ampliar el léxico de partes del cuerpo y los alimentos.
- Dar recetas e instrucciones.
- Leer un texto de un escritor uruguayo, conocer algo sobre él y su país.

Código 4

Completa con las palabras que faltan los anuncios siguientes. Ayúdate con las imágenes. Luego, comprueba tu trabajo con el profesor.

❶ ¡QUE MOLEN TUS _____! — PLAN DE SALUD BUCODENTAL

❷ ¡Despierta _____! — Prevención de la obesidad infantil

❸ Un pequeño paso para el hombre... ...pero un gran salto para tu SALUD. ELIGE LAS _____

❹ Salvar vidas está en tus _____

Marca con una X la alternativa que mejor identifica los anuncios anteriores.

a. ☐ Publicidad de bienes de consumo.   b. ☐ Divulgación de campañas de salud.
c. ☐ Publicidad de alimentos.   d. ☐ Divulgación de eventos de beneficencia.

Observa los carteles con tus compañeros y piensa en los siguientes puntos:

- ¿A qué público creen que se destina cada uno? ¿Creen que ese tipo de publicidad es eficiente?
- ¿Los temas de los anuncios les parecen importantes entre las personas con quienes conviven?

PARA AYUDARTE A DAR TU OPINIÓN

- A mí me parece que...
- A mi modo de ver...
- Tengo la impresión de que...
- Yo no sé si...
- Puede ser que...
- Desde mi perspectiva...

Unidad 3

Lección 5: Una dieta equilibrada para ti

Patricia: ¡Hola, mamá! En lo de Bárbara, todavía no terminamos el trabajo. ¿Cómo que no? Se lo dije a la abuela, mami. Le pedí que te avisara que llegaría tarde. Es el proyecto de una campaña para incentivar a los chicos a tener buenos hábitos de alimentación. No sé, como dos horas más. Vuelvo en metro, con Pedro. Dormí tranquila, tengo mis llaves. Bueno, un beso. Chau, mamá.

Pedro: Seguimos. Estábamos en que Bárbara y Marcelo escribirán recetas. Vos y yo vamos a escribir el texto sobre los beneficios de una alimentación sana.

Patricia: ¿Ya lo empezaste? ¿Dónde están las hojas con el material que habíamos separado?

Pedro: Se las di a Bárbara para no perderlas.

Bárbara: Tomá, te las devuelvo.

Marcelo: Mirá, aquí hay una entrevista con un médico. Dice que no debemos saltar ninguna de las comidas, que el desayuno es fundamental y que la cena debe ser la más liviana. Y además, que tenemos que armar el plato con alimentos de colores variados, con frutas y verduras en cada comida porque aportan vitaminas esenciales a la salud.

Bárbara: ¿Comer verduras yo en todas las comidas? Ni muerta. Hasta las hojitas de lechuga que vienen en la hamburguesa las saco. Y para desayunar tendría que levantarme más temprano. Prefiero quedarme quince minutos más en la cama.

Pedro: Qué buen ejemplo...

Bárbara: ¿Y a vos te gustan las verduras?

Pedro: Más que a vos, sí. Y siempre como manzana, banana y jugo de pomelo.

Marcelo: Con las recetas que voy a enseñar, hasta vos vas a comer verduras, Barbarita.

Bárbara: Lo dudo. Vení, vos me las explicás y yo escribo el texto.

Comprendo

1. ESCUCHA, LEE EL TEXTO Y HAZ LAS ACTIVIDADES DE COMPRENSIÓN

A. Contesta a las preguntas.

1. ¿Qué están haciendo los chicos?

2. ¿Cómo dividirán las tareas?

3. ¿De qué hablarán en su trabajo?

4. ¿Te parece que Bárbara tiene una alimentación sana? ¿Por qué?

Lección 5 | Código 4

B. Escribe las preguntas que le faltan al diálogo entre Patricia y su madre.

Patricia: ¡Hola, mamá!
Madre:
Patricia: En lo de Bárbara, todavía no terminamos el trabajo.
Madre:
Patricia: ¿Cómo que no? Se lo dije a la abuela, mami. Le pedí que te avisara que llegaría tarde. Es el proyecto de una campaña para incentivar a los chicos a tener buenos hábitos de alimentación.
Madre:
Patricia: No sé, como dos horas más. Vuelvo en metro, con Pedro.
Madre:
Patricia: Dormí tranquila, tengo mis llaves. Bueno, un beso. Chau, mamá.

Practico y amplío

2 LOS ALIMENTOS

A. Clasifica los siguientes alimentos escribiendo sus nombres en la columna adecuada.

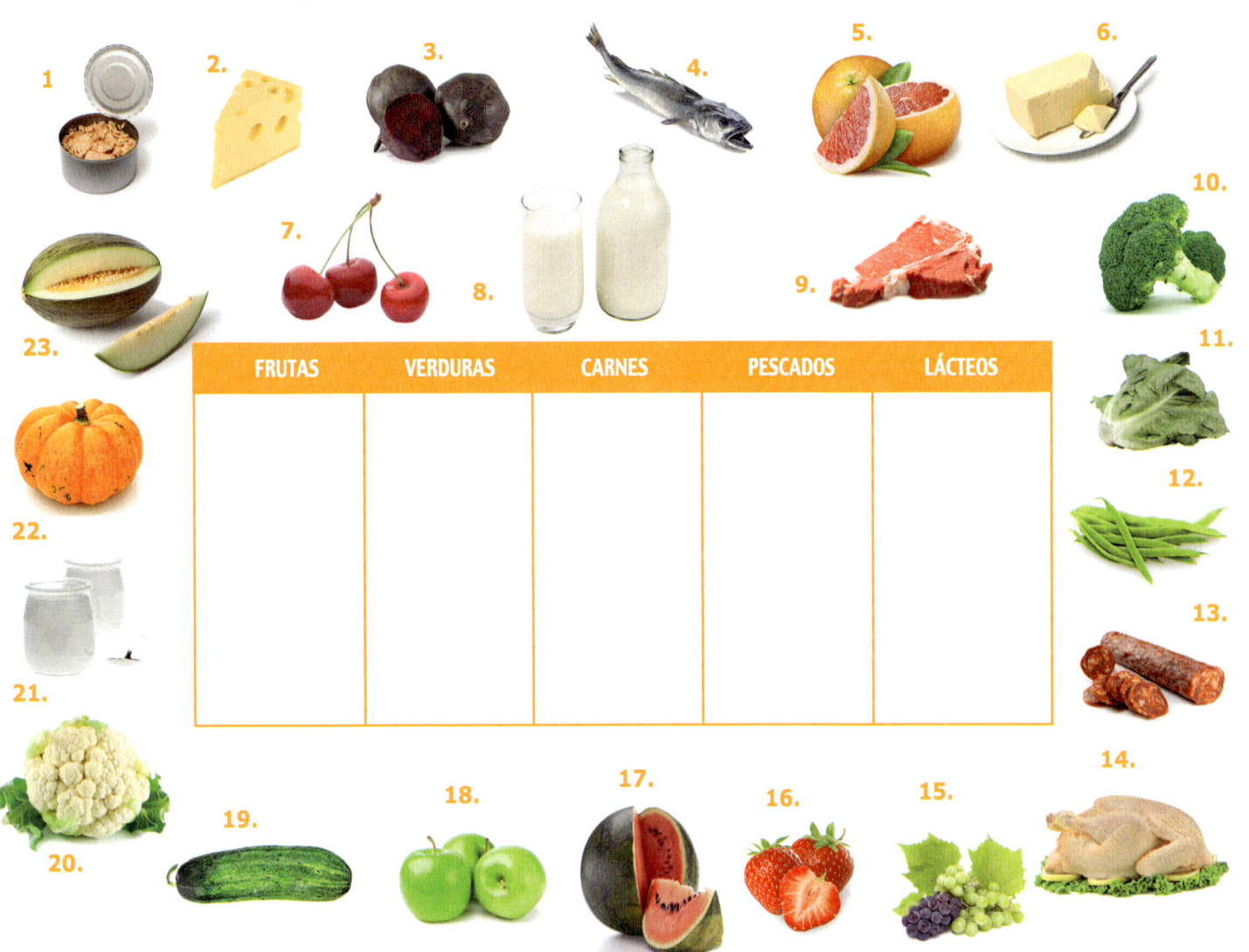

FRUTAS	VERDURAS	CARNES	PESCADOS	LÁCTEOS

B. Y a ti, ¿te gustan las frutas y verduras? ¿Qué sueles desayunar por la mañana?
Comenta con tu compañero tus preferencias y pregúntale por las suyas. ¿Quién come más sano?

Unidad 3 | cincuenta y tres • 53

3 LOS PRONOMBRES DE COMPLEMENTO

A. Observa los pronombres de complemento y márcalos en el diálogo. Luego, completa las reglas y di un ejemplo.

		Pronombres de complemento	
		Directo	Indirecto
SG	1ª persona	me	me
	2ª persona	te	te
	3ª persona	la, lo	le > se
PL	1ª persona	nos	nos
	2ª persona	os	os
	3ª persona	las, los	les > se

1. Cuando en una frase coinciden dos pronombres (le/les + la/lo/las/los), sustituimos ....
2. Siempre va .... el directo.

B. Sustituye las palabras destacadas en negrita por el pronombre correspondiente.

1. Vicky dijo **a mí** que no vendría hoy.
2. Acabo de comprar el periódico y estaba leyendo **el periódico que compré**.
3. Me entraron ganas de comer maíz, fui al mercado a comprar **maíz**, pero no compré **maíz** porque estaba carísimo.
4. Las amigas de mi madre dijeron **a mi madre** que el aguacate baja el colesterol.

C. Identifica los complementos directos (CD) e indirectos (CI) y sustitúyelos por pronombres.

1. Los médicos recomiendan tomar muchas frutas y verduras a los adolescentes para un buen crecimiento.
   CD:
   CI:

2. Ningún chico pide verduras a los padres como opción en una comida.
   CD:
   CI:

3. Deben entregar el informe a los profesores el último martes del mes.
   CD:
   CI:

4. Ayer enseñaron a los alumnos una receta de sándwich saludable.
   CD:
   CI:

D. Completa con los pronombres necesarios.

1. - ¿Dónde están los bocadillos que preparamos para el *picnic*?
   - _____ _____ di a Rosa.
2. - A ver, Juan, ¿_____ duele si _____ toco este punto?
   - Si _____ tocas, no. Pero si _____ aprietas, sí.
3. - ¡Qué lindos tus pendientes!
   - _____ _____ regaló una amiga.
4. - ¿Cómo quiere las bananas, señora?
   - No _____ quiero muy maduras. Las que _____ dio la semana pasada se pasaron muy rápido.
5. - ¿Saben que tenemos que entregar el informe hoy?
   - Ya _____ _____ entregamos a la profesora.
6. - ¿Tienes el libro de la biblioteca que usamos?
   - _____ _____ dejaste a Silvina, ¿no _____ acuerdas?
   - Ay, sí. Es que tengo que devolver _____ hoy.
7. - ¿Y las manzanas?
   - _____ estoy pelando. Espera un segundo que ya _____ _____ llevo.
8. - ¿Qué te pasa en los ojos?
   - No sé, ¿por qué?
   - _____ tienes rojos, rojos.

Actúo

4 DA UNA RECETA

A. Sustituye las palabras entre paréntesis por pronombres. Luego, comprueba tu trabajo con la grabación.

Recetas

Hoy .... (a ustedes) traigo una receta rica y sana: pasta con tomates, albahaca y *mozzarella*. Es una receta que aporta mucha energía por los hidratos de carbono de la pasta. A su vez, el tomate es rico en vitaminas A y C y en licopeno, una sustancia que previene contra el cáncer, y la albahaca es una hierba con propiedades digestivas. Lleven a cocer medio kilo de pasta. Mientras tanto, piquen unos cuatro o cinco tomates grandes, pero antes hay que sacar .... (a los tomates) las semillas. Piquen también la *mozzarella*, 300 gramos. Cuando la pasta esté cocida, escúrran .... (la pasta) y póngan .... (la pasta) en una fuente.
Agréguen .... (a la pasta) el tomate picado, un buen chorro de aceite, las hojitas de albahaca, sal, pimienta y, por último, el queso.

B. Reúnanse en pequeños grupos y preparen la presentación de una receta sencilla y sana usando verduras y/o frutas. No olviden mencionar los beneficios de los ingredientes. Para ayudarles, consulten la tabla a continuación.

Color	Fuentes	Beneficios
Rojo	tomate, pimiento rojo, manzana roja, fresa, cereza	Son ricos en fitoquímicos como el licopeno y las antocianinas, que mejoran la salud del corazón y disminuyen el riesgo de cáncer.
Naranja	zanahoria, calabaza, naranja, mandarina	Ricas en vitamina C y betacaroteno, ayudan a conservar una buena visión, mantener la piel sana y reforzar el sistema inmunitario.
Verde	col de Bruselas, calabacín, brócoli, pimiento verde	Contienen luteína, un antioxidante que refuerza la visión. También tienen potasio, vitaminas C y K y ácido fólico.
Blanco	ajo, cebolla, espárragos, uva blanca	Son ricos en fitoquímicos y potasio que ayudan a reducir los niveles de colesterol, bajar la presión arterial y prevenir la diabetes.
Violeta	ciruela, berenjena, remolacha, mora	Sus antioxidantes y fitoquímicos combaten el envejecimiento, disminuyen el riesgo de cáncer y preservan la memoria.

CÓDIGO <R>

Tus recetas
- Publiquen las recetas en el blog de la sala.

Participa en la comunidad de **Código ELE**

Lección 6 — Cuidados para un cuerpo sano

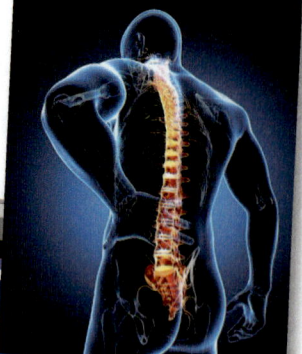

Tu espalda y vos

La espalda es una parte importante del cuerpo. Antiguamente se creía que las dolencias de espalda eran muy raras entre los jóvenes. Hoy se sabe que no es así y que son frecuentes, especialmente a partir de los 12 años. Si a vos te duele la espalda, decíselo a tus padres y consulten a un traumatólogo. Es muy probable que no sea nada grave y solo se deba a que tus músculos no están trabajando bien. Con la ayuda de un fisioterapeuta, te pondrás mejor en poco tiempo.

Normas para tener una espalda sana

1. Mantenete activo y evitá estar todo el día sentado. De lo contrario, perdés fuerza en la musculatura de la espalda y aumentará el riesgo de que te duela.
2. Hacé ejercicio habitualmente: la natación, correr o ir en bicicleta te pondrán en buena forma física. Cualquier ejercicio es mejor que ninguno.
3. Calentá tus músculos antes de hacer ejercicio y estiralos al terminar. Si competís en algún deporte, seguí escrupulosamente los consejos de tu entrenador.
4. Si tenés que estar sentado:
    a. hacelo lo más atrás posible en la silla y mantené el respaldo recto.
    b. mantené la espalda relativamente recta y los brazos o codos apoyados.
    c. cambiá de postura frecuentemente e intentá levantarte cada 45-60 minutos.
    d. si el mobiliario escolar te impide sentarte correctamente, decíselo a tu profesor.
5. Cuando uses el ordenador, el borde superior del monitor debe estar al nivel de los ojos o algo por debajo.
6. Para transportar el material escolar:
    a. utilizá la cabeza y no la espalda; intentá transportar el menor peso posible y dejá en casa todo lo que no necesites.
    b. usá un transporte con ruedas y de altura regulable.
    c. si no, llevá una mochila de tirantes anchos y pasalos por ambos hombros. Poné la mochila tan pegada al cuerpo como puedas y relativamente baja (en la zona lumbar o entre las caderas).
    d. evitá llevar más del 10 % de tu propio peso.

Adaptado de http://www.espalda.org

Comprendo

1. LEE EL TEXTO Y HAZ LAS ACTIVIDADES

A. ¿Verdadero o falso?

1. Las dolencias de la espalda afectan tanto a los jóvenes como a los adultos.
2. Durante largos ratos sentados, es importante cambiar de postura y levantarse cada hora.
3. Ir en bicicleta no es un buen ejercicio para la espalda.
4. Preferentemente, la mochila de un niño de 50 kilos no debe pesar más que 5 kilos.

B. Encuentra en el texto lo que se pide.

1. El nombre de cinco partes del cuerpo.
2. Un sinónimo de *enfermedad*.
3. El nombre de dos profesionales de la salud.

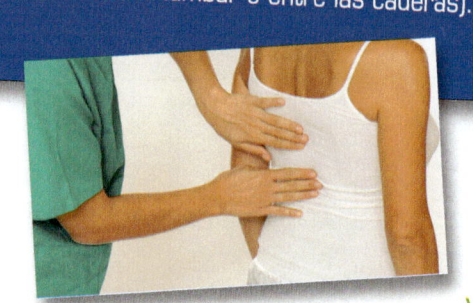

Lección 6 | Código 4

C. Marca la actitud correcta. Luego, explica por qué son correctas o incorrectas.

HIGIENE POSTURAL DEL ESCOLAR

Adaptado de http://edubase.wordpress.com

Practico y amplío

2 EL VOSEO

A. En el texto no se usa el *tú* para dirigirse al lector. Subraya qué forma aparece en su lugar.

> *Vos* es un pronombre de segunda persona singular presente en varios países, como Argentina, Uruguay, Paraguay, Chile, Bolivia, Perú, Colombia y Ecuador. Se usa en situaciones de **proximidad con el interlocutor** y en Argentina tiene formas verbales diferentes en imperativo y en presente de indicativo.

B. Observa los ejemplos y completa la tabla.

Gramática

Presente de indicativo

	REGULARES			IRREGULARES			
	mirar		salir	ser		tener	dormir
tú		comes	sales	eres	quieres		duermes
vos	mirás	comés		sos	querés	tenés	

Imperativo

	REGULARES			IRREGULARES		
	mirar	comer	salir		querer	tener
tú	mira		sal	sé	quiere		duerme
vos		comé		sé		tené	dormí

Unidad 3

C. Escribe detrás de las frases siguientes el pronombre o la forma de tratamiento utilizada: *tú, vos, usted* o *vosotros*.

1. Relojes Tictac le recuerda que hoy se han retrasado los relojes una hora, pasamos al horario de invierno.
2. Ponte los zapatos que salimos en cinco minutos.
3. En nuestra nueva sucursal virtual, ahora podés pagar tu factura, consultar tu saldo y actualizar tus datos.
4. Una *promo* que no podés dejar pasar. Entrá y conocé todas las ventajas que te ofrecemos.
5. Probad los sabores de la gastronomía y de las especialidades manchegas.
6. ¡Participa ya! Y gana uno de los televisores más modernos del mercado.
7. Mejor que empecés a limpiar tu cuarto de una vez porque ya se me acaba la paciencia.
8. Hay tantas cosas, yo solo preciso dos: mi guitarra y vos, mi guitarra y vos. (Jorge Drexler)
9. Aquí encontrará todo lo que tiene que saber antes de comprarse un inmueble.

D. Escucha la grabación y marca con una X cuando la forma de tratamiento sea el *vos*.

a. ☐ Grabación 1   b. ☐ Grabación 2   c. ☐ Grabación 3   d. ☐ Grabación 4

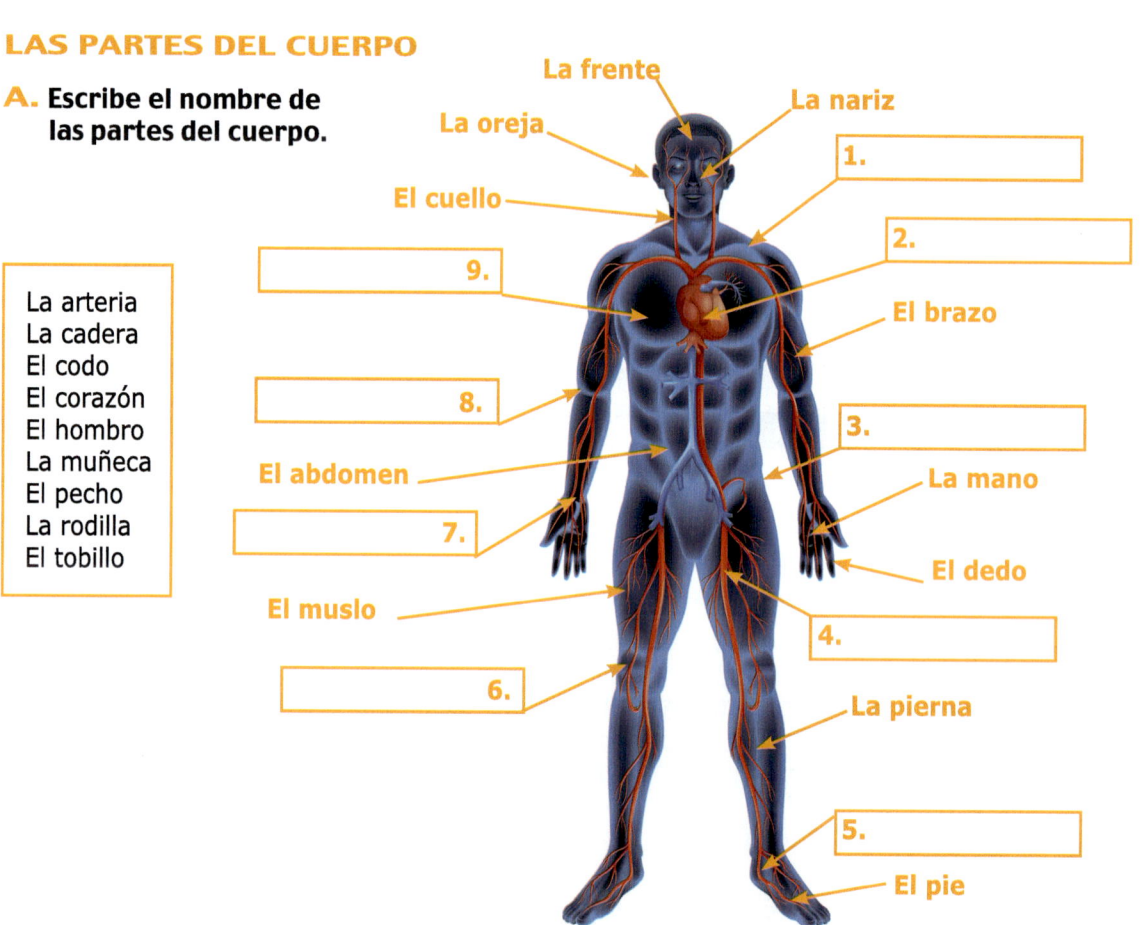

3 LAS PARTES DEL CUERPO

A. Escribe el nombre de las partes del cuerpo.

La frente
La oreja
La nariz
El cuello
El brazo
La mano
El abdomen
El dedo
El muslo
La pierna
El pie

La arteria
La cadera
El codo
El corazón
El hombro
La muñeca
El pecho
La rodilla
El tobillo

B. ¿Quién soy? Con un compañero, intenten identificar la parte del cuerpo que está «hablando».

1. Somos dos y estamos en la parte posterior del abdomen. Tenemos muchas funciones, una de ellas es actuar como filtro para la sangre.

2. Sirvo como articulación de los miembros inferiores.

3. Gracias a mí, la mano humana funciona mucho mejor que la de los otros primates.

4. En mí se procesan todos los alimentos que el hombre ingiere.

5. Cuando hay peste, sufro; cuando hay perfume, disfruto.

C. Elijan otra parte del cuerpo y preparen una adivinanza para proponérsela al grupo.

> Estamos de cinco en cinco y por nosotros pasan todos los lápices.

Actúo

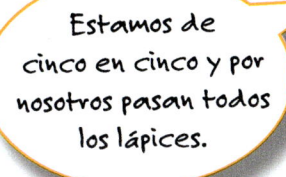

4 TABLA DE EJERCICIOS

A. Elige entre las opciones del recuadro los títulos que corresponden a cada ejercicio y luego escríbelos en el espacio correcto.

| Acepta | Círculos | Balancea | Niega | Pies activos | Marcha | No sé | Espiral |

Ejercicios de calentamiento

Tienes a continuación unos ejercicios sencillos para preparar tus músculos para cualquier tipo de ejercicio.

.............: Mueve tu cabeza como si dijeras que no, de tal forma que tu barbilla pueda llegar casi hasta tus hombros.

.............: Ahora mueve tu cabeza de arriba hacia abajo, como si dijeras que sí.

.............: Mueve tu cabeza de lado a lado, de modo que tu oreja trate de tocar el hombro correspondiente.

.............: Haz movimientos de cabeza circulares para la izquierda y después para la derecha. Cierra tus ojos mientras haces estos ejercicios para no marearte.

.............: Sube y baja los hombros hasta que estos lleguen a la altura de tus oídos y luego relájalos.

.............: Abre tus brazos y dibuja en el aire espirales, girando hacia delante y hacia atrás. De la misma forma, mueve tus muñecas hacia atrás y hacia delante.

.............: Con los brazos en la cintura y la espalda recta, levanta una pierna hacia delante, flexionando la pierna, simulando que tu muslo toca tu pecho y luego bájala despacio. Alterna ambas piernas.

.............: Gira un pie a la derecha y luego a la izquierda. Después hacia arriba y hacia abajo. Repite el ejercicio con el otro pie.

Texto adaptado de http://www.salud180.com/nutricion-y-ejercicio/10-ejercicios-de-calentamiento

Vida sana

B. En tríos, preparen orientaciones para algún tipo de movimiento. Puede ser un ejercicio o un paso de baile. Después, intercambien las instrucciones entre los grupos para que cada uno siga lo que escribieron los compañeros y opine sobre la claridad de las instrucciones.

Tu biblioteca de español

Mario Benedetti

Primavera con una esquina rota habla de la vida durante la dictadura uruguaya. Santiago está preso por sus ideas políticas en una irónica cárcel latinoamericana llamada *Libertad* y desde su celda escribe cartas a su esposa Graciela. Ella y su hija Beatriz viven en el exilio. Mediante diálogos, reflexiones, cartas y monólogos se narran los sentimientos humanos.

Lee el texto y haz las actividades propuestas.

BEATRIZ (Los aeropuertos)

El aeropuerto es un lugar al que llegan muchos taxis y a veces está lleno de extranjeros y revistas. En los aeropuertos hace tanto frío que siempre instalan una farmacia para vender remedios a las personas propensas. Yo soy propensa desde chiquita. En los aeropuertos la gente bosteza casi tanto como en las escuelas. En los aeropuertos las valijas siempre pesan veinte kilos, así que podrían ahorrarse las balanzas. En los aeropuertos no hay cucarachas. En mi casa sí hay porque no es aeropuerto. A los jugadores de fútbol y a los presidentes siempre los fotografían en los aeropuertos y salen muy peinados, pero a los toreros casi nunca y mucho menos a los toros. Será porque a los toros les gusta viajar en ferrocarril. A mí también me gusta muchísimo. Las personas que llegan a los aeropuertos son muy abrazadoras. Cuando una se lava las manos en los aeropuertos, quedan bastante más limpias, pero arrugaditas. Yo tengo una amiguita que roba papel higiénico en los aeropuertos porque dice que es más suave. Las aduanas y los carritos para equipaje son las cosas más bellas que tiene el aeropuerto. En la aduana hay que abrir la valija y cerrar la boca. Las azafatas caminan juntas para no perderse. Las azafatas son muchísimo más lindas que las maestras. Los esposos de las azafatas se llaman *pilotos*. Cuando un pasajero llega tarde al aeropuerto, hay un policía que agarra el pasaporte y le pone un sello que dice: *Este niño llegó tarde*.

Entre las cosas que a veces llegan al aeropuerto está, por ejemplo, mi papá. Los pasajeros que llegan siempre les traen regalos a sus hijitas queridas, pero mi papá, que llegará mañana, no me traerá ningún regalo porque estuvo preso político cinco años y yo soy muy comprensiva. Nosotros frecuentamos los aeropuertos sobre todo cuando viene mi papá. Cuando el aeropuerto está de huelga, es mucho más fácil conseguir taxi para el aeropuerto. Hay algunos aeropuertos que además de taxis tienen aviones. Cuando los taxis hacen huelga, los aviones no pueden aterrizar. Los taxis son la parte más importante del aeropuerto.

(Benedetti, Mario. *Primavera con una esquina rota*. Barcelona: Edhasa, 1992, pp. 206, 207)

Biografía

Mario Benedetti (1920-2009) nació en Paso de los Toros (Uruguay) y antes de ser escritor, fue taquígrafo, vendedor, funcionario público, contable, periodista, locutor de radio, traductor. En 1973, debido al golpe militar, abandonó su país por razones políticas. Vivió doce años en el exilio. A partir de 1985, con la vuelta de la democracia, residió una parte del año en Montevideo y otra en Madrid. Publicó más de 80 libros con más de 1200 ediciones y ha sido traducido a más de 25 lenguas. Su obra aborda diversos géneros: poesía, cuento, novela, ensayo y crítica literaria. Durante la vida, recibió incontables premios y homenajes.

COMPRENDO

Responde a las preguntas.

1. ¿Quién es el narrador de ese fragmento?
   ....
2. ¿Qué edad crees que tiene? ¿Qué elementos del texto te permitieron llegar a esa conclusión?
   ....
3. ¿Qué describe el narrador? ¿Su descripción es fiel a la realidad? Justifica tu respuesta.
   ....
4. ¿Por qué está el narrador en ese lugar?
   ....

APRENDO

1. Busca entre las palabras marcadas en el texto las que corresponden a estas definiciones.

1. Adjetivo que significa 'con tendencia o inclinación' a algo. ....
2. Lugar en el que se registran los géneros y mercaderías que se importan o exportan. ....
3. Interrupción colectiva del trabajo. ....
4. Sinónimo de *maleta*. ....
5. Abrir involuntariamente la boca para inspirar y espirar. ....

2. Piensa en lo que pasa en los aeropuertos y explica por qué Beatriz llegó a estas conclusiones.

En los aeropuertos la gente bosteza casi tanto como en las escuelas.
....

En los aeropuertos las valijas siempre pesan veinte kilos, así que podrían ahorrarse las balanzas.
....

Las personas que llegan a los aeropuertos son muy abrazadoras.
....

ESCRIBO

Describe un lugar (gimnasio, supermercado, estadio de fútbol, banco, etc.) manteniendo las características del texto de Benedetti. Para hacerlo piensa en las características que lo definen y explícalas de una manera ingenua que resultará divertida.

Unidad 3

Tu rincón hispano
Uruguay

1. Informaciones de Uruguay
a. Relaciona los textos con las imágenes.

a. ☐

b. ☐

c. ☐

d. ☐

1. Carlos Páez Vilaró fue un arquitecto y artista plástico uruguayo. Su obra más conocida es Casapueblo, un museo-taller en Punta Ballena, cerca de Punta del Este, una construcción única y monumental. Actualmente, miles de turistas de todo el mundo la visitan durante los 365 días del año en que está abierta. Muchos afirman que ni fotografías ni palabras alcanzan para dar una muestra real de lo que allí sucede.

2. En febrero de 2005, Jorge Drexler subió al escenario del teatro Kodak para recibir su Óscar como vencedor en la categoría mejor canción original. Minutos antes, por imposición de la organización del evento que lo juzgaba un desconocido del gran público, Santana y Antonio Banderas habían interpretado su canción *Al otro lado del río*. Al recibirla, Drexler cantó sin acompañamiento una parte de su balada. Actualmente, este exmédico es un cantautor de prestigio con su talento reconocido con otros premios.

3. El Museo Torres García en Montevideo alberga el legado de ese que quizá sea el pintor uruguayo más importante. Figura de renombre internacional, Torres García nació en 1874 y falleció en 1949. Vivió muchos años en Barcelona y viajó por todo el mundo. Fue también un teórico de su arte. Creó el Universalismo Constructivo, un sistema estético-filosófico que propone un arte basado en los principios de proporción, unidad y estructura.

4. El candombe es un ritmo de origen africano, huella que han dejado en la cultura uruguaya los negros que llegaron al país como esclavos. Todos los domingos resuenan por el barrio Sur de Montevideo las llamadas de sus tambores, convocando a la gente a tocar y bailar. Durante el mes de febrero, en el Carnaval, las calles de la capital se llenan de comparsas, grupos que salen a festejar con disfraces que recuerdan viejas tradiciones afrouruguayas.

b. ¿Verdadero o falso?

V   F

1. En la música está la herencia de la cultura afrodescendiente en Uruguay.
2. Las comparsas son trabajadores que salen los domingos para protestar.
3. Carlos Páez Vilaró es un uruguayo que construyó una casa monumental y la convirtió en museo.
4. Los organizadores de los Óscar del 2005 impidieron a Drexler interpretar su canción.
5. La proporción, unidad y estructura son la base de la propuesta estética de Torres García.

Unidad 3

2. El fútbol en Uruguay

El primer Mundial de Fútbol: Uruguay 1930

En 1930 en Uruguay, el país solo tenía ojos y oídos para el primer Campeonato Mundial de Fútbol. Las victorias uruguayas en las dos últimas olimpiadas, disputadas en Europa, habían convertido el Uruguay en el inevitable anfitrión del primer torneo.

Doce naciones llegaron al puerto de Montevideo. Toda Europa estaba invitada, pero solo cuatro seleccionados europeos atravesaron el océano hacia estas playas del sur: «Eso está muy lejos de todo y el pasaje sale caro», decían en Europa.

Uruguay estrenó con bombos y platillos un monumental escenario construido en ocho meses. El estadio se llamó Centenario, para celebrar los cien años de una Constitución que había negado los derechos civiles a las mujeres, a los analfabetos y a los pobres. Las tribunas estaban completas, no cabía ni un alfiler, cuando Uruguay y Argentina se disputaron la final del campeonato.

Como en 1928, Argentina quedó en segundo lugar. Uruguay, que iba perdiendo 1 a 2 en el primer tiempo, acabó ganando 4 a 2 y se consagró campeón. Para arbitrar la final, el belga John Langenus había exigido un seguro de vida, pero no ocurrió nada más grave que algunas discusiones en las gradas.

Texto adaptado de Galeano, Eduardo. *El fútbol a sol y sombra*. Montevideo: Ediciones del Chanchito.

a. Completa.

1. La primera edición del Mundial de Fútbol en 1930 se celebró en Uruguay porque ....
2. Participaron en esa primera edición ....
3. El estadio en que ocurrieron los partidos se construyó .... y su nombre es un homenaje ....
4. Los vencedores fueron ....

b. Localiza en el último párrafo del texto las palabras que corresponden a:

1. Confusión, desorden: ....
2. Cada una de las divisiones de duración de un partido: ....
3. Conjunto de asientos parecidos a los escalones de una escalera: ....

c. Explica qué quieren decir las siguientes expresiones:

Solo tener ojos y oídos para algo (1.er párrafo): ....
No caber un alfiler en un lugar (3.er párrafo): ....

Una variedad del español

Uruguay recibió una fuerte inmigración europea. La presencia italiana, por ejemplo, se nota no solo en la gastronomía -con el salame, los raviolis, los ñoquis y la lasaña-, sino también en el léxico del español hablado en ese país, con palabras como *nona* (abuela), *matina* (mañana), *parlar* (hablar). En las zonas de frontera entre Uruguay y Brasil, encontramos influencias del portugués y también una lengua de contacto entre los dos idiomas, llamada *portuñol* en Rivera y Artigas. También se nota la presencia del voseo, especialmente en Montevideo. En cuanto a la manera de hablar, a los oídos menos entrenados, el español de los uruguayos y argentinos sonará igual. Aunque se parezcan mucho, principalmente en la pronunciación de la *ll* y de la *y* en palabras como *calle* y *joya*, no son iguales. La diferencia está principalmente en la entonación.

AHORA YA SÉ

Comunicación

Usar los pronombres de complemento directo e indirecto

1. Relaciona las preguntas con las respuestas.

1. Carmen, ¿me podría traer el contrato?
2. Aquí tienes la cámara.
3. ¿Por qué ahora solo coméis pan integral?
4. ¿Qué medicamento es ese?
5. ¿Qué te pasó en las rodillas?

a. Me las operé el mes pasado.
b. Me lo recetó el médico, es para mi jaqueca.
c. Vale. Te la devuelvo el lunes.
d. Se lo llevo enseguida.
e. La nutricionista nos lo recomendó.

Dar recetas, instrucciones y recomendaciones

2. Pasa los verbos del recuadro al imperativo *tú* y completa las instrucciones para preparar un asado. Recuerda añadir los pronombres de complemento cuando sea necesario.

> llevar — sacar — tomar — doblar — hacer — colocar — poner — prender — extender — condimentar

Para preparar el fuego, tenemos que hacer una base antes de poner el carbón. _____ papel de cualquier tipo, hojas de cuaderno, de periódicos, _____ , _____ un círculo con ellas, como un rosco, y _____ en el fondo de la parrilla. Enseguida _____ el carbón, formando un montito y _____ el fuego. Cuando las brasas estén listas, _____ por todos los lados de la parrilla.

_____ la carne solamente con sal y _____ a la parrilla. _____ cuando esté cocida, pero con un poco de jugo.

3. Estas personas tienen problemas de salud. Observa las imágenes y con las informaciones de los recuadros escribe lo que debe hacer cada una usando el imperativo en la forma *tú*.

> EL PLÁTANO ES RICO EN SALES MINERALES QUE EVITAN CALAMBRES.

> LA MOCHILA ESCOLAR NO DEBE PESAR MÁS DEL 10 % DEL PESO DEL ESTUDIANTE.

> INGERIR FRUTAS, VERDURAS Y GRANOS INTEGRALES, Y HACER EJERCICIO PARA PERDER PESO.

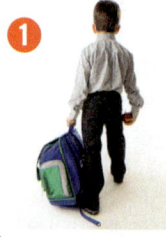

1 Últimamente me duele la espalda.

2 Tengo calambres frecuentes cuando hago deporte.

3 Me siento muy indispuesta después de comer y parece que estoy engordando.

Gramática

Pronombres de complemento directo e indirecto

4. Subraya la opción correcta. Luego, identifica en colores diferentes los pronombres de complemento directo y los de indirecto.

1. *Me/Se/Te* encantan las frutas. *Las/Les/Los* como cada día.
2. Soy alérgico a la leche, por eso no *le/lo/la* tomo.
3. Mi pelo no crece y eso que ni *me la/se lo/me lo* corto.
4. En cuanto termines el cartel, *llévaselo/llévamelo/llévanoslo* a Martín que está en la sala 4.
5. Pepi dejó de comer dulces. Así que ni *me los/te los/se los* ofrezcas.
6. Juan te pidió que *le/te/os* compres pomelos y manzanas y que, por favor, *me las/te los/se los* lleves a su casa.

5. Ahora completa la regla.

Cuando en una frase coinciden dos pronombres de complemento de tercera persona *(le/les + la/lo/las/los)*, sustituimos el pronombre de complemento indirecto por _____.
El pronombre de complemento _____ siempre viene antes del _____.

6. Completa las frases con los pronombres complementos que faltan.

1. Mamá, tengo que decir_____ algo. ¿Sabes la caja de bombones que (a nosotros) _____ regaló la abuela? No _____ aguanté y _____ comí todos.
2. - Verónica no _____ regalará a José las gafas de sol que pidió.
   - Pero ¿por qué no _____ _____ regala?
   - Porque él suspendió tres asignaturas este año.
3. - ¿Dónde está la canasta de frutas?
   - Espera que _____ _____ estoy llevando.
4. - ¿Sabías que el lunes vamos a visitar una exposición?
   - Sí, sí. _____ _____ dijo Marta.

7. Marca con una x las frases en que hay voseo.

1. ☐ Tené cuidado, andás bebiendo mucha gaseosa y esto no hace bien.
2. ☐ Mira la postura, Roberto.
3. ☐ Si queréis, podemos empezar a caminar juntos.
4. ☐ ¿Qué os parece la tarta? ¿Rica?
5. ☐ ¿Qué pensás hacer mañana?
6. ☐ ¿Sabés hacer ceviche?

Pasa las frases en que hay voseo a la forma *tú*.

Léxico

8. Completa las palabras a continuación.

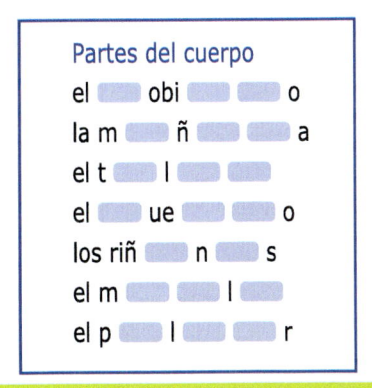

Partes del cuerpo	Frutas y verduras
el ___ obi ___ o	la re ___ la ___ a
la m ___ ñ ___ a	la c ___ rue ___
el t ___ l ___	la c ___ l ___ lor
el ___ ue ___ o	el ___ mie ___ t ___
los riñ ___ n ___ s	la m ___ dari ___
el m ___ ___ l	la m ___ r
el p ___ l ___ r	el ___ ome ___ o

Unidad 3

Preparo mi examen

LEO — Completa el texto con las siguientes palabras.

> alimentos – gusta – perjudiciales – mantenerse – dulce – descanso – moleste – jugos – infecciosas – invencibles

Cuidados con la piel en la adolescencia

Tratándose de cuidados con la piel, comer bien es uno de los principales, especialmente en la adolescencia. Los adolescentes se creen _____ y por eso solo comen lo que les _____, sin investigar el valor nutricional de los _____. La ingestión de frutas y verduras es buena para la piel, el pelo y las uñas y debe _____ como un régimen regular. Otro punto importante es tomar agua, ¡mucha agua! Aunque los _____ y sodas, cargados de azúcar y jarabe de maíz de alta fructosa, a menudo satisfacen las ganas de _____ de los jóvenes, los adolescentes deben entender que estos productos pueden ser _____ para una piel saludable. Obtener la cantidad adecuada de _____ (de 8 a 10 horas dependiendo del individuo) también es un paso vital para el cuidado de la piel. Por fin, si el acné o las espinillas aparecen, no los _____. Estallarlos empeora la situación, pues causa sangrado, aumento de las bacterias _____ y provoca cicatrices después.

Adaptado de http://www.ehowenespanol.com/consejos-cuidados-piel-adolescentes-manera_312036/

Contesta a las preguntas.
1. Según el texto, ¿por qué los adolescentes no se preocupan por la calidad de su alimentación?
2. ¿Qué otras partes del cuerpo se benefician de una buena alimentación?
3. Resume en cuatro títulos los cuidados mencionados en el texto.
4. ¿Qué consecuencias puede traer estallar las espinillas?

ESCUCHO (Pista 11) — Escucha el audio de un documental sobre tabaquismo y adolescencia y contesta a las preguntas. Marca la alternativa correcta.

1. Fumar es un hábito normalmente adquirido:
   a. ☐ después de los 20 años   b. ☐ en la adolescencia   c. ☐ en la universidad

2. Hay en el mundo.......................... de adolescentes que fuman.
   a. ☐ más de 10 millones   b. ☐ 180 millones   c. ☐ 150 millones

3. Entre los órganos más afectados por el tabaquismo entre los adolescentes están:
   a. ☐ los pulmones y el corazón   b. ☐ los riñones y el corazón   c. ☐ el cerebro y el corazón

ESCRIBO — Participa en una campaña para fomentar una alimentación más sana. Escribe una receta sencilla y saludable para publicarla en un libro virtual destinado al público joven.

HABLO — Por turnos, enseña a tu compañero a hacer los siguientes movimientos, él hará lo mismo contigo.

Unidad 3

arte
y aparte

Joaquín Torres García
Constructivo con calle y pez grande

Observa
Describe la obra.
¿Es un cuadro que copia la realidad tal como una fotografía?
¿Qué figuras identificas?
¿Cómo las representa el artista?
¿Cuántos colores usa el artista?
¿Cómo se clasifican esos colores?
¿Qué otros elementos hay además de imágenes?

Analiza
Relaciona el título del cuadro con las imágenes: ¿cómo está representada la calle?
¿Hay elementos de geometría en la composición del cuadro? ¿Cuáles?
¿Hay armonía en la composición? ¿Y ritmo?

Da tu interpretación
Investiga sobre la vida y obra de Torres García e identifica en el cuadro los elementos que caracterizan su estilo y qué simbolizan.
¿Crees que este cuadro es representativo de algún momento de su producción?
¿Te gustan los cuadros basados en composiciones geométricas?
¿Qué otros artistas conoces que usan ese recurso?

UNIDAD 4

El mundo en tu bolsillo

En esta unidad aprendes a...
- Hablar de viajes y de destinos turísticos.
- Comparar y defender opciones.
- Practicar la expresión de la finalidad.
- Reproducir peticiones y órdenes de otras personas.
- Leer un texto de un escritor de Argentina, conocer algo sobre él y su país.

Código 4

**¿Te gusta viajar? ¿Ya has volado en avión alguna vez?
Relaciona las palabras con las imágenes.**

- [ ] el altavoz/la megafonía
- [ ] despegar
- [ ] aterrizar
- [ ] el mostrador de facturación
- [ ] el saco de dormir
- [ ] el carrito
- [ ] el control de pasaportes
- [ ] la aduana
- [ ] el equipaje de mano
- [ ] la puerta de embarque
- [ ] la recogida de equipaje

¿Por qué viaja la gente? Para hacer turismo, ¿qué destinos prefieres? ¿Qué es lo que más te gusta hacer en los viajes? ¿Qué te parece lo mejor y lo peor de viajar? Habla con tu compañero a ver si coinciden en sus opiniones.

PARA AYUDARTE A DAR TU OPINIÓN

- Desde mi punto de vista,...
- A mi modo de ver,...
- En mi opinión,...
- Para mí,...
- Según yo,...

Unidad 4

Lección 7: Viaje de fin de curso

¿Por qué Bariloche para tu viaje de fin de curso?

Porque vas a conocer mucha gente, te encontrarás con egresados de todo el país y ¡hasta de toda Latinoamérica!

Las opciones de destino son muchas, pero como Bariloche no hay otra igual, pues es la única que te da todo en un mismo lugar: aventura, música, naturaleza, amigos y la mejor diversión. En verano, te ofrecemos **senderos** que se pueden recorrer caminando o en bicicleta de montaña. En invierno, deportes como el esquí, el *snowboard*, paseos en trineos…Y en cualquier época, una ciudad que te proporciona lugares seguros para que vivas emociones inolvidables.

Nuestras discos poseen certificados que **garantizan** que cumplen con todas las normas internacionales de seguridad vigentes. Además, en caso de tener algún problema de salud, los visitantes cuentan con un servicio médico único: un médico disponible en cada uno de los hoteles que **alojan** al turismo estudiantil.

VIAJES ESTUDIANTILES - BUENOS AIRES CULTURAL

Somos una empresa con diez años de experiencia, pioneros en la creación de viajes educativos y didácticos en toda la provincia de Tucumán. Nuestros profesionales están a su disposición para ofrecerle viajes con la mejor relación entre los servicios proporcionados y el precio.

Coordinación y guía
Personal con años de experiencia en el manejo de estudiantes. **Capacitados** con cursos de primeros auxilios dictados por la Cruz Roja argentina.

Alojamiento
En hotel de categoría tres estrellas, con **ubicación** céntrica.

Régimen de comidas
Pensión completa durante toda la estadía.

Asistencia económica
Ofrecemos **asistencia** en destino para que los padres no tengan que hacer transferencias bancarias o envíos por otros medios. Nuestro personal tiene autorización para realizar entregas de dinero en caso de urgencias.

Paseos
Visitas a sitios de interés histórico, artístico y cultural sin olvidar la diversión. Entre otras posibilidades, se ofrece una noche en una discoteca con servicio exclusivo para estudiantes, sin venta de bebida alcohólica.

Comprendo

1. LEE LOS TEXTOS Y HAZ LAS ACTIVIDADES DE COMPRENSIÓN

A. Marca la alternativa correcta respecto a los textos anteriores.

1. Su objetivo es informar al lector. ☐
2. Su objetivo es informar y convencer al lector. ☐
3. Su objetivo es informar y alertar al lector. ☐

B. Marca 1 o 2 en las características siguientes, según pertenezcan al primero o al segundo texto.

1. Promociona una ciudad. ☐
2. Está dirigido a profesores o directores de escuelas. ☐
3. Está dirigido a estudiantes. ☐
4. Prioriza las informaciones respecto a la seguridad. ☐
5. Usa *usted* como forma de tratamiento. ☐
6. Promociona una empresa. ☐
7. Usa *vos* como forma de tratamiento. ☐
8. Habla de las posibilidades de diversión. ☐

C. ¿Qué significa *egresado*?

1. Persona a quien le gustan los viajes de aventura. ☐
2. Persona que ya no trabaja por razones de edad o de salud. ☐
3. Persona que terminó un ciclo educativo. ☐

D. Encuentra entre las palabras marcadas en los textos los sinónimos de:

aseguran: _____
habilitados: _____
ayuda: _____

rutas: _____
hospedan: _____
localización: _____

Practico y amplío

2 LAS ORACIONES FINALES

A. Relaciona las frases.

1. El profesor nos reunió después de clase
2. Nuestro personal tiene autorización
3. Ofrecemos asistencia económica
4. Todos poseen celular
5. Una ciudad que te proporciona lugares seguros

a. para estar en comunicación con la institución escolar o con los padres.
b. para que, entre todos, decidiéramos el destino del viaje de fin de curso.
c. para que los padres no tengan que hacer transferencias bancarias.
d. para que vivas emociones inolvidables.
e. para realizar entregas de dinero en caso de urgencias.

B. Responde y, luego, completa la regla.

1. ¿Quién es el sujeto de las frases? ¿Es el mismo sujeto en la frase principal y en la frase subordinada?
2. ¿La finalidad se refiere al presente y al futuro o al pasado?

REGLA
Se utiliza **para que** cuando .... y va con presente de subjuntivo cuando .... y con imperfecto de subjuntivo cuando ....

En preguntas, siempre se usa **para qué** + indicativo.

¿Para qué llevamos tanta ropa?
¿Para qué te preocupas tanto?

C. Marca las alternativas correctas para completar las frases.

1. Vamos a consultar la guía...
   a. para no perdernos. ☐
   b. para que no nos perdamos. ☐
   c. para no nos perder. ☐

2. La monitora nos dio su número del celular...
   a. para que pudiéramos llamarla. ☐
   b. para poder llamarla. ☐
   c. para que puedes llamarla. ☐

3. No lleves mucha ropa...
   a. para que no pagues exceso de peso. ☐
   b. para que no pagan exceso de peso. ☐
   c. para no pagar exceso de peso. ☐

4. Los autobuses nos esperarán a la vuelta...
   a. para no ponerles una multa. ☐
   b. para que no les pongan una multa. ☐
   c. para que no ponerles una multa. ☐

D. Completa con *para* + infinitivo, *para que* + subjuntivo o *para qué* + indicativo.

1. (No tener, nosotros) _____ problemas en la aduana, respeten su cuota de compras.
2. Nos pusieron estas pulseras (saber, ellos) _____ quiénes éramos de la excursión.
3. - ¿(Traer, tú) _____ tu saco de dormir si vamos a un hotel?
   - (Dormir, yo) _____ en el suelo si el colchón es muy malo. Tengo problemas en la columna.
4. Llegamos temprano al aeropuerto (no tener, tú) _____ que esperarnos después de un viaje tan largo.
5. Usaremos esta banderita (vernos, ustedes) _____ desde lejos.
6. Alimentarán la página de la escuela con informaciones (seguir, los padres) _____ nuestro día a día.
7. Me dijo que me traería el dinero (comprar, yo) _____ una cámara en el *free shop*, pero hasta ahora nada.

3. OTRAS FÓRMULAS PARA EXPRESAR FINALIDAD

Gramática

Empresarios del sector turístico se reunieron *a fin de empezar* a organizarse para las vacaciones de julio.
El Gobierno lanzó una campaña *a fin de que los ciudadanos se informen* sobre los cuidados al viajar al extranjero.

Saldremos temprano *con el objetivo de llegar* a nuestro destino a la hora del almuerzo.
Van a dormir aquí *con el objetivo de que salgamos* temprano.

A. Los padres de Marcela están muy preocupados porque ella viaja sola por primera vez. A continuación tienes lo que le dijeron. Une las frases usando una de las fórmulas anteriores. No repitas ninguna.

1. No abuses de comidas muy diferentes
2. Comprueba si tienes todos los documentos
3. Te puse unas pastillas para el mareo
4. Llama siempre que sea posible

a. no tener (tú) problemas digestivos.
b. no preocuparnos (nosotros).
c. no tener (tú) que comprarlas si te pasa algo.
d. no impedirte (ellos) embarcar.

No abuses de comidas muy diferentes a fin de no tener problemas digestivos.

B. Completa.

1. Estudio español para _____
2. Me regalaron un celular para que _____
3. Estamos haciendo una rifa con el objetivo de _____
4. Hicieron una campaña a fin de que los estudiantes _____

4. PARA DESCRIBIR LUGARES

A. Encuentra en el cuadro dos sinónimos para cada uno de los siguientes adjetivos.

MODERNO	IMPACTANTE	CRISTALINO	HISTÓRICO	BRILLANTE	SERENO

• contemporáneo • antiguo • impresionante • límpido • tradicional • reluciente
• tranquilo • luminoso • transparente • sorprendente • actual • sosegado

Lección 7 | Código 4

B. Elige uno de los siguientes lugares y descríbelo a tu compañero sin identificarlo. ¿Será capaz de saber de cuál se trata? Las siguientes palabras y los adjetivos anteriores te pueden ayudar.

• edificio • construcción • paisaje • isla • vegetación • pilar • ventanal • cúpula • montaña

• Es una obra de arquitectura moderna. Es sorprendente, tiene un gran espacio vacío abajo y parece una caja en el aire.
• Es el edificio del MASP.

Edificio MASP – São Paulo
Catedral – Ciudad de México
Desierto de Atacama – Chile
Isla Cayo Levantado – R. Dominicana
Museo Guggenheim – Bilbao

Actúo

5 ELIGE UN DESTINO

A. Escucha el texto. Marca V o F y corrige las informaciones incorrectas.

Pista 12

a. Se trata de una reunión de negocios.
b. El principal objetivo de la situación retratada es informar y decidir respecto a algo.
c. Las personas que intervienen en el diálogo tienen la misma opinión sobre el tema que tratan.
d. La mayoría de los participantes tiene la misma edad e intereses.

V   F

B. Completa la tabla con las opiniones de los participantes respecto a cada propuesta de destino.

	DESTINOS		
OPCIONES	1.	2.	3.

C. ¿Y tú, qué prefieres para hacer un viaje del mismo tipo? ¿Tu compañero opina lo mismo? ¿Qué sugerencias tienen para recaudar fondos para un viaje así?

CÓDIGO <D>

Participa en la comunidad de Código ELE

Destino de viaje
• **Entre todos, elijan tres ciudades a las que les gustaría hacer un viaje de fin de curso. Luego, en grupos defiendan su favorita. Hagan después una votación en la sala para elegir el destino final.**
• **Describan el destino final y publíquenlo en la web.**

Extensión digital
www.edelsa.es
Zona estudiante

Unidad 4

Lección 8 — ¡Buen viaje!

Marco: ¡Hola a todos! Bienvenidos a Bariloche, me llamo Marco. Catalina y yo seremos sus guías durante este viaje. Dentro de un rato llegaremos al hotel. Mi compañera dice que, cuando lleguemos, recojan sus valijas y esperen en el *lobby* mientras organizamos lo de las llaves. Los dejaremos descansar un poco y, después, vamos a conocer el centro de la ciudad. ¿Tienen alguna pregunta?

Alumno: Sí, ¿cómo hago para llamar a mis padres?

Marco: Usá una de las computadoras que están en la planta baja del hotel para llamar por Internet o ve a un locutorio cuando lleguemos al centro. ¿Y vos?

Alumna: ¿Cuándo vamos a esquiar?

Marco: Pregunta muy importante. Haremos dos paseos al Cerro Catedral y mañana será el primero. Allí podrán esquiar, andar en trineos, jugar en la nieve. Todo lo que quieran.

Alumno: ¿Hay nieve suficiente?

Marco: Sí, este año ya nevó bastante y tienen también un sistema de producción de nieve, así que los turistas nunca se frustran. Es la superficie esquiable más grande de América del Sur. Parece que ya llegamos. Bueno, cualquier duda que tengan, cualquier problema que surja, Catalina y yo estamos aquí para ayudarlos.

Silvina: Paloma, despertate, llegamos al hotel.

Paloma: Ay, me dormí. ¿Dónde está la profesora? ¿Quién es ese?

Silvina: Se llama Marco, es nuestro guía. Pidió que recogiéramos nuestras valijas y esperáramos en el *lobby*.

Paloma: Tengo que llamar a mis padres.

Silvina: Dijo que usáramos las computadoras del hotel o que fuéramos a un locutorio en la ciudad.

Paloma: Pues yo voy a llamarlos ahora mismo desde el hotel. Voy a buscar una *compu*.

Silvina: Sí, pero recordá lo que han dicho, que recojamos primero las valijas.

Lección 8 | Código 4

Comprendo

1 **ESCUCHA, LEE EL TEXTO Y HAZ LAS ACTIVIDADES DE COMPRENSIÓN**

A. Marca la alternativa correcta respecto al diálogo. Luego, corrige las que estén equivocadas.

1. ☐ Se trata de un viaje organizado a Santiago de Chile.
2. ☐ El grupo está de camino al hotel donde se hospedarán.
3. ☐ Paloma no escuchó lo que dijo el guía porque estaba durmiendo.
4. ☐ Para llamar a los padres deben usar los teléfonos del hotel.
5. ☐ Después de llegar al hotel, el grupo cenará y se acostará.

B. Contesta a las preguntas.

1. ¿Quién es Marco?
2. ¿Qué dice él respecto al Cerro Catedral?

C. Relaciona las columnas.

1. Esperen en el *lobby*
2. Tienen un sistema de producción de nieve,
3. Ve a un locutorio
4. Pidió que
5. Dice que

a. cuando lleguemos al centro.
b. usemos las computadoras del hotel.
c. recogiéramos nuestras valijas.
d. así que los turistas nunca se frustran.
e. mientras organizamos lo de las llaves.

Practico y amplío

2 **EL ESTILO INDIRECTO**

A. Observa el cuadro. Luego, vuelve a leer el texto del diálogo y completa con los verbos que faltan.

Discurso directo	Verbo introductor	Discurso indirecto
Verbo en imperativo	Presente o pretérito perfecto compuesto de indicativo	Presente de subjuntivo
recojan	Dice/Ha dicho que Pide/Ha pedido que	recojamos
recojan	Pretérito perfecto simple o pretérito imperfecto de indicativo Pidió/Pedía que Dijo/Decía que	Pretérito imperfecto de subjuntivo recogiéramos

Gramática

Discurso directo
Verbo en imperativo

Recojan sus valijas y esperen en el *lobby*.

Usa una de las computadoras o ve a un locutorio en el centro.

Discurso indirecto

Pidió que _____ nuestras valijas y que _____ en el *lobby*.

Dijo que _____ las computadoras o que _____ a un locutorio en el centro.

Unidad 4 | setenta y cinco • 75

B. Completa la tabla con los verbos que faltan.

Infinitivo	Imperativo	Presente de subjuntivo	Pretérito imperfecto de subjuntivo
abrir	abre	abras	abrieras
	vaya		fuera
llamar	llama		
	mantenga		
salir		salgáis	
subir		suba	
			tuvieran
	tomad	toméis	

C. Transforma las frases al discurso indirecto.

1. Madre: *Llamáme en cuanto llegues.*
Mi madre me ha pedido que
Mi madre me pidió que

2. Profesora: *No se separen, caminen siempre juntos.*
La profesora nos ha pedido que
La profesora nos pidió que

3. Mariela: *Espérenme aquí.*
Mariela nos ha pedido que
Mariela nos pidió que

4. Director: *Pasen por mi sala después de la clase.*
El director nos ha pedido que
El director nos pidió que

5. Agente de inmigración: *Guarden este papel y preséntelo en la salida.*
El agente de inmigración nos ha pedido que
El agente de inmigración nos pidió que

D. Lee las instrucciones e identifica a cuál de las actividades se refieren.

1. Hacer *rafting* en los ríos de Mendoza.
2. Hacer senderismo en Picos de Europa.
3. Nadar en los lagos de Bariloche.

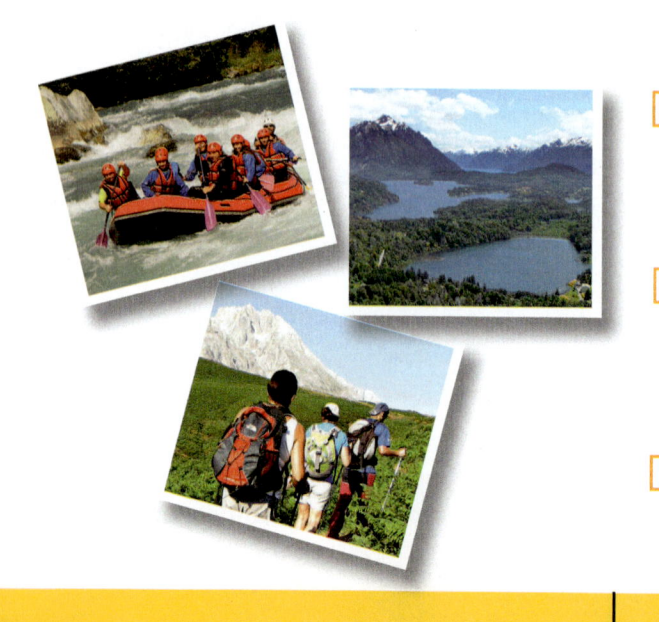

A. No salgan del sendero, estamos en un ambiente natural, así que no tiren ninguna basura al suelo y estén pendientes de los pequeños.

B. No se desprendan de su remo; mantengan la calma si por si acaso salen volando del bote, obedezcan mis tres comandos: avanzar, retroceder y detenerse con el remo.

C. Las aguas del sur patagónico son muy frías, así que no te metas al agua con el cuerpo caliente, ni después de comer. Ve solo a lugares habilitados por las autoridades y respeta las instrucciones del guardavidas.

Lección 8 | **Código 4**

E. Las instrucciones anteriores están reproducidas en el discurso indirecto. Complétalas.

1. Nos dice que _____ del sendero, que _____ ninguna basura al suelo y que _____ pendientes de los pequeños.
2. Nos dijo que no nos _____ de _____ remo; que _____ la calma si por si acaso salíamos volando del bote y que _____ sus tres comandos: avanzar, retroceder y detenerse con el remo.
3. Me dijo que no _____ al agua con el cuerpo caliente, ni después de comer. Que _____ siempre a lugares habilitados por las autoridades y que _____ las instrucciones del guardavidas.

F. Víctor está en un hotel en Bariloche. Mientras estaba fuera, le han dejado unos mensajes. Él los lee y después lo comenta con sus compañeros. Completa qué les dijo.

1. Hola, soy Leonardo. No me esperen para cenar, estoy muy cansado.
   Me llamó Leonardo y me dijo _____
2. ¿Qué tal? Habla Antonia, mañana no salgas sin mí.
   Antonia me pidió _____
3. Soy Alfredo. Avísale a la profesora que ya hablé con mi madre.
   Profesora, Alfredo me pidió _____
4. Hola, soy Rosa. No te olvides de decirme cuánto te debo por el paseo de ayer.
   Rosa me pidió _____

Actúo

3 EL BOTE DE LOS PEDIDOS

En grupos de cuatro o cinco. Imaginen que el próximo fin de semana van a hacer un paseo con la sala. Cada uno debe escribir en un papelito un pedido al grupo, firmarlo y ponerlo en un bote. Después cada uno saca un papelito y lo lee. Los otros tienen que descubrir quién lo escribió.

Es Penélope, porque solo le gusta comer carne y papa frita.

PENÉLOPE
No me hagan probar comidas raras.

Esta persona pidió que no le hicieran probar comidas raras.

Unidad 4 | setenta y siete • **77**

Tu biblioteca de español

Julio Cortázar

Los cronopios, los famas y las esperanzas, personajes del libro *Historias de cronopios y de famas*, son criaturas imaginarias inventadas por él. En este cuento, se habla de las distintas formas de enfrentarse a un viaje. Frente a un viaje, ¿crees que todos se portan igual? Para ti, ¿qué importancia tiene la planificación al viajar? ¿Te gusta saber de antemano todo lo que vas a hacer o prefieres la sorpresa? ¿Cómo reaccionas ante los imprevistos en un viaje?

Lee el texto y complétalo con estas frases.

A. Pero antes se toman de las manos
B. Los cronopios no se desaniman porque
C. El tercer fama va al hospital
D. grandes fiestas y que ellos están invitados

Viajes

Cuando los famas salen de viaje, sus costumbres al pernoctar en una ciudad son las siguientes: un fama va al hotel y averigua cautelosamente los precios, la calidad de las sábanas y el color de las alfombras. El segundo se traslada a la comisaría y redacta un acta declarando los muebles e inmuebles de los tres, así como el inventario del contenido de sus valijas. ☐ y copia las listas de los médicos de guardia y sus especialidades.

Terminadas estas diligencias, los viajeros se reúnen en la plaza mayor de la ciudad, se comunican sus observaciones, y entran en el café a beber un aperitivo. ☐ y danzan en ronda. Esta danza recibe el nombre de «Alegría de los famas».

Cuando los cronopios van de viaje, encuentran los hoteles llenos, los trenes ya se han marchado, llueve a gritos, y los taxis no quieren llevarlos o les cobran precios altísimos. ☐ creen firmemente que estas cosas les ocurren a todos, y a la hora de dormir se dicen unos a otros: «La hermosa ciudad, la hermosísima ciudad». Y sueñan toda la noche que en la ciudad hay ☐. Al otro día se levantan contentísimos, y así es como viajan los cronopios.

Las esperanzas, sedentarias, se dejan viajar por las cosas y los hombres, y son como las estatuas que hay que ir a ver porque ellas no se molestan.

(Cortázar, Julio. *Historias de cronopios y de famas*. Barcelona: Edhasa, 1995, p. 107)

Biografía

Julio Cortázar (1914-1984). Su padre era diplomático, por eso nació en Bruselas. Su familia regresó a Buenos Aires cuando él tenía 4 años. Antes de ser un escritor de renombre, trabajó como profesor en Argentina y, posteriormente, como traductor en París, ciudad en la que se instaló definitivamente después de haber recibido una beca del Gobierno francés en 1951. Se le considera uno de los autores más originales e innovadores de su tiempo y dominaba como pocos el arte de escribir cuentos.

COMPRENDO

1. ¿Cuál es el tema del cuento?

☐ Un viaje que hicieron los cronopios, los famas y las esperanzas.
☐ Cómo se portan los famas, los cronopios y las esperanzas al viajar.
☐ La importancia de planificar bien un viaje.
☐ Las desventuras de los cronopios cuando salen de viaje.

2. Marca F en las características de los famas, C en las de los cronopios.

a. ordenados ☐   b. optimistas ☐   c. desordenados ☐   d. cautelosos ☐
e. soñadores ☐   f. realistas ☐   g. comprensivos ☐

3. Responde a las preguntas.

1. ¿Por qué crees que los famas van al hospital y a la comisaría cuando viajan? ¿Qué temen?
....
2. ¿Por qué los cronopios no se desaniman aunque les pasen las peores cosas durante sus viajes?
....
3. ¿Por qué compara el narrador las esperanzas a las estatuas?
....
4. Y tú, ¿con qué personaje te identificas más a la hora de viajar? Explica por qué.

APRENDO

1. Busca entre las palabras destacadas los sinónimos de:

a. documento ....   b. de servicio ....
c. rueda ....   d. quietas ....
e. dormir ....   f. lista ....

2. ¿Qué crees que significa la expresión «llueve a gritos» en el texto?

....

3. Encuentra en el texto tres ejemplos de adjetivos superlativos formados con el sufijo –ísimo.

1. ....   2. ....   3. ....

ESCRIBO

Imita a Cortázar y escribe un cuento. Elige una situación frecuente (en un viaje, en un restaurante…) y escribe un cuento indicando cómo se comportan los famas, los cronopios y las esperanzas.

Tu rincón hispano
Argentina

1. Argentinos famosos
Relaciona las imágenes con sus leyendas.

Francisco I – Mercedes Sosa – Quino – Lionel Messi – Jorge Luis Borges

| Cantante | Dibujante | Papa | Escritor | Futbolista |

2. El deporte en Argentina

Los Pumas y Las Leonas

La pasión de los argentinos por el fútbol es internacionalmente conocida, el país es la patria de grandes futbolistas como Diego Maradona y Lionel Messi. Sin embargo, otros deportes también son muy populares, como el tenis, el *rugby* y el *hockey*.

En el tenis, Gabriela Sabatini es considerada una de las mejores tenistas sudamericanas de todos los tiempos. Posee el título de participante más joven en una semifinal individual del Grand Slam, pues disputó Roland Garros con tan solo 15 años.

Con el *rugby*, a excepción de 1981, Argentina salió victoriosa en todas las ediciones del Campeonato Sudamericano, disputado desde 1951. Los buenos resultados de Los Pumas, el equipo nacional masculino, han contribuido para difundir aún más el deporte a nivel nacional.

A su vez, el *hockey* sobre césped femenino argentino se hizo conocido internacionalmente a partir de los Juegos Olímpicos del 2000 cuando el equipo conquistó la medalla de plata. Durante esos juegos nació el nombre *Las Leonas*. Desde entonces nunca han dejado de subir al podio en las olimpiadas. Se hicieron con medallas de bronce en los Juegos de Atenas en el 2004 y en los de Pekín en el 2008; en Londres 2012 ganaron la medalla de plata tras una excelente campaña.

Fuente: *http://es.wikipedia.org/*

Contesta a las preguntas.

1. ¿Qué deportes se mencionan en el texto?
2. ¿Quiénes son Los Pumas y Las Leonas?
3. De los equipos mencionados, ¿cuál conquistó medallas olímpicas?
4. ¿Qué importancia tuvieron los JJ. OO. para el equipo femenino de *hockey* sobre césped?

3. Un proyecto especial

De Ushuaia a La Quiaca

Argentina es el segundo país más grande de América del Sur, su superficie de 2 780 400 km² se extiende entre la cordillera de los Andes, el océano Atlántico Sur y el continente Antártico. Eso le confiere una gran diversidad de relieve, clima, vegetación y de manifestaciones culturales. Aunque científicamente no sea exactamente así, la ciudad de La Quiaca, en la frontera con Bolivia, es conocida como el punto más septentrional de Argentina, y Ushuaia, capital de la Provincia de Tierra del Fuego, como la ciudad más austral del mundo.

De Ushuaia a La Quiaca es el nombre del proyecto llevado a cabo en los años 80 por el cantante León Gieco y un gran equipo de músicos argentinos. El proyecto consistió en recorrer todas las provincias argentinas, en un total de 110 000 kilómetros, grabando y registrando los ritmos locales con sus músicos, en lugar de llevarlos a un estudio en una gran ciudad. Viajaban con una camioneta cerrada con un estudio móvil. Cuando grabaron en el sur, hacía tanto frío que había que calentar los micrófonos para que funcionaran correctamente. Todo está registrado en cerca de 2 000 fotografías y más de 50 horas de vídeos.

Gieco se caracteriza por ser un músico que mezcla el género folclórico con influencias del *rock* y también por reflejar en sus canciones el compromiso en favor de los derechos humanos, de la igualdad social y su solidaridad por los excluidos. Los cuatro discos resultado del proyecto *De Ushuaia a La Quiaca*, lanzados entre 1985 y 1999, recibieron varios premios y son la obra maestra de Gieco.

Fuentes: http://www.leongieco.com, http://es.wikipedia.org

a. Busca en el texto y explica el significado de lo que sigue.

eso le confiere: ....
llevado a cabo: ....
en lugar de: ....

b. ¿A qué se refieren los siguientes nombres y cifras del texto?

2 780 400: ....
La Quiaca: ....
Ushuaia: ....
110 000: ....

c. Completa.

León Gieco es un...
El proyecto desarrollado por Gieco en los años 80 se llama *De Ushuaia a La Quiaca* porque...

Una variedad del español

Tal vez la marca más característica de la variante argentina sea el voseo, que prácticamente ha reemplazado al *tú* en todos los ámbitos de la comunicación en ese país. En la pronunciación, aunque no se pueda decir que todos los argentinos hablan igual, hay algunos rasgos comunes como la aspiración de la «s» en palabras como *hasta* o *mismo* y el yeísmo, la pronunciación de la *elle* como *ye*, con lo cual no se diferencia la pronunciación de palabras *rayar* o *rallar*, por ejemplo. Como ejemplos del léxico de Argentina tenemos palabras como *macanudo*, para algo bueno; la interjección *che* para saludar, llamar o pedir atención a alguien; *boliche*, para referirse a bares y discotecas, o *pibe* y *piba*, para hablar de un muchacho o muchacha o como una forma de tratamiento cariñoso.

Unidad 4

AHORA YA SÉ

Comunicación

Reproducir ruegos y peticiones

1. Pasa las oraciones siguientes al discurso indirecto.

Juana: «Lleven ropa abrigada en la maleta y tápense bien porque en Bariloche ahora hace frío».
Juana nos dijo que

Hugo: «Guarda el pasaporte y los billetes en la carpeta».
Hugo me dijo que

Víctor: «Llévate la maleta roja, pues no la voy a usar».
Víctor me dijo que

Tu madre: «No gastes tu dinero comprándonos regalitos».
Mi madre me dijo que

Describir lugares

2. Luisa estuvo en un lugar muy bonito. Completa la descripción con las palabras del recuadro.

mar — exuberante — frente — rústica — ancha — increíble — blanca — luminosas — montes

El paisaje era _____. El hotel estaba _____ a la playa, era una construcción _____, pero con ambientes muy cómodos. La playa era _____ y larguísima, con arena muy _____, muy fina y muchos cocoteros. El _____, verde, tranquilo y con aguas cristalinas y absolutamente _____. Y por la parte de atrás, estaban unos _____ verdes, con vegetación densa y _____. En mi vida he estado en un lugar tan hermoso.

3. Marca el paisaje que corresponde a la descripción de Luisa.

a. ☐   b. ☐   c. ☐

Defender un punto de vista

4. Marca la opción que completa correctamente el diálogo a continuación.

1. voto / porque / prefiero / prefiero / porque / pues
2. opto / pues / voto / elijo / pues / como
3. elijo / por lo tanto / quiero / prefiero / porque / para

82 • ochenta y dos — Unidad 4

- A ver, hasta ahora no decidimos dónde pasaremos las vacaciones. Estábamos entre Cuba y Panamá, a ver si nos ponemos de acuerdo.
- Yo _____ por Panamá, _____ ya he viajado a Cuba y, aunque me guste, _____ ir a un país diferente.
- Pues yo _____ Cuba, justamente _____ no la conozco.
- No sé para qué les pregunto, nunca salimos de lo mismo. Lo mejor es que vayamos a Cuba y a Panamá, _____ así nos ahorramos tiempo de discusión.

Gramática

Las oraciones finales

5. Subraya la opción que completa correctamente las frases.

1. Joan prefiere no viajar con nosotros para que *estar/estemos/estamos* solos.
2. Hizo el *check-in* por Internet para *que no tuviera/no tener/que no tiene* que hacer cola en el aeropuerto.
3. Estoy ahorrando para *que vaya/irme/que voy* de viaje.
4. Ya compré tu billete para *estar/que estás/que estés* más tranquilo.
5. Fueron a Colombia para que su madre *resolver/resolviera/que resuelven* algunos problemas familiares.
6. Contratamos también el traslado entre el aeropuerto y el hotel para *no tener/que no tienes/que no tuvieras* que preocuparte.

6. Completa el esquema de las oraciones finales.

Para + infinitivo: sujetos _____ en la oración principal y en la subordinada.
Para que + verbo en subjuntivo: sujetos _____ en la oración principal y en la subordinada.
Para que + verbo en pretérito imperfecto de subjuntivo: la finalidad se refiere al _____.

Identifica en el ejercicio anterior un ejemplo de cada uno de los tipos de oraciones finales.

Pasar ruegos y peticiones al discurso indirecto

7. Sigue el ejemplo y completa la tabla con lo que el guía les dice a los viajeros.

cuidar las pertenencias / respetar los horarios y los puntos de encuentro
solo cambiar dinero en casas de cambio / tener cuidado con las comidas en la calle

El guía dice:	Nos dice...	Nos dijo...
Cuiden sus pertenencias.	que cuidemos nuestras pertenencias.	que cuidáramos nuestras pertenencias.

Léxico

8. Completa las frases con las palabras adecuadas, no usarás todas.

mostrador   carrito   aduana   despegar   billete de avión   aterrizar   sacos de dormir   equipaje de mano

1. No me dejaron embarcar con mi _____ porque dentro había cosas que solo se pueden llevar en la maleta.
2. Los momentos de _____ y _____ son los que menos me gustan en los viajes de avión. Me dan mucho miedo.
3. Odio hacer *camping* por eso. Nunca consigo dormir bien en estos _____.
4. Busca un _____ porque, si no, no vamos a conseguir llevar todas estas maletas.

Unidad 4

Preparo mi examen

LEO — Relaciona cada texto con el título correspondiente.

1. TURISMO ECONÓMICO
2. TURISMO GASTRONÓMICO
3. TURISMO SOLIDARIO

1. Viajar no es solo conocer nuevos sitios, sino también conocer nuevas culturas. Y nada más cultural que conocer un país o una región por su culinaria. Por medio del turismo gastronómico, podemos visitar lugares y sorprendernos con los sabores que cada parte del mundo nos ofrece.

2. Viajar puede ser más que divertirnos. Los viajes solidarios consisten en participar en programas de voluntariado, en los que podemos ayudar a un país o una región de tres maneras: socialmente, protegiendo la flora y la fauna o con la combinación de ayuda social y un *tour* por la región donde vayamos.

3. ¿A quién no le gusta viajar y conocer el mundo, conocer a otras personas y otros idiomas? ¿Pero cómo hacerlo si tenemos poco dinero? Actualmente existen varias redes de intercambio alrededor del mundo que te permiten viajar sin gastar mucho, y a la vez te dan la oportunidad de conocer a gente amable y visitar hermosos lugares pocos conocidos.

ESCUCHO — Escucha algunos de los procedimientos de seguridad de AeroMéxico y completa el resumen. (Pista 14)

No _____ ningún _____ en las filas con salida de emergencia.
Para que las azafatas y los pasajeros _____ pasar, hay que dejar los _____ y las _____.
Para que el _____ de seguridad se _____ es necesario levantar la _____ de la hebilla.
Si es necesario usar la _____ de _____, primero hay que ponerse la propia antes de ayudar a los otros.

ESCRIBO — En el colegio están organizando el viaje de fin de curso y pidieron que los alumnos escriban sugerencias. Piensa en un lugar al que te gustaría ir y presenta las razones para que lo elijan.

HABLO — Actúa con un compañero y por turnos. Cada uno debe dar tres recomendaciones relacionadas con viajes y el otro debe reproducirlas pasándolas al discurso indirecto e introduciéndolas por «dijo/comentó/recomendó que...».

arte
y aparte

Oswaldo Guayasamín

Las manos de la protesta

Observa
Describe la obra.
¿Cuántas personas ves?
¿Qué partes de las personas se destacan más?
¿Qué colores hay? ¿El artista los usa en uno solo tono?
¿Cuál es la actitud de las personas? De ellas, ¿cuál se destaca más? ¿Qué formas predominan?
¿Cómo los distribuye el artista?
Hay un objeto. ¿Qué objeto es? ¿Qué crees que representa?

Analiza
Comenta estos aspectos.
¿Qué partes del cuadro están más iluminadas?
¿Qué partes están más oscuras?
¿Qué efectos logra crear el artista con los diferentes tonos de los colores?
El título de la obra es *Las manos de la protesta*: ¿quién tiene aspecto de protestar? Basándote en el cuadro, ¿cómo se protesta?

Da tu interpretación
¿Qué habrá querido transmitir el artista en el cuadro?
¿Qué sentimientos crees que tiene él respecto a la sociedad?
¿Y a ti? ¿Qué emociones te despierta el cuadro? ¿Por qué?

Unidad 4

UNIDAD 5

El planeta en tus manos

En esta unidad aprendes a...
- Reflexionar sobre la preservación del medio ambiente.
- Recordar y ampliar el léxico sobre los problemas medioambientales.
- Aprender a presentar ideas y a intervenir en un debate.
- Expresar opiniones.
- Preparar un debate y llevarlo a cabo.
- Negociar planes para hacer actividades en grupo.
- Conocer a un escritor colombiano y aprender algo sobre su país.

**A continuación tienes dos cómics diferentes.
Ordena la secuencia de las viñetas de cada uno.**

1

a) LO TIRARÉ EN EL DE ENVASES. TOTAL... UNA CÁSCARA MÁS O MENOS... ¡QUÉ MÁS DA!

b) ¡QUÉ VAS A HACER, ALTO AHÍ, IRRESPONSABLE! ¿NO ESTARÁS PENSANDO VERTER ORGÁNICOS EN UN CONTENEDOR DE ENVASES?

c) Y YO QUE CREÍA QUE LO DE LA CONCIENCIA MEDIOAMBIENTAL ERA UNA FIGURA ALEGÓRICA.

d) ¡QUÉ CONTRARIEDAD, EL CONTENEDOR DE BASURA ESTÁ HASTA LOS TOPES!

2

a) ¿LOS QUE SOBREVIVEN A PESAR DEL HOMBRE?

b) ¿QUIÉN SABRÍA DECIRME CUÁLES SON LOS ANIMALES DOMÉSTICOS?

c) ¿LOS QUE CONVIVEN CON EL HOMBRE?

d) ¿Y LOS ANIMALES SALVAJES?

¿Cuáles son los temas de los cómics?
¿Alguno de ellos está presente en tu día a día?
¿Cómo?

PARA AYUDARTE A EXPRESAR TU REALIDAD

- Es verdad que..., pero no es cierto que...
- En general, sí..., pero en algunas ocasiones...
- No siempre...
- Es difícil...
- No puedo afirmar que siempre...
- Soy coherente y siempre...

Unidad 5

Lección 9: Debate sobre el medio ambiente

Clara: Hola a todos. Soy Clara Palomo y este es el canal Mundial. Estamos empezando el segundo programa de la serie *Hay que cuidar nuestro planeta*. El tema de hoy es: ¿Cómo ser ecológicamente correctos? Para debatirlo, hemos invitado a dos estudiantes: Margarita Negroni y Modesto Pérez, y a Pablo Bermúdez, un activista de la ONG Ecolandia. Les doy la bienvenida a todos y empiezo preguntándole a Pablo Bermúdez: ¿es usted ecológicamente correcto?

Pablo: Al menos intento serlo. En mi casa separamos la basura, ahorramos agua y energía, apenas usamos el coche, no consumimos alimentos transgénicos... En cualquier caso, no creo que sea suficiente y no es algo fácil, principalmente porque tengo niños y concienciarlos sobre el ahorro energético es una lucha diaria.

Clara: A ver, tenemos un comentario de las redes sociales. Dicen que es difícil saber qué hacer porque los científicos muchas veces tienen opiniones diferentes respecto al mismo problema medioambiental.

Margarita: Perdón, pero no estoy de acuerdo con lo que dicen. Hoy sabemos muy bien qué es lo que daña el medio ambiente: el efecto invernadero y los residuos tóxicos. Lo que pasa es que las industrias financian estudios que las favorecen y los medios los divulgan, confundiendo a la gente.

Modesto: Tampoco es así, no se puede generalizar. Hay muchas industrias que están preocupadas por reducir el impacto ambiental de su actuación. De hecho, sobre el calentamiento global, por ejemplo, unos expertos dicen que se debe a desastres naturales como causas geológicas, astronómicas, la influencia del Sol. Y otros, que los gases de invernadero son los culpables.

Margarita: Aunque algunos factores naturales contribuyan, es la acción del hombre la mayor responsable de la catástrofe medioambiental actual. ¿Quién produce los gases de invernadero? Somos el peor depredador que existe, consumimos anualmente una Tierra y media, la biodiversidad mundial se redujo un 30 % desde 1970 y eso no puede seguir así. Tenemos que buscar un desarrollo sostenible y hacer más agricultura ecológica.

Pablo: Desde luego, es cierto que las acciones del hombre impactan en el medio ambiente. Por lo tanto, todo lo que hagamos para combatir los actuales problemas también tendrá sus consecuencias.

✓ Comprendo

1. ESCUCHA EL DIÁLOGO Y CONTESTA A LAS PREGUNTAS

A. ¿Cuál es el nombre de la serie y cuál es el tema del programa?

Lección 9 | Código 4

B. Marca las ideas que aparecen en el debate.

1. ☐ La sensación de que se hace poco en lo que se refiere a actitudes ecológicas.
2. ☐ En un año, el hombre consume un 50 % más de lo que la Tierra puede generar.
3. ☐ Los alimentos biológicos son mucho más caros y no es fácil encontrarlos.
4. ☐ Los países desarrollados no admiten reducir su crecimiento para preservar el medio ambiente.
5. ☐ Las acciones del hombre siempre impactan en el medio ambiente.
6. ☐ Los gobernantes tienen que incorporar medidas en favor del medio ambiente.

C. Margarita afirma que el hombre es el peor depredador que existe. ¿Qué datos aporta?

D. ¿Qué ejemplos trae Modesto para comprobar que los especialistas no tienen la misma opinión sobre un fenómeno?

E. Identifica en el diálogo las palabras que significan lo mismo que:

1. Evitar un gasto o consumo mayor:
2. Residuo, desecho:
3. Hacer que alguien sea consciente de algo:
4. Patrocinar:
5. Especialistas:

F. Encuentra cómo se dice en el diálogo lo que sigue:

1. «difícilmente usamos el coche»:
2. «los gases de invernadero tienen la culpa»:
3. «los científicos no se ponen de acuerdo»:

Practico y amplío
RECUERDA LO QUE SABES SOBRE LOS TEMAS MEDIOAMBIENTALES

2

A. Une los sustantivos a sus correspondientes adjetivos para formar términos.

1. desastres
2. desarrollo
3. alimentos
4. residuos
5. agricultura
6. efecto
7. ahorro
8. calentamiento
9. catástrofe

a. energético
b. global
c. sostenible
d. ecológica
e. naturales
f. tóxicos
g. transgénicos
h. medioambiental
i. invernadero

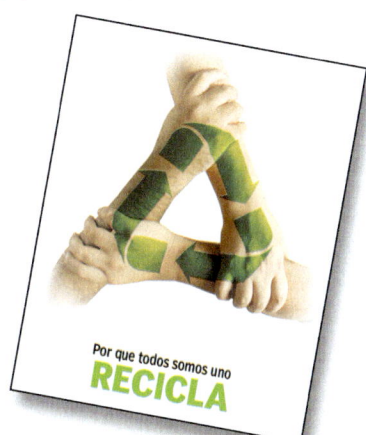

B. Elige un término de los anteriores y formula su definición. Después, elabora con tus compañeros un glosario sobre los problemas medioambientales.

Catástrofe medioambiental: desastre de grandes proporciones causado por la actividad humana y que afecta al medio ambiente causando graves impactos en la fauna, la flora, o en la vida humana. Son ejemplos de catástrofes medioambientales los derrames de petróleo, los accidentes en centrales nucleares o las explosiones en fábricas de productos químicos.

3 PARA EXPRESAR LA OPINIÓN

Clasifica estas fórmulas según su función.

- Presentar una conclusión
- Presentar la opinión
- Expresar certeza
- Añadir nueva información
- Expresar desacuerdo
- Expresar acuerdo

> En un debate, además de presentar nuestra opinión respecto a un tema, también usamos algunas fórmulas para introducirlas e intervenir en la conversación.

(no) creo que (no) me parece que	tiene(s) razón estoy (totalmente) de acuerdo con	no estoy de acuerdo con tampoco es así	por lo tanto así que en cualquier caso	y además incluso	desde luego es cierto que no cabe duda de que de hecho

¿Conoces algunas más? Entre todos, intenten ampliar el cuadro.

4 PARA OPINAR Y REFUTAR OPINIONES

A. Lee estas frases y marca con una X aquellas con las que estás de acuerdo.

1. ☐ Antes no se sabía que las acciones del hombre fueran perjudiciales para el medio ambiente.
2. ☐ Ahora sabemos que es cierto que estamos destruyendo el planeta.
3. ☐ No creo que sea solo la acción del hombre la responsable de los problemas medioambientales.
4. ☐ Es verdad que tenemos que hacer algo para preservar la naturaleza.
5. ☐ Antes para las industrias no era cierto que ellas contaminaran, pero ahora son más conscientes de ello.

B. Observa las frases otra vez y señala:

1. ¿Qué frases son afirmativas (A) y qué frases son negativas (N)?
2. ¿Cuáles se refieren al presente (PR) y cuáles al pasado (PA)?
3. ¿Cuáles van con indicativo y cuáles con subjuntivo?
4. ¿Hay alguna que vaya con imperfecto de subjuntivo? ¿Cuál?

C. Ahora completa la regla y escribe un ejemplo.

Gramática

Cuando se presenta la opinión en forma afirmativa o cuando se expresan certezas, se usa que + ...
Tu ejemplo:

Cuando se presenta la opinión en forma negativa, se usa que + ... si la información es presente y que + ... si la información es pasada.
Tus ejemplos:

D. Completa con el verbo conjugado en el tiempo correcto.

1. Es cierto que los países desarrollados son los que más (contaminar) _____ el medio ambiente.
2. A mi madre no le parecía que tirar el aceite en el fregadero (ser) _____ un error tan grave.
3. No creo que la gente (estar) _____ totalmente enterada de los problemas medioambientales.
4. No era cierto que todas las autoridades (estar) _____ de acuerdo con los cambios.
5. No me (parecer) _____ que los índices de reciclaje fueran tan bajos.
6. No creía que la situación (ser) _____ tan grave.

Lección 9 | Código 4

E. Pasa las frases a la forma negativa.

1. Creía que estaban diciendo la verdad.
2. Me parece que tienen que invertir más en campañas informativas.
3. Es cierto que van a reducir el desecho de contaminantes al río.
4. Creía que era la mejor manera de actuar.
5. Me parece que saben las consecuencias de sus actos.
6. Me parecía que era algo fácil.

F. A continuación tienes algunas ideas respecto al futuro de la humanidad y el medio ambiente. ¿Qué te parecen? Charla con tus compañeros y entérate de lo que opinan al respecto.

- LAS CIUDADES EXPULSARÁN EL AUTOMÓVIL.
- EL ÁRTICO DESAPARECERÁ.
- SOLO TENDRÁN DERECHO A UNA CUOTA DIARIA DE AGUA.
- TODA LA ENERGÍA SERÁ DE FUENTES RENOVABLES.
- IMPONDRÁN MULTAS A LOS QUE GENEREN MUCHA BASURA.

— ¿Qué te parece eso del Ártico?
— No creo que desaparezca, porque...

Actúo

5. DECISIÓN RADICAL

La página web de un periódico local divulgó la siguiente noticia.

e.local — Diario digital de contenidos plenos — www-e.local.es

Decisión radical

La dirección del colegio Estudiamas tomó una decisión radical. A partir del próximo mes, ningún alumno consumirá ningún tipo de alimento procesado en las dependencias del colegio. Con la decisión, el colegio espera no solo mejorar la alimentación de los alumnos, sino también reducir el volumen de desechos. La prohibición afectará tanto a la comida que se trae de casa como a la que se ofrece en el colegio, así que las únicas bebidas de que dispondrán los estudiantes serán leche, té y zumos naturales de limón o naranja. Para tomarlas, tendrán que traer su propio vaso reutilizable. La medida está causando mucha polémica entre los estudiantes y sus familias. Hay quienes la apoyan y quienes la rechazan. Entre estos últimos, algunos están pensando incluso en acudir al Poder Judicial para frenar la decisión.

Debate con tus compañeros respecto a la decisión imaginando que estás entre los afectados: la dirección del colegio, los estudiantes, padres de familia, dueños de las empresas proveedoras de alimentos y autoridades del área educacional (profesores, secretario de educación, etc.). Algunos defenderán la propuesta y otros la refutarán. Tiene que haber también un moderador para intervenir y controlar el tiempo y el público, que puede participar con preguntas. Hay que llegar a una conclusión respecto a qué hacer.

CÓDIGO <M>

Medio ambiente

- ¿Qué acciones se desarrollan en tu entorno respecto a la preservación del medio ambiente? ¿Qué otras se podrían llevar a cabo? Publica en el blog tu opinión respecto a cómo se enfrenta el reto de ser ecológicamente correcto en tu colegio, barrio y ciudad.

Participa en la comunidad de Código ELE

Extensión digital — www.edelsa.es — Zona estudiante

Lección 10 — Movilízate

Amanda: Mirad la noticia que acabo de recibir. Este fin de semana habrá un montón de eventos en la ciudad como parte del proyecto *Convertir la basura en arte*. Habrá exposiciones de artistas plásticos, trabajos de las editoriales cartoneras de Latinoamérica, talleres de reciclaje y conciertos de grupos que fabrican instrumentos con chatarra. Juli, Andrés y Nati han confirmado que irán al concierto de un grupo que se llama Latin Latas.

Bruno: ¿Seguro que van? Lo de confirmar su presencia en un evento por las redes no quiere decir nada. Aunque no vaya, la gente pone que va para promocionarlo.

Carlos: Les voy a mandar un mensaje para confirmarlo.

Amanda: Pero, aunque no vayan ellos, podemos ir nosotros. El concierto es mañana, sábado, a las 21:00 h y es gratis. Parece superinteresante el trabajo que hace el grupo. ¿Qué os parece?

Bruno: ¿Te has olvidado de que habíamos quedado en ir a ver a Tere, al teatro? O bien vamos al concierto, o bien al teatro, a los dos no podemos ir.

Amanda: Es verdad, se me había olvidado. Pero hay otra función el domingo a las siete de la tarde. Vamos al concierto mañana y el domingo, al teatro.

Bruno: Bueno, como os parezca mejor.

Carlos: A decir verdad, no tengo ganas de ir al teatro. La obra esa es muy diferente, muy contemporánea. No soy muy aficionado a ciertas novedades.

Bruno: ¿Y cómo lo sabes si todavía no la has visto?

Carlos: Hace meses que están ensayando y Tere siempre me cuenta cosas. Por lo que me contaba, ya sé que no me gustará.

Bruno: Pues te digo que Tere se va a ofender si no vienes, al fin y al cabo es el estreno profesional de tu mejor amiga. Estoy segura de que ella lo haría por ti, aunque no le gustara, te iría a ver. ¿Y en qué quedamos? ¿Vamos al concierto mañana o no?

Amanda: Juli dice que van a ir los tres y que han quedado en la salida del metro Antón Martín a las ocho para conseguir un buen sitio. ¿Los encontramos en el metro?

Carlos: Donde prefiráis. Yo me apunto. En cuanto al teatro, aunque Tere se ofenda, no pienso ir. Después la llamo y me excuso con ella.

Bruno: Como quieras. A mí me parece que vas a tener problemas.

Lección 10 | **Código 4**

✓ Comprendo

1 **ESCUCHA EL DIÁLOGO Y HAZ LAS ACTIVIDADES DE COMPRENSIÓN**

A. ¿Verdadero o falso?

V   F

1. Se trata de una conversación entre amigos para hacer planes para el fin de semana.
2. Las entradas para el concierto de Latin Latas cuestan 25 euros.
3. El concierto será el mismo día de la presentación de teatro de Tere.
4. Los amigos se encontrarán en el metro para ir al teatro.
5. Los amigos deciden no ir al concierto.

SÁBADO | DOMINGO

B. Escribe en la agenda qué va a hacer Amanda este fin de semana por la noche.

C. ¿Qué cuenta la noticia que recibe Amanda?

D. ¿Qué crees que quiere decir «yo me apunto»?

E. Encuentra en el texto la palabra que significa «representación de una obra teatral o proyección de una película».

Practico y amplío

2 **PARA CEDER LA ELECCIÓN AL INTERLOCUTOR**

A. Observa.

- ¿Vamos al concierto mañana y el domingo, al teatro?
- Bueno, *como os parezca mejor*.

- ¿Los encontramos en el metro?
- *Donde prefiráis*.

- ¿Cuándo nos vemos, el viernes o el sábado?
- *Cuando prefieras*.

- ¿Qué hacemos: nos quedamos en casa o vamos al cine?
- *Lo que quieras*.

Gramática

Usamos el presente de subjuntivo para cederle al interlocutor la elección de algo.

B. Contesta a las preguntas cediendo la elección a tu interlocutor.

1. ¿Qué pedimos, comida china o japonesa?
   (preferir, ustedes)
2. ¿Vamos en metro o en autobús?
   (querer, tú)
3. ¿Cuándo quedamos, por la mañana o por la tarde?
   (parecerte mejor)
4. ¿Empezamos ya o esperamos un poco más?
   (querer, vosotros)
5. ¿A qué sesión vamos, a las siete o a las nueve?
   (preferir, tú)

Unidad 5

3 PRESENTA ALTERNATIVAS

Gramática

O bien vamos al concierto, *o bien* al teatro, a los dos no podemos ir.

Ya sea el sábado por la noche, *ya sea* el domingo por la tarde, algún día tendrás que ir a verla.

Además de *o/u..., o/u*, hay otras fórmulas para presentar alternativas.

Forma frases uniendo tres elementos con *o bien..., o bien* o con *ya sea..., ya sea*.

- Los artistas no dejaremos de colaborar
- Estamos buscando financiación y la conseguiremos
- La gente aprenderá a respetar la naturaleza
- Tienen que decidirse

- por tener conciencia medioambiental
- salimos por la mañana
- trabajando solos
- con el Gobierno

- con entidades privadas
- por temer las multas que recibirán
- por la noche
- actuando en grupos

1. _____
2. _____
3. _____
4. _____

4 EL USO DE *AUNQUE* PARA REFERIRSE A HECHOS FUTUROS

A. Observa los ejemplos y marca con una **R** los que expresan un hecho real y con una **P** aquellos en que se presenta algo como posibilidad.

1. Con mucha frecuencia, en las redes sociales la mayoría de la gente, aunque no piensa ir, pone que va. ☐
2. Todavía no nos han dicho si van o no, pero, aunque no vayan, podemos ir nosotros. ☐
3. Aunque somos muy amigas, nos conocemos desde que éramos pequeños, no le podré decir esto. ☐
4. Mira, no creo que Tere se enfade, pero, aunque se ofenda, no pienso ir. ☐
5. Ella haría cualquier cosa por ti y, aunque no le gustara, te iría a ver. ☐

Gramática

Usamos la conjunción *aunque* para introducir que un obstáculo no impide la realización de una acción. Si el obstáculo es real o conocido, utilizamos el indicativo, pero si no estamos seguros de la información introducida por *aunque* o cuando significa 'una dificultad hipotética', utilizamos el subjuntivo. Si se trata de algo poco probable, usamos el imperfecto de subjuntivo y el condicional. Compara las alternativas siguientes:

Aunque su estilo no me gusta, voy a verla. (Sé que su estilo no me gusta).
Aunque su estilo no me guste, voy a verla. (No conozco cómo es su estilo).
Aunque su estilo no me gustara, iría a verla. (Seguramente me gustará su estilo, pero no me importaría en el caso improbable de que no me guste).

B. Forma frases como en el ejemplo.

Ejemplo: (ellos/saber la verdad/no decirla)

Aunque saben la verdad, no la dirán.
Aunque sepan la verdad, no la dirán.
Aunque supieran la verdad, no la dirían.

1. (ella/no estudiar/sacar buenas notas)
2. (yo/tener hambre/no comer lo que no me gusta)
3. (mi hermano/trabajar en el centro/no usar el transporte público)
4. (las autoridades/comprometerse/los problemas medioambientales no mejorar)

Lección 10 | **Código 4**

Actúo

5 **PROYECTO *CONVERTIR LA BASURA EN ARTE***

A. Intenta localizar las siguientes informaciones en los textos. ¿Lograrías hacerlo en dos minutos?

a. ¿De dónde es el grupo Latin Latas?
b. ¿Quién es David Castiblanco?
c. ¿Cuál es el trabajo más conocido de Vik Muniz?
d. ¿Qué día no puedo ir a ver la exposición de Vik Muniz?

Vik Muniz, el brasileño que hace arte con basura

El brasileño Vik Muniz no recurre al lápiz, al pincel o a las tintas para crear, sino que se vale de latas oxidadas, llantas desinfladas, botellas de gaseosa desocupadas y tapas de inodoros desechadas para construir imágenes que, vistas desde lejos, parecen creadas por un dibujante cualquiera. De cerca, sin embargo, revelan sorpresas que nos hacen pensar sobre el poder del arte para crear ilusiones. Una de sus obras más conocidas es la serie *Imágenes de basura* (2008), resultado de su convivencia con un grupo de personas que sobrevivía vendiendo materiales reciclables encontrados en el vertedero más grande del mundo, ubicado en Río de Janeiro. En la exposición, una selección de sus veinte años de producción.

Lugar: Galería de Arte de la Ciudad – **Fecha:** 06 al 31/08 – **Horario:** 10 a 20 h – Lunes: cerrado – **Precio:** gratis

Texto adaptado.
Fuente: http://www.cromos.com.co/cultura/articulo-147664-vik-muniz-el-brasileno-hace-arte-basura

Latin Latas: la basura no existe

La pata de una cama es la pieza principal del bajo de la agrupación musical colombiana Latin Latas, que hace suya la premisa de que la basura no existe al elaborar sus instrumentos con desechos. Mientras va en bicicleta por las calles de Bogotá o durante jornadas de reciclaje, el lutier del grupo, David Castiblanco, rescata de la basura las piezas con las que luego construye instrumentos llamativos y llenos de color que suenan tan profesionales como los normales. El grupo bogotano, creado en el 2011, no solo promueve el reciclaje mediante sus instrumentos, sino que también transmite en las letras de sus canciones mensajes ambientalistas y en defensa de los animales. Para alcanzar a más personas, el grupo decidió no limitarse a un género musical, así que su sonoridad mezcla desde el *rock* hasta la cumbia.

Lugar: Parque La Jornada – **Fecha:** sábado, 07/06 – **Horario:** 21 h – **Precio:** gratis

Texto adaptado.
Fuente: http://www.jornada.unam.mx/2013/08/28/espectaculos/a10n1esp

B. Formen grupos de tres e imaginen que es viernes. Ustedes están en la ciudad donde ocurrirán los eventos anteriores y quieren planificar el fin de semana. Cada uno actuará según las fichas.

ALUMNO A
Estás muy interesado en todo lo que se relacione con reciclar o reaprovechar materiales y quieres ir a todos los eventos del proyecto.

ALUMNO B
Eres estudiante de Música, quieres aprovechar el viaje para volver a ver a unos amigos y el domingo has quedado en comer con ellos.

ALUMNO C
Te gusta disfrutar de los viajes con calma. Quieres conocer la ciudad, caminar por sus calles y aprovechar para ir a algún restaurante. Sin embargo, no te gusta estar solo.

Unidad 5

Tu biblioteca de español

Gabriel García Márquez

Vivir para contarla es un apasionante relato autobiográfico de sus años de infancia y juventud. En ellos refleja sus recuerdos y las experiencias que le hicieron crecer como persona y como escritor. En este fragmento, cuenta su descubrimiento de la lectura.
Lee el texto y haz las actividades propuestas.

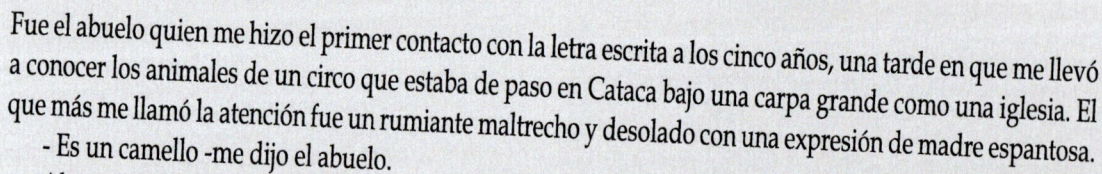

Fue el abuelo quien me hizo el primer contacto con la letra escrita a los cinco años, una tarde en que me llevó a conocer los animales de un circo que estaba de paso en Cataca bajo una carpa grande como una iglesia. El que más me llamó la atención fue un rumiante maltrecho y desolado con una expresión de madre espantosa.

- Es un camello -me dijo el abuelo.

Alguien que estaba cerca le salió al paso:

- Perdón, coronel, es un dromedario.

Puedo imaginarme ahora cómo debió sentirse el abuelo porque alguien lo hubiera corregido en presencia del nieto. Sin pensarlo siquiera, lo superó con una pregunta digna:

- ¿Cuál es la diferencia?
- No la sé -le dijo el otro-, pero este es un dromedario.

El abuelo no era un hombre culto, ni pretendía serlo, pues se había fugado de la escuela pública de Riohacha para incorporarse a una de las incontables guerras civiles del Caribe. Nunca volvió a estudiar, pero toda la vida fue consciente de sus vacíos y tenía una avidez de conocimientos que compensaba de sobra sus defectos. Aquella tarde del circo volvió abatido a la oficina y consultó el diccionario con una atención infantil. Entonces supo él y supe yo para siempre la diferencia entre un dromedario y un camello. Al final me puso el glorioso tumbaburros en el regazo y me dijo:

- Este libro no solo lo sabe todo, sino que es el único que nunca se equivoca.

Era un mamotreto ilustrado con un atlante colosal en el lomo, en cuyos hombros se asentaba la bóveda del universo. Yo no sabía leer ni escribir, pero podía imaginarme cuánta razón tenía el coronel si eran casi dos mil páginas grandes, abigarradas y con dibujos preciosos. Fue como asomarme al mundo entero por primera vez.

-¿Cuántas palabras tiene? -pregunté.
-Todas -dijo el abuelo.

La verdad es que yo no necesitaba entonces de la palabra escrita, porque lograba expresar con dibujos todo lo que me impresionaba. Sin embargo, cuando el abuelo me regaló el diccionario, me despertó tal curiosidad por las palabras que lo leía como una novela, en orden alfabético y sin entenderlo apenas. Así fue mi primer contacto con el que habría de ser el libro fundamental en mi destino de escritor.

(Texto adaptado de Gabriel García Márquez, *Vivir para contarla*, Editorial Sudamericana)

Biografía

Gabriel García Márquez (1927-2014) nació en Aracataca, Colombia. Pasó gran parte de su niñez con sus abuelos, hecho que marcó profundamente su obra, caracterizada por mezclar elementos fantásticos con la realidad. En 1967 publicó *Cien años de soledad*, la novela que lo hizo conocido internacionalmente. Es considerado uno de los autores más importantes del siglo XX y en 1982 recibió el Nobel de Literatura.

COMPRENDO

1. ¿Verdadero o falso?

	V	F
1. Al niño le impresionó un animal que tenía mal aspecto y un aire triste y maternal.	☐	☐
2. Aquella experiencia con el diccionario fue como vislumbrar al mundo entero.	☐	☐
3. Al ser corregido ante el nieto, el abuelo se enojó y no lo disimuló.	☐	☐
4. El abuelo tuvo que interrumpir sus estudios a causa de la destrucción por la guerra.	☐	☐
5. La curiosidad que tenía el abuelo le ayudaba a superar la falta de estudios.	☐	☐
6. El diccionario le fascinó tanto al niño que él pasó a leerlo, no a consultarlo.	☐	☐

2. Identifica entre las ilustraciones siguientes cuál corresponde a esta descripción.

> «un atlante colosal (...) en cuyos hombros se asentaba la bóveda del universo».

APRENDO

1. Relaciona las dos columnas.

1. de paso   a. hermoso
2. espantoso   b. inmenso
3. avidez   c. temporalmente
4. precioso   d. maltratado
5. colosal   e. ansia
6. maltrecho   f. pavoroso

2. Marca la alternativa cuya frase tiene el mismo sentido que:
«*El abuelo no era un hombre culto, ni pretendía serlo (...)*».

☐ a. Como el abuelo no era un hombre culto, pretendía serlo.
☐ b. El abuelo no era un hombre culto y tampoco pretendía serlo.
☐ c. Aunque el abuelo no era un hombre culto, pretendía serlo.
☐ d. El abuelo no era un hombre culto, pero pretendía serlo.

«*(...) yo no necesitaba entonces de la palabra escrita, porque lograba expresar con dibujos todo lo que me impresionaba*».

☐ a. Como conseguía expresar con dibujos todo lo que me impresionaba, no me hacía falta escribir.
☐ b. Todo lo que me impresionaba lo expresaba con la palabra escrita.
☐ c. Los dibujos no eran suficientes para expresar lo que me impresionaba, necesitaba la palabra escrita.
☐ d. Ya que los dibujos no podían expresar todo lo que me impresionaba, tuve que aprender a escribir.

ESCRIBO

Escribe la misma historia del fragmento anterior teniendo al abuelo como narrador.

Unidad 5

Tu rincón hispano
Colombia

1. Conoce Colombia
a. Completa los textos con las palabras que faltan.

Informaciones sobre Colombia

Colombia se sitúa en el noroeste de América del Sur y está bañada por aguas de dos _____: el Atlántico y el Pacífico. Los _____ con los cuales hace frontera son Venezuela, Brasil, Perú, Ecuador y Panamá. También forman parte de su territorio algunas _____, como las del archipiélago de San Andrés y Providencia. Por contar con una gran variedad de paisajes –montañas, foresta tropical, valles y costa–, Colombia es el segundo país más rico en biodiversidad del planeta. Su _____ está formada principalmente por los descendientes de los amerindios autóctonos, de los negros africanos traídos como esclavos durante la colonización y de los colonos españoles. Posteriormente llegaron también otros europeos, árabes del Oriente Medio, japoneses y chinos.

Colombianos famosos

Juanes y Shakira son dos _____ colombianos conocidos internacionalmente. Ambos conquistaron varios _____ Grammy en su carrera, además de otros galardones.
Fernando Botero nació en Medellín en 1932 y hoy es un artista plástico de prestigio internacional. Sus _____ y esculturas se caracterizan por tener siempre figuras muy voluminosas, inspiradas en los maestros del Renacimiento.
Nacido en 1975 en Bogotá, el _____ de carreras Juan Pablo Montoya quedó en tercer lugar en los campeonatos de Fórmula 1 de 2002 y 2003.

b. A partir de las informaciones anteriores, identifica las fotos siguientes.

1. ....
2. ....
3. ....
4. ....

2. Descubre Cartagena de Indias
a. Lee el texto.

Cartagena de Indias

La ciudad colombiana de Cartagena de Indias fue declarada Patrimonio de la Humanidad por la Unesco en 1984. Fundada por Pedro de Heredia en 1533, fue muy importante durante la época de la colonia, pues por su puerto entraban las mercancías y las novedades de la metrópolis. Era además el lugar adonde llegaban los barcos cargados de africanos que se vendían como esclavos en la plaza de mercado. Tras la Independencia, perdió gran parte de su esplendor y hasta hace unos años el evento más importante era el «Reinado Nacional de Belleza» que se celebra el 11 de noviembre. Sin embargo, desde que fue declarada Patrimonio de la Humanidad por la Unesco, Cartagena ha vivido una asombrosa transformación. Actualmente es un magnífico polo de atracción turística y también centro cultural de relevancia internacional.

En el año 2007, entre el 26 y el 29 de marzo, Cartagena albergó el IV Congreso Internacional de la Lengua Española. Durante el evento, se rindió un lindo homenaje a Gabriel García Márquez que ese año celebraba sus 80 años de vida, 60 de la publicación de su primer cuento, *La tercera resignación*, 40 de la aparición de su obra máxima, *Cien años de soledad*, y 25 de haber sido galardonado con el Premio Nobel de Literatura. El acto contó con la participación del escritor mexicano Carlos Fuentes, de los reyes de España y del entonces presidente de Colombia, Álvaro Uribe y terminó con una lluvia de miles y miles de papeles amarillos sobre los asistentes, representando las mariposas del mismo color que García Márquez inmortalizó en una escena de *Cien años de soledad*, mientras un coro de niños le dedicaba deliciosas melodías al homenajeado.

b. Responde a las preguntas.

1. ¿Qué importancia tuvo Cartagena de Indias en la historia de Colombia?
2. ¿Qué impacto tuvo para la ciudad el hecho de ser declarada Patrimonio de la Humanidad por la Unesco?
3. ¿Qué evento internacional se celebró en Cartagena en el 2007, a quién homenajeó y por qué?
4. ¿Por qué usaron papeles amarillos en el homenaje?

c. Encuentra en el texto los sinónimos de las siguientes palabras y luego forma frases con ellos.

acoger: _____   brillo: _____
perpetuar: _____   sorprendente: _____

d. Marca la alternativa incorrecta.

a. ☐ Un concurso nacional de belleza era, hasta hace poco, la fiesta más importante de Cartagena.
b. ☐ Cartagena de Indias mantuvo su importancia a lo largo de toda la historia de Colombia.
c. ☐ La máxima autoridad colombiana y la monarquía española estuvieron presentes en el homenaje a Gabriel García Márquez durante el IV Congreso de la Lengua Española.

Una variedad del español

El español hablado en Colombia es tan variado como su geografía. Un fenómeno que llama la atención en ciudades como Bogotá o Medellín es el *ustedeo*, o sea, el uso de *usted* en situaciones de intimidad y confianza, como entre amigos, familiares, novios o cónyuges, por ejemplo. De manera general se puede notar también el seseo en la pronunciación y el uso de los sufijos *-ico* e *-ito* para formar diminutivos con función afectiva o de cortesía. En cuanto al léxico, para pedir un café solo los colombianos piden *un tinto*; cuando quieren expresar disgusto o preocupación, dicen: «Qué vaina», palabra que usan también para referirse a cualquier cosa: «Alcánzame esa vaina». *Arepa* es una palabra de origen indígena que nombra una comida típica, una especie de torta de maíz que se come con diferentes rellenos.

Unidad 5

AHORA YA SÉ

Comunicación
Intervenir en un debate, presentar ideas y expresar opiniones

1. Lee el diálogo y encuentra las construcciones que completan la tabla. Añade al menos una expresión nueva a cada casilla.

- Desde mi punto de vista, con poco podemos ayudar al medio ambiente.
- No estoy de acuerdo contigo, hay que hacer mucho.
- Tampoco es así, José. Hacer poco quiere decir que cada uno hace su papel, y con un poco que cada persona haga, habremos hecho mucho.
- Es cierto que cada uno tiene que hacer su parte, pero concienciar a toda la sociedad no es fácil. Además, hay gente que prefiere seguir en el error.
- Tienes razón, pero no podemos sentarnos a ver cómo se destruye el planeta. En cualquier caso, podemos divulgar información para hacer que la gente se entere de lo que pasa con el medio ambiente.

Presentar una conclusión	Expresar certeza	Añadir nueva información	Expresar acuerdo	Expresar desacuerdo

2. Completa las frases.

1. • ¿Viviremos una crisis mundial por el agua?
   • No creo que (llegar, nosotros) _____ a vivirlo.
2. • El problema de la basura es gravísimo.
   • Antes no me parecía que (ser) _____ tan grave.
3. • Brasil es el campeón mundial en reciclaje de aluminio.
   • Qué buena sorpresa, jamás hubiera imaginado que (ser, nosotros) _____ campeones.
4. • Nos comprometimos a reducir en un 20 % el volumen de desechos.
   • Ojalá me equivoque, pero no creo que lo (lograr, nosotros) _____ .

Presentar alternativas

3. Forma frases, presentando alternativas. Haz los cambios necesarios.

1. o bien ir (tú) al parque/al cine - tener que salir para distraerse.
2. ya sea en la escuela/en casa - tener (tú) que finalizar el trabajo.
3. o bien apagar la tele/la radio - no poder (vosotros) prestar atención a las dos.
4. ya sea hoy/mañana - tener (tú) que ir al médico.

Ceder la decisión al interlocutor

4. Contesta oralmente a las preguntas con los elementos que te damos.

1. ¿Qué te parece, visitamos a Laura hoy y a Julia mañana? Como parecer (a ti) mejor.
2. ¿Con qué pueden ayudarte? Con lo querer (ellos).
3. ¿Quedamos en la puerta del cine o en el café? Donde preferir (vosotros).

4. ¿Nos vemos el lunes antes o después de la clase? Cuando querer (ustedes).
5. ¿Vamos al zoo este sábado o preferís ir el domingo? Cuando parecer (a ustedes) mejor.
6. ¿Por cuál empezamos, por Matemáticas o por Biología? Por donde preferir (tú).

Gramática
Uso de tiempos de indicativo o de subjuntivo para expresar opiniones
5. Subraya las opciones correctas.
1. A Juan no le parecía que los papeles que tiraba al suelo *perjudicaran/perjudican* el medio ambiente.
2. No creo que normalmente *actúe/actuara* así.
3. Es cierto que cada uno *puede/pueda* ayudar a mantener la ciudad limpia.
4. No creíamos que *fuera/sea* capaz de negarnos su ayuda.
5. Creemos que *podemos/pudiéramos* hacer una campaña contra la contaminación.
6. Jamás nos pareció que *pueda/pudiera* ocurrir semejante desastre.

6. Transforma cada frase como en el modelo.
Aunque tiene coche, usa el transporte público para todo.
Aunque tenga coche, usa el transporte público para todo.
Aunque tuviera coche, usaría el transporte público para todo.

1. Aunque no me gusta, como verduras todos los días.
   Aunque no me _____, como verduras todos los días.
   Aunque no me _____, _____ verduras todos los días.

2. Aunque quiero contártelo, no puedo porque le prometí a Débora no hacerlo.
   Aunque _____ contártelo, no puedo porque le prometí a Débora no hacerlo.
   Aunque _____ contártelo, no _____ porque le prometí a Débora no hacerlo.

3. Aunque no es muy grande, es un excelente lugar para vivir.
   Aunque no _____ muy grande, es un excelente lugar para vivir.
   Aunque no _____ muy grande, _____ un excelente lugar para vivir.

4. Aunque intenta convencerme, no lo logra.
   Aunque _____ convencerme, no lo logrará.
   Aunque _____ convencerme, no lo _____.

Léxico
Vocabulario de la ecología y el medio ambiente
7. Clasifica estos conceptos.

> desarrollo sostenible – residuos tóxicos – catástrofes naturales – tala de bosques – efecto invernadero
> fuentes de energías renovables – agricultura biológica – calentamiento global – ahorro energético
> recogida selectiva – contaminación de los ríos – extinción de las especies

Resultados de la acción del hombre	Soluciones ecológicas	Problemas medioambientales

Preparo mi examen

LEO — Une las preguntas a las respuestas de esta entrevista a José Vicente Gonzalvo Botella, artista valenciano que hace arte reciclando, publicada en un blog.

1. ¿Por qué hacer arte reciclando?
2. ¿Cuándo surgió la idea de hacer este tipo de obras?
3. ¿Qué tipo de materiales usas y cuáles son tus materiales favoritos?
4. ¿Es Internet una herramienta importante a la hora de difundir tu trabajo?

☐ Me surgió la idea de reciclar estos materiales que echaba al contenedor y crear cuadros decorativos, modernos y un poco fuera de lo que estamos acostumbrados a ver en galerías y espacios de arte.

☐ Hoy en día las redes sociales son una plataforma muy importante para todos, a través de la red he conocido gente y he contactado para poder darme a conocer.

☐ Los materiales habituales actualmente son: latas de refresco, cuero, clavos, pegamentos rápidos, oleos y acrílica. Los marcos están hechos por mí a mano, son de pino macizo reciclado.

☐ No sé, es un estilo nuevo e innovador que se sale un poco de lo habitual.

Texto adaptado. Fuente: http://www.yamelose.com/arte/arte-povera-reciclaje-artistico.html

ESCRIBO — Escribe un comentario para publicarlo en el blog de la entrevista anterior. Expresa tu opinión respecto al uso de materiales de desecho en obras de arte y comenta si conoces otras iniciativas parecidas.

ESCUCHO (Pista 17) — Escucha esta noticia y contesta a las siguientes preguntas por escrito.

a. El locutor habla de «una iniciativa que merece aplauso». ¿De qué se trata?
b. ¿Cuál es el premio?
c. ¿Qué propone cada una de las dos propuestas comentadas?

HABLO — Actúa con un compañero. Uno comenta que va a hacer algunas cosas, el otro le señala los obstáculos, pero el primero se mantiene firme en sus decisiones. Luego cambien los papeles.
Ejemplo: -«¿Cómo vas a... si...?» -«Pues aunque...».

ALUMNO A

- Quieres ser vegetariano.
- Decides que comerás solo alimentos biológicos.
- Quieres ir al concierto de Los Terribles.

- Ir de *camping* sin los debidos cuidados puede ser muy peligroso.
- Tu amigo es extremadamente consumista y fascinado por todas las novedades de la tecnología.
- Ingresar en el mundo de las carreras de coches es muy difícil y muy caro.

ALUMNO B

- A tu amigo le encanta la carne.
- Te parece que los alimentos biológicos son más caros y más difíciles de encontrar.
- Crees que las entradas para el concierto de Los Terribles estarán carísimas.

- Vas a ir de *camping* a un lugar sin infraestructura.
- Pasarás a comprar solo lo necesario.
- Estás pensando ser piloto de Fórmula 1.

arte
y aparte

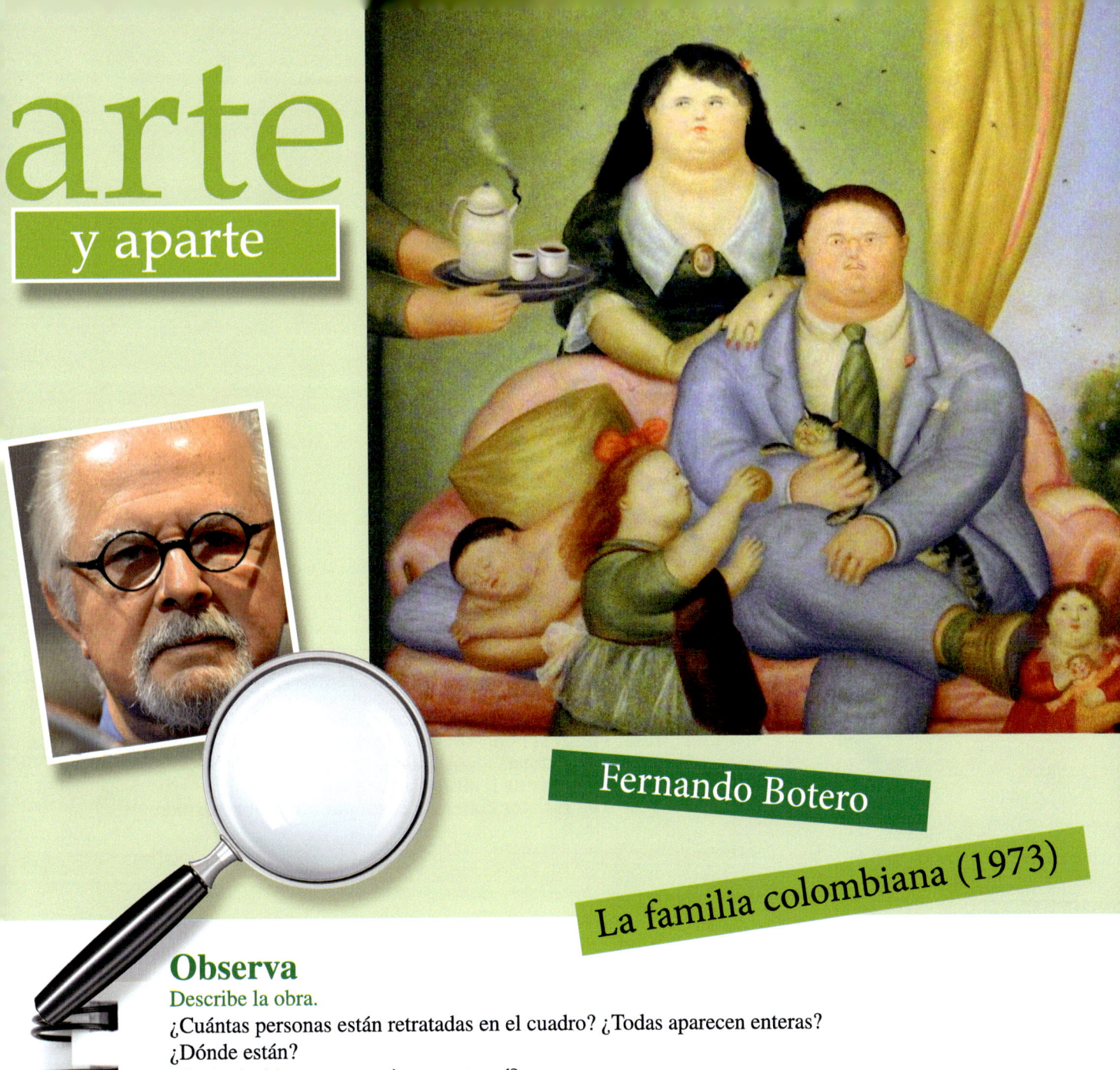

Fernando Botero

La familia colombiana (1973)

Observa
Describe la obra.
¿Cuántas personas están retratadas en el cuadro? ¿Todas aparecen enteras?
¿Dónde están?
¿Qué relación crees que tienen entre sí?
¿Cómo van vestidas?
¿Qué está haciendo cada una?
¿Hacia donde mira la mujer? ¿Y el hombre?
¿Qué colores y formas usa el artista?
¿Quién es la persona que más se destaca en el cuadro?

Analiza
Comenta estos aspectos.
¿Qué condición económica crees que tiene la familia? ¿Por qué?
¿Por qué no aparece el rostro de la persona que sirve el café?
Observa la disposición de la mujer y del hombre. ¿Por qué crees que están dispuestos así?
¿El cuadro retrata una escena común? ¿Ya has visto algo parecido? ¿Dónde?

Da tu interpretación
¿Qué características de la familia colombiana retrata el artista?
¿De qué año es el cuadro? ¿Crees que la familia colombiana sigue siendo así?
Si tuvieras que pintar un cuadro de una familia de tu país, ¿cómo sería?

UNIDAD 6

Consumo y dinero

En esta unidad aprendes a...
- Reflexionar sobre cómo nos relacionamos con el dinero y el consumo.
- Recordar y ampliar el léxico relacionado con la economía y el trabajo.
- Expresar nuestras impresiones respecto a hechos pasados.
- Formular condiciones hipotéticas.
- Aprender a hablar de ti mismo en una entrevista.
- Conocer a un escritor cubano y aprender algo sobre su país.

Lee estas frases y relaciona cada una con una opción.

a. Gire la llave y sienta el poder del n.º 1 en ventas. ☐
b. Para tener la tecnología del futuro en tus manos. ☐
c. Pruébala ya. ¿O vas a ser el último? ☐
d. Elige la número 1 en protección. ☐
e. Empiezan el próximo lunes. ¡Preparado, listo, ya! ☐
f. El arte de volar. ☐
g. Para llegar justo a tiempo. ☐

1. compañía aérea
2. rebajas y promociones
3. coche
4. teléfono celular
5. compañía de seguros
6. reloj
7. bebida isotónica

¿Qué tipo de texto son?

a. ☐ titulares de periódicos
b. ☐ avisos de seguridad
c. ☐ eslóganes publicitarios

Con un compañero, reflexiona y discute:

- ¿Qué sentimientos buscan despertar en el lector?
- Observa ahora las siguientes imágenes. ¿Qué relación tienen con las frases anteriores?
- Y tú, ¿cómo te sientes frente al consumo y a la publicidad?
- ¿Te gusta comprar siempre la última novedad en todo? ¿Qué haces para conseguir dinero? ¿Qué te dicen tus padres al respecto?

PARA AYUDARTE A EXPRESAR LO QUE PIENSAS

- Me parece que en la publicidad trabajan con la competitividad/el gusto por el poder/la sensación de...
- Es cierto que...
- No soy consumista, controlo mis gastos...
- Me relaciono bien/mal con el dinero porque...
- Para ganar algún dinero, de vez en cuando,...
- Mis padres dicen que...

Lección 11 — Pensar antes de comprar

Padre: Sergio, queremos hablar contigo sobre lo que estamos pasando. Ya sabes que estoy desempleado y, mientras no encuentre un nuevo trabajo, tendremos que hacer algunos ajustes en nuestro presupuesto.

Sergio: Si hace falta, puedo empezar a trabajar media jornada.

Padre: No, tampoco es para tanto, pero me alegra que te lo hayas planteado. De hecho, tendremos que cortar gastos porque los ingresos disminuyen. Mientras no haya hecho alguna entrevista y haya logrado un nuevo puesto, solo tendremos el sueldo de tu madre.

Madre: Hablas como un economista, Rafael. Lo que quiere decir papá es que ahora entra menos dinero en casa y tendremos que gastarlo en lo que es más necesario. Y cada uno tendrá que poner de su parte. Tú, por ejemplo, tendrás que arreglártelas con tu paga, porque ya no te podré prestar dinero, como hasta ahora.

Padre: ¿Cómo puede ser? Me extraña que no me hayas dicho nada antes, Julia.

Madre: Es que no te quise dar motivo para una preocupación más.

Padre: A ver, Sergio, ¿por qué no llegas a fin de mes con tu paga?

Sergio: Si te cuento la verdad, ¿me prometes que no me vas a castigar?

Padre: Claro que no te puedo prometer algo así. Dinos qué pasa y veremos qué hacer.

Sergio: Miguel iba a vender su tableta, porque le habían regalado una nueva, y yo se la compré. Como la abuela me había dado un dinero por mi cumple, se lo di como entrada y, durante cuatro meses, le tengo que pasar mi paga casi entera. Si se lo hubiera pedido, seguro que me habrían dicho que no, por eso decidí no contarles nada.

Padre: Pues actuaste muy mal, Sergio. Estas cosas hay que consultarlas con los mayores, al fin y al cabo se trata de nuestro bolsillo. ¿Y se puede saber para qué quieres tú otra tableta si ya tenemos una en casa? Hay que ver lo consumista que eres, hijo.

Comprendo

1 ESCUCHA EL DIÁLOGO Y HAZ LAS ACTIVIDADES

A. Contesta a las preguntas.

1. ¿Por qué querían hablar los padres de Sergio con él?

2. ¿Por qué tuvo Sergio que volver a pedir dinero a su madre?

3. ¿Por qué se enfadaron Julia y Rafael?

106 • ciento seis   Unidad 6

Lección 11 | **Código 4**

B. ¿Verdadero o falso?

V F

1. Los padres de Sergio están desempleados.
2. Como tenía problemas en el trabajo, Julia no le contó nada a su marido.
3. Sergio tenía algunos ahorros guardados de sus pagas anteriores.
4. Sergio acordó pasarle a Miguel un año de su paga.

C. Marca las frases que explican mejor el significado de las siguientes afirmaciones.

1. Si hace falta, puedo empezar a trabajar media jornada.
   - a. ☐ Si te parece, puedo encontrar un trabajo.
   - b. ☐ Puedo buscar trabajo si te parece bien.
   - c. ☐ Puedo encontrar un trabajo a tiempo parcial si es necesario.

2. Me alegra que te lo hayas planteado.
   - a. ☐ Estoy feliz porque me lo dijiste.
   - b. ☐ Me pone contento que hayas pensado en eso.
   - c. ☐ Estoy contento, pues eres muy trabajador.

3. Tendrás que arreglártelas con tu paga.
   - a. ☐ El dinero que te damos tendrá que ser suficiente para tus gastos.
   - b. ☐ Dejaremos de darte tu paga si sigues así.
   - c. ☐ No gastes mucho porque tu dinero se está acabando.

D. ¿Qué opinas sobre lo que pasó? ¿Se enfadaron con razón los padres de Sergio? Y tus compañeros, ¿opinan lo mismo?

Practico y amplío

2 EL LÉXICO DE LA ECONOMÍA

A. En el diálogo aparecen algunas palabras relacionadas con el ámbito de la economía. A continuación tienes sus definiciones y las de algunas más. Complétalas con las vocales que faltan.

- _ngr_s_s: cantidad de dinero que se recibe.
- _h_rr_: economía.
- d__d_: lo que se debe.
- pr_s_p__st_: cantidad de dinero que se dispone para algún fin.
- d_sp_d_: expulsión de una persona de su empleo.
- t_s_: índice.
- g_st_s: lo que se gasta.
- g_ n_nc__: en una venta, la diferencia entre lo que se cobra y lo que se ha pagado.

B. Ahora úsalas para completar los siguientes titulares.

El Gobierno, preocupado: la _____ de inflación vuelve a subir.

«Para reducir los _____, dejen de usar la tarjeta de crédito», dice un especialista en finanzas.

Lección de economía: ajustarse al _____ para librarse de _____.

Los resultados mejoran y las empresas dicen que ya no habrá _____.

Descubra las mejores formas para invertir sus _____.

Aunque la _____ no ha sido muy grande, la venta de algunos edificios municipales le ha permitido tener un _____ extra al empobrecido ayuntamiento.

Unidad 6 | ciento siete • 107

3 EL PRETÉRITO PERFECTO DE SUBJUNTIVO

A. Relaciona según el diálogo. Luego, subraya el nuevo tiempo verbal que aparece en las frases y completa la regla.

1. Me alegra que te
2. Solo contamos con el sueldo de tu madre
3. Me sorprende que

a. no me hayas contado que Sergio te pedía dinero.
b. hayas planteado lo de buscar un trabajo temporal.
c. mientras no haya encontrado un trabajo.

> Pretérito perfecto de subjuntivo = ... del verbo haber + ... del verbo principal.

B. Observa el cuadro y complétalo.

haya	
....	comentado
haya	tenido
hayamos	mentido
....	
....	

C. Transforma las frases según el ejemplo para usar el presente o el pretérito perfecto de subjuntivo.

> Ejemplo: Le regalan ropa (siempre/por su último cumpleaños).
> Le encanta que *siempre le regalen ropa*.
> Le encanta que *le hayan regalado ropa por su último cumpleaños*.

1. El banco le presta dinero
   (con tanta frecuencia/para el viaje que hizo)
   Es poco probable que...
   Es poco probable que...

2. Hablas con él (mañana/ya)
   Te agradezco que...
   Te agradezco que...

3. No me dice nada (ahora/antes)
   Me extraña que...
   Me extraña que...

4. ¿Saldrá todo bien? (mañana/antes)
   Ojalá...
   Ojalá...

5. Supera sus problemas (siempre/ya)
   Me alegra que...
   Me alegra que...

Actúo

4 COMPRENDE Y TRANSMITE LA INFORMACIÓN DE UN TEXTO

A. Formen cuatro grupos: cada uno lee un fragmento del texto y lo resume al resto de la clase.

Un estudio llegó a conclusiones muy preocupantes: para los jóvenes europeos analizados (16 años) comprar es una de las actividades más divertidas que ofrece una ciudad. Les gusta entrar en los centros comerciales, sienten un deseo permanente de ir de compras y adquirir cosas nuevas, y su grado de impulsividad en la compra y de falta de autocontrol y responsabilidad económica es muy alto.

Esos datos, además de apuntar que se trata de una población con un alto riesgo de sobreendeudamiento, revelan hábitos insostenibles que se tienen que modificar. Los expertos dicen que, por un lado, hay que intensificar la educación de los jóvenes, contemplando en los programas educativos valores de autocontrol del gasto y hábitos de consumo racionales. Y, por otro, formar a los padres y hacerles ver la necesidad de no reforzar los comportamientos caprichosos o consumistas de sus hijos y animarles a fomentar las actividades que no supongan gasto de dinero.

Lección 11 | **Código 4**

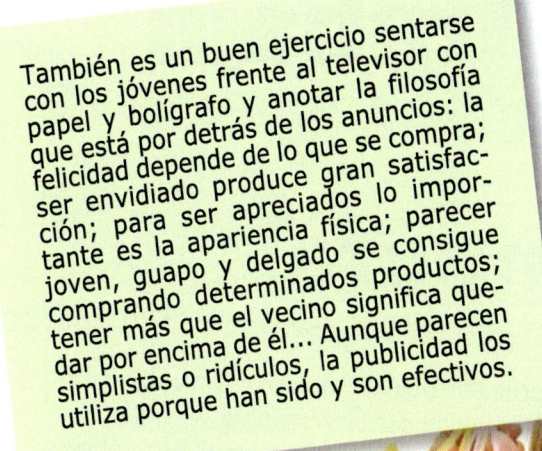

También es un buen ejercicio sentarse con los jóvenes frente al televisor con papel y bolígrafo y anotar la filosofía que está por detrás de los anuncios: la felicidad depende de lo que se compra; ser envidiado produce gran satisfacción; para ser apreciados lo importante es la apariencia física; parecer joven, guapo y delgado se consigue comprando determinados productos; tener más que el vecino significa quedar por encima de él... Aunque parecen simplistas o ridículos, la publicidad los utiliza porque han sido y son efectivos.

Y para terminar, un consejo que debe ser anotado con tinta de oro, pues nos ahorrará mucho dinero: acostumbrarnos a no efectuar ninguna compra el día en que nos hemos decidido hacerla. De esta forma podremos reflexionar y decidir mejor, a salvo de todas las influencias que invitan a una compra impulsiva, y si el artículo es realmente interesante, lo seguirá siendo pasados unos días.

B. Individualmente y sin volver a consultar el texto, hagan las actividades siguientes.

1. ¿Qué título le pondrías a ese artículo?
a. Somos consumidos por el consumo
b. Para hacer frente a las deudas
c. Los jóvenes: víctimas del consumismo
d. Misión imposible: frenar el consumismo

2. Marca las informaciones que constan en el texto según lo que te dijeron tus compañeros.
a. Un estudio indica que para los jóvenes lo más divertido que se puede hacer es comprar. ☐
b. Recomiendan que las autoridades hagan campañas educativas para frenar el consumo entre los jóvenes. ☐
c. Los hijos reproducen los malos hábitos de consumo de los padres. ☐
d. Analizar y reflexionar sobre los valores que estimulan es un buen ejercicio contra el consumismo. ☐
e. Hay medicamentos que ayudan a controlar el impulso a consumir. ☐

CÓDIGO <P>

La propaganda
- **Teniendo en cuenta el texto anterior, en grupos busquen y analicen diferentes tipos de propagandas tratando de pensar en los valores en que están basadas. También pueden pensar en la imagen que esas propagandas estimulan respecto a la apariencia física, a qué es divertirse, al papel de las mujeres y hombres, etc.
Expongan sus conclusiones y después publíquenlas en el blog.**

Participa en la comunidad de **Código ELE**

Extensión digital
www.edelsa.es
Zona estudiante

Unidad 6 | ciento nueve • 109

Lección 12 — Buscando trabajo

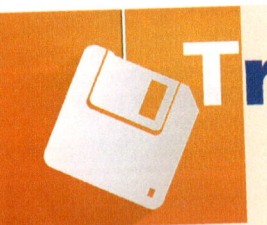

Trabajo temporal

Trabajo de temporada
Muchas empresas y sectores requieren personal de refuerzo para cubrir plazas en temporadas concretas, como pueden ser el verano, la Navidad, las épocas de rebajas... A continuación, se presentan algunas ideas de posibles trabajos de temporada.

Ocio educativo
Si no tuvieras experiencia previa, podrías trabajar como voluntario y así adquirirla. Si ya hubieras hecho algunos trabajos en el sector o hubieras obtenido un título de monitor, podrías trabajar como animador en diversas actividades para niños y jóvenes (sala de fiestas, colonias, campos de trabajo, rutas, campamentos, centros...).
Si eres monitor, tu trabajo será organizar o contribuir a planificar actividades, y conducir y animar grupos, mientras cuidas de los niños. Si tienes que coordinar alguna actividad, es necesario que tengas el título de director de educación en el ocio educativo.

Socorrismo
Sería un trabajo ideal para jóvenes, pero solo si ya hubieras conseguido el título de socorrista y hubieras cumplido los 18 años. En caso contrario, si te gusta esta actividad, el verano es un buen momento para prepararte para el futuro.

Turismo y hostelería
Si no tienes experiencia, pero sí ganas de trabajar, esta es una buena ocupación. Pero si tuvieras además idiomas y experiencia, las oportunidades serían muchas. Prepárate para ello si tienes don de gentes, buena presencia, amabilidad, flexibilidad y capacidad de adaptación.

Tiendas, grandes almacenes y supermercados
Para atender el aumento de trabajo, las tiendas y grandes almacenes amplían su plantilla en las épocas de Navidad, de verano y de rebajas, así como también durante los fines de semana del resto del año. No se acostumbra a pedir experiencia ni perfiles concretos, pero si tuvieras buena educación, facilidad de palabra y conocimiento de idiomas, especialmente en las zonas turísticas, tus posibilidades se multiplicarían.

Lección 12 | **Código 4**

Comprendo

1 **LEE EL TEXTO Y HAZ LAS ACTIVIDADES DE COMPRENSIÓN**

A. Marca qué características son necesarias para cada puesto según el texto.

	Ocio educativo	Socorrismo	Turismo y hostelería	Tiendas, grandes almacenes y supermercados
Conocimiento de idiomas				
Formación específica				
Experiencia previa				
Edad mínima				

B. ¿Verdadero o falso?

V F

1. Los monitores solo trabajan en salas de fiestas.
2. Una buena manera de adquirir experiencia es trabajar como monitor voluntario.
3. El trabajo de monitor consiste en animar a grupos de chicos.
4. Para coordinar actividades como monitor, es necesario haber obtenido un título.

C. Busca en el texto las palabras que corresponden a las siguientes definiciones.

- Cuadro de personal:
- Facilidad para hablar y expresarse:
- Capacidad para relacionarse con las personas, de tratar con la gente:
- Venta con descuento por tiempo determinado:
- Puesto, empleo:
- Cuidado con la apariencia, el aseo personal y la vestimenta:

D. Lee las descripciones y discute con tus compañeros a qué puestos de trabajo pueden optar.

Fernando
Tiene 17 años, es estudiante, pero ya ha trabajado como guía en una exposición. Le encantan los niños, los deportes y juegos.

Bárbara
Va a cumplir 18 años y quiere juntar dinero para viajar y perfeccionar su inglés. Es muy amable, pero un poco tímida.

Sergio
Tiene 16 años, pero ninguna experiencia, habla inglés perfectamente y algo de portugués. Le gusta convivir con personas de diferentes culturas y nacionalidades.

Unidad 6

Practico y amplío

2 EL PRETÉRITO PLUSCUAMPERFECTO DE SUBJUNTIVO

A. Observa el esquema. Luego, vuelve al texto de la página 110 y subraya otras frases en que aparece ese tiempo verbal.

> Pretérito pluscuamperfecto de subjuntivo = verbo haber conjugado en el pretérito imperfecto de subjuntivo + verbo en participio.
> Ejemplo: *Si hubieras cumplido los 18 años, podrías ser socorrista.*

B. Identifica las frases con su uso y completa la regla.

1. Si tuvieras conocimiento de idiomas, tus posibilidades se multiplicarían.
2. Si tienes que coordinar alguna actividad, tienes que tener el título de director de educación.
3. Si hubieras terminado el curso, habrías conseguido el puesto.

a. Posibilidad real de que ocurra algo.
b. Posibilidad hipotética de que ocurra algo.
c. Imposibilidad total de que ocurra algo, pues ya es pasado.

Cuando expresamos condiciones que se refieren a algo que ya no se puede cumplir porque es un hecho pasado, usamos:
Si + ... + el condicional compuesto.
El condicional compuesto se forma con el verbo haber conjugado en condicional más el participio del verbo principal.

C. Completa el cuadro.

INFINITIVO	PLUSCUAMPERFECTO DE SUBJUNTIVO		CONDICIONAL COMPUESTO
....	(yo)	hubiera hecho	....
decir	(tú, vos)	....	....
....	(él, ella)	....	habría sido
abrir	(usted)	....	....
....	(nosotros, nosotras)	hubiéramos venido	....
....	(vosotros, vosotras)	....	habríais puesto
....	(ellos, ellas)	hubieran sido	....
volver	(ustedes)	....	....

> Si me dices que necesitas ayuda, voy a ayudarte.

> Si me hubieras dicho que necesitabas ayuda, habría ido a ayudarte.

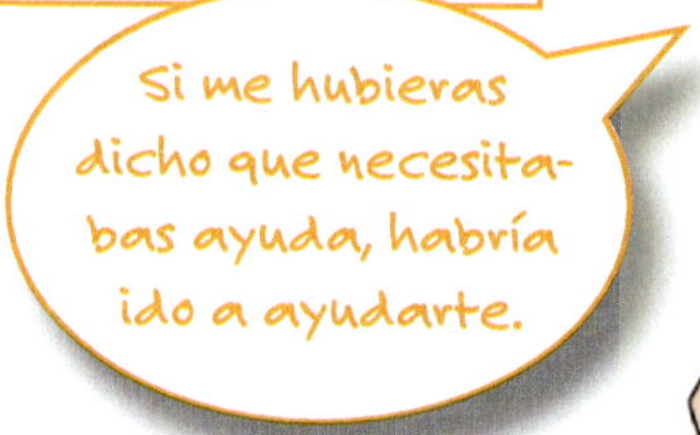

D. Transforma las frases según el modelo.

1. Si embarcaras el sábado, te llevaría al aeropuerto.
2. Si entendiera lo que el jefe quería, subiría de puesto.
3. Si miento y lo descubren, me despiden.
4. Si veo a tu hermano, se lo digo.
5. Si tuvieras cuidado, estas cosas no te pasarían.
6. Si ya terminaste el curso, te puedes presentar al puesto.

E. Completa las frases con los verbos entre paréntesis en el tiempo correcto.

1. Si te gusta conocer nuevos lugares, este (ser) .... el trabajo ideal para ti.
2. (Conocer) .... a nuestro nuevo compañero, si hubieras llegado dos minutos antes.
3. Si (hablar) .... un tercer idioma, tendrías más posibilidades de lograr el puesto.
4. Si no me (llamar, tú) ...., no me habría enterado de esa oportunidad.
5. Si se te dan bien las Matemáticas, (venir) .... a trabajar con nosotros.
6. Si (saber) .... que estabas aquí, habría venido antes.

Actúo

Lección 12 | **Código**

3 ANUNCIOS DE TRABAJO PUBLICADOS EN UNA PÁGINA WEB

A. Lee y escribe el título que corresponde a cada uno.

TRABAJO TEMPORAL
Con más de 6 000 candidatos al día

Monitor para campamento. Clases particulares. Prácticas de informática. Prácticas remuneradas de turismo

A _____
Buscamos una persona apasionada de Internet y del desarrollo web, con alta orientación al trabajo en equipo. Somos una empresa líder en el área y buscamos a estudiantes de informática para incorporarse a un equipo de desarrollo de 6 personas y aprender tanto de metodologías ágiles como de las mejores prácticas. **Leer más.**

B _____
Si eres estudiante, tienes buen nivel de inglés, te encanta trabajar con niños y te gustaría ganar algún dinero extra en los puentes y feriados, estás de suerte. Una empresa encargada de la organización de campamentos infantiles y juveniles está buscando monitores de tiempo libre. **Leer más.**

C _____
Importante red hotelera de 4 estrellas con varias ubicaciones en el país precisa incorporar a estudiantes y recién titulados del grado en Turismo para realizar prácticas remuneradas durante la temporada de verano. Se ofrece alojamiento y manutención, además de remuneración mensual. Indispensable nivel avanzado de inglés. **Leer más.**

D _____
Buscamos a estudiante responsable para recoger a dos niños de nueve y once años en el colegio y ayudarlos con los deberes del colegio. Imprescindible ser puntual y tener referencias personales. **Leer más.**

B. Maribel se presenta para uno de los puestos anteriores. Escucha la entrevista, completa las informaciones y responde a las preguntas.

(Pista 19)

Edad: _____
Experiencia: sí ☐ no ☐
Disponibilidad: _____
¿Para qué puesto se presentó Maribel?
¿Qué cualificaciones dijo que tenía?

C. Si tú te hubieras presentado al mismo puesto, ¿qué le habrías dicho a la entrevistadora? Coméntalo con un compañero y averigua qué habría dicho él o ella.

Unidad 6 | ciento trece • 113

Tu biblioteca de español

Nicolás Guillén

➡️ **Antes de leer**

El título del poema que vas a leer es «La Muralla».
¿De qué crees que hablará?
Teniendo en cuenta que vas a leer un poema, marca lo que esperas encontrar:

a. ☐ versos
b. ☐ párrafos
c. ☐ rimas
d. ☐ palabras en sentido figurado
e. ☐ tablas
f. ☐ repetición

Relaciona los siguientes nombres con las ilustraciones. Si hace falta, usa un diccionario para ayudarte. ¿Cuáles tienen una imagen negativa para ti? Coméntalo con tu compañero, ¿coinciden en las respuestas?

1. alacrán
2. ciempiés
3. sable
4. clavel
5. laurel
6. ruiseñor

Para hacer esta muralla,
tráiganme todas las manos:
los negros, sus manos negras,
los blancos, sus blancas manos.

Ay,
una muralla que vaya
desde la playa hasta el monte,
desde el monte hasta la playa, bien,
allá sobre el horizonte.

—¡Tun, tun!
—¿Quién es?
—Una rosa y un clavel…
—¡Abre la muralla!
—¡Tun, tun!
—¿Quién es?
—El sable del coronel…
—¡Cierra la muralla!
—¡Tun, tun!
—¿Quién es?
—La paloma y el laurel…
—¡Abre la muralla!
—¡Tun, tun!
—¿Quién es?
—El alacrán y el ciempiés…
—¡Cierra la muralla!

Al corazón del amigo,
abre la muralla;
al veneno y al puñal,
cierra la muralla;
al mirto y la hierbabuena,
abre la muralla;
al diente de la serpiente,
cierra la muralla;
al ruiseñor en la flor,
abre la muralla…
Alcemos una muralla
juntando todas las manos:
los negros, sus manos negras,
los blancos, sus blancas manos.
Una muralla que vaya
desde la playa hasta el monte,
desde el monte hasta la playa, bien,
allá sobre el horizonte…

a. ☐
b. ☐
c. ☐
d. ☐
e. ☐
f. ☐

Biografía

Nicolás Guillén nació en Cuba, en la provincia de Camagüey, en 1902 y murió en La Habana en 1989. Su nacimiento se dio en el mismo año en que su país se convirtió en una república independiente. Hijo de padres mulatos, los temas del mestizaje y de la cultura negra están muy presentes en su obra, así como las cuestiones sociales. Para ganarse la vida, fue tipógrafo, reportero y empleado. También se dedicó a la política y, por eso, fue exiliado al final de 1953, durante la dictadura de Fulgencio Batista. Volvió a Cuba después de la revolución socialista, en 1959. Por la importancia de su obra, es considerado el poeta nacional de Cuba.

COMPRENDO

1. Identifica y subraya en el poema los versos en los que se defiende la unión entre los hombres independientemente de su raza.

2. Organiza en la tabla los elementos mencionados en el poema a los que hay que abrir o cerrar la muralla. ¿Qué crees que representan?

Abrir la muralla	Cerrar la muralla

3. Subraya los verbos del poema. ¿En qué tiempo está la mayoría? ¿Qué efecto producen?

4. ¿Cuál es el tema del poema?
   a. ☐ La preservación de la naturaleza.
   b. ☐ El combate contra la pobreza.
   c. ☐ La lucha por la paz.
   d. ☐ La desigualdad social.

APRENDO

5. La rima es un recurso lingüístico para lograr ritmo y musicalidad. Vuelve a leer el poema y transcribe las palabras que riman con los siguientes términos. Luego añade una palabra más a cada secuencia y compara tus respuestas con las de los compañeros para ampliar la lista.
   - muralla
   - monte
   - clavel
   - diente
   - ruiseñor

6. Una onomatopeya es una palabra que imita un sonido del mundo real. Encuentra en el poema un ejemplo de onomatopeya.
   a. ¿Qué sonido imita?
   b. Y las siguientes onomatopeyas, ¿a qué sonidos corresponden?

   Quiquiriquí   Guau-guau   Achís   Cof-cof   Tictac   Tintín   Ja-ja-ja

Además de rimas y onomatopeyas, ¿qué otro recurso utiliza el poeta para lograr ritmo y musicalidad?

ESCRIBO

Tomando como base el texto de Guillén, escribe un poema estimulando a las personas a tomar alguna actitud respecto a algo.

Tu rincón hispano
Cuba

1. Cuba hoy
a. Completa los textos con los fragmentos siguientes.

1. los jóvenes estudiantes que salían de Cuba
2. mezclan el hip hop con los ritmos tradicionales de la isla caribeña
3. gran importancia para el *ballet* latinoamericano
4. a la casi totalidad de la población
5. una isla que está entre el Golfo de México

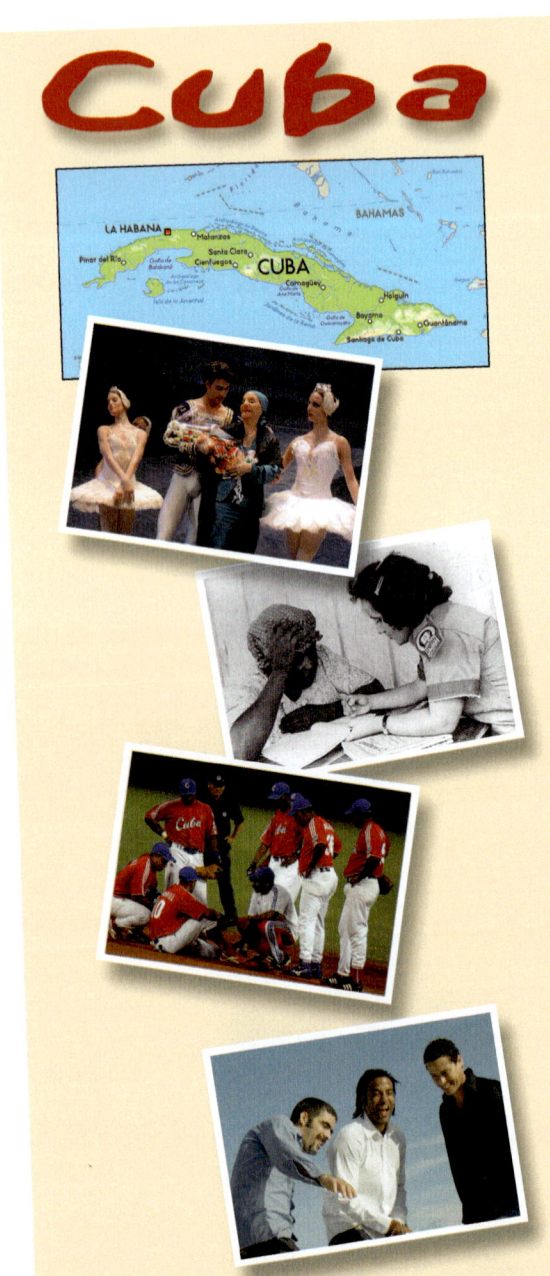

Cuba

La República de Cuba se sitúa en ☐ y el mar Caribe, en América Central. Cuando Colón llegó a sus tierras, el 17 de octubre de 1492, pensó que había llegado a Japón. El país logró la independencia de España en 1902 y desde 1959 es el único país de régimen socialista de América.

El Ballet Nacional de Cuba nació en 1948 bajo la dirección de Alicia Alonso, bailarina de renombre internacional y de ☐. La compañía ostenta el título de una de las mejores del mundo y es conocida por mezclar la tradición clásica con la cultura latinoamericana.

Entre 1960 y 1961 el Gobierno cubano llevó a cabo una campaña de alfabetización en el país. El trabajo se desarrolló principalmente por medio de brigadas de voluntarios que se desplazaron por todo el país. Como resultado, lograron alfabetizar ☐, el índice de analfabetismo se redujo a menos del 4 % y se mantiene bajo hasta hoy.

El béisbol o la pelota, como también se le denomina por sus aficionados, es considerado el deporte nacional en Cuba. Llegó a la isla en el siglo XIX de la mano de los marinos estadounidenses que visitaban el puerto de la provincia de Matanzas y de ☐ e iban a estudiar a Estados Unidos. Entre 1992 y 2008, mientras el béisbol formó parte de los Juegos Olímpicos, Cuba se hizo con tres medallas de oro y dos de plata.

Orishas es un grupo formado originalmente por cuatro cubanos que se encontraban como emigrados en Francia a fines de los 90. En su música ☐ (rumba, son, guaguancó). Con miles de discos vendidos y varios premios, su trabajo une originalidad y buena calidad musical. Su primer disco salió en 1999 y se separaron en el 2009 para que sus integrantes siguieran su carrera solos.

b. ¿Verdadero o falso?

a. ☐ La selección de béisbol de Cuba ha ganado tres medallas en los Juegos Olímpicos.
b. ☐ Alicia Alonso es la patrocinadora del Ballet Nacional de Cuba.
c. ☐ Brigadistas voluntarios eran los responsables de la campaña contra el analfabetismo.
d. ☐ Diez años después de su primer disco, la banda Orishas se separó.
e. ☐ El trabajo de erradicación del analfabetismo se llevó a cabo antes de la revolución socialista.
f. ☐ La mezcla de estilos caracterizan tanto la música de Orishas como el trabajo del Ballet Nacional.

2. Historia de la canción *Guantanamera*
a. Lee el texto.

«Guantanamera/guajira, guantanamera...». Al escuchar la melodía y el estribillo de la canción *Guantanamera* en prácticamente todo el mundo se piensa en Cuba o en Latinoamérica. Muchos músicos la grabaron en los más diferentes estilos, y son también variadas las versiones para su autoría. Además, para que saliera de Cuba y se convirtiera en un éxito internacional muchos personajes intervinieron.
La letra tiene versos de la obra *Versos Sencillos* (1891), de José Martí (1853-1895), poeta, pensador y político cubano conocido en el país como «el apóstol de la independencia de Cuba» por el papel fundamental que desempeñó en ese momento histórico. En cuanto a la melodía, la versión más aceptada es la que creó Joseíto Fernández en los años 30, y que la cantaba en un programa de radio para comentar los sucesos diarios cambiando la letra cada vez. Parece ser que su estribillo también nació ahí. *Guajiro* y *guajira* se usan en Cuba para referirse a la gente del campo y *guantanamera* es el adjetivo para quien nace en Guantánamo, una región de Cuba.
Alrededor de 1958, el maestro Julián Orbón unió los versos de Martí con la melodía de Joseíto Fernández, y un exalumno suyo, Héctor Angulo, la mostró al cantante *folk* estadounidense Peter Seeger. Este, en 1963, le puso la letra en inglés y se autonombró autor del tema junto con Angulo y Martí. A partir de entonces se siguieron un sinfín de grabaciones y *Guantanamera* ganó el mundo.

Fuente: *http://www.mariaargeliavizcaino.com/M-Guantanamera.html*

b. Marca la alternativa correcta.

Guajira guantanamera significa...
a. ☐ descendiente de indígenas que nació en la frontera
b. ☐ mujer humilde y trabajadora
c. ☐ mujer del campo que nació en una región de Cuba
d. ☐ descendiente de campesinos

c. Con las informaciones del texto, reconstruye cronológicamente la historia de la canción *Guantanamera*.

Una variedad del español

Varias de las características del español que se habla en Cuba no son exclusivas de los hablantes de ese país. Como por ejemplo, el yeísmo –no distinguir «y» y «ll»–, el seseo –pronunciar como «s» la «c» y la «z»–, y la ausencia de algunas consonantes o incluso de sílabas en la pronunciación. Así, palabras como *cansado, dormido*, se pronuncian «cansao» y «dormío», y se puede escuchar la frase «toy muy cansao» para «estoy muy cansado». En cuanto al vocabulario, hay muchas palabras de origen indígena como *guayaba, jíbaro* o *guajiro* y otras de origen africano, como *cachimba* (pipa), *conga* y *mambo*, los nombres de ritmos cubanos.

AHORA YA SÉ

Comunicación

Expresar sentimientos respecto a hechos pasados

1. Reacciona a lo que te dicen estas personas.

1. • Finalmente terminé el trabajo de Historia y Arte. • Me alegra que lo (terminar) _____ .
2. • No pude venir al curso de finanzas personales. • Qué lástima que te lo (perder) _____ . Fue muy bueno.
3. • ¿Has visto a Raquel? • Ha salido hace un minuto. Me sorprende que no la (ver) _____ .
4. • Todavía no están las notas de este bimestre. • ¡Qué raro que aún no (salir) _____ !

Formular condiciones imposibles

2. Completa las frases con los verbos entre paréntesis conjugados en el tiempo correcto.

Ejemplo: • Estuve en Curitiba el último fin de semana.
• Pues mis padres viven allí. Si (saber) **hubiera sabido** que ibas, te lo (decir) **habría dicho**.

1. • En mi viaje de intercambio, aunque me controlé, engordé cinco kilos.
   • Si no te (controlar) _____ , (engordar) _____ el doble.
2. • Durante el tiempo en que trabajé como *au pair*, no conocí a mucha gente.
   • Si (salir) _____ a menudo, (conocer) _____ más gente.
3. • En México, mi familia no logró vivir cerca del trabajo de mi padre. Todos los días él pasaba horas en el coche.
   • Qué lástima, si (alquilar, ustedes) _____ un piso más cerca, él no (gastar) _____ tantas horas en el coche.

Participar en entrevistas de trabajo

3. Encuentras el siguiente anuncio en el tablón de tu colegio. Léelo y marca los requisitos que se solicitan. ¿Podrías presentarte?

	Sí	No
Conocimiento específico	☐	☐
Nivel académico	☐	☐
Experiencia previa	☐	☐
Edad mínima	☐	☐

> Si te gusta cantar, anímate. Somos la asociación musical Coro Sostenido. Actualmente contamos con 20 cantores con edades entre los 13 y los 70 años y estamos abriendo el plazo de inscripción para incorporar nuevas voces al coro. Los horarios de ensayos son muy flexibles y el repertorio, variado. No son necesarios conocimientos de música, pero sí haber tenido alguna experiencia coral. Si tienes más de 12 años y quieres participar, envía un *mail* a la siguiente dirección: asociacion@corosostenido.org, con tus datos y las razones por las que quieres formar parte de nuestra familia musical.

4. Ordena las partes del diálogo. ¡Ojo! Sobra una frase.

☐ Rosalvo Domínguez.
☐ 18 años.
☐ ¿Has traído el título?
☐ ¿Qué edad tienes?
☐ Está muy claro en el anuncio. Si lo hubieras leído atentamente...
☐ ¿Qué título? Nadie me dijo nada.
☐ Buenos días.
☐ Bueno, pues nada. Adiós.
☐ Pues no lo sabía. Pensé que con nadar muy bien sería suficiente.
☐ Muy bien. ¿Cómo te llamas?
☐ Tres veces por semana.
☐ Hola, Buenos días. Vengo por el puesto de socorrista.
☐ Adiós.
☐ Para presentarte al puesto tienes que tener el título de socorrista.

Gramática

Pretérito perfecto de subjuntivo

5. Subraya los verbos en pretérito perfecto de subjuntivo. Luego, marca P si se refiere al pasado o F, al futuro.

a. Cuando hayas terminado de comer, ya no habrá nadie en el restaurante. ☐
b. Menos mal que ya nos vamos, espero que papá haya logrado entretener a los niños. ☐
c. Mientras no hayáis terminado vuestras tareas, no jugaréis. ☐
d. Nos alegra que se hayan vuelto menos consumistas. ☐
e. Me parece un absurdo que te hayas comprado este collar de perlas. ☐
f. Ojalá no me haya visto. Nadie puede saber que estoy aquí. ☐

6. Forma frases con los elementos dados. Conjuga los verbos en el pretérito perfecto de subjuntivo.

a. es poco probable/aceptar (él)/la propuesta
b. me extraña/todavía/no venir (ellos)
c. ojalá/traer (él)/el regalo
d. les agradezco/volver (ustedes)/para ayudarme

Pluscuamperfecto de subjuntivo

7. Completa con los verbos del recuadro conjugados en pretérito pluscuamperfecto de subjuntivo.

- avisar
- irse
- obedecer
- terminar

a. Si _____ (nosotros) de viaje, nos habría pillado la tormenta.
b. Si _____ (ellos) al abuelo, no estarían castigados y habrían podido ir a la fiesta.
c. Si _____ (yo) antes, habría salido contigo.
d. Si le _____ (tú) que venía Ana, no se habría ido.

Oraciones condicionales

8. Completa las oraciones con los verbos entre paréntesis conjugados en el tiempo correcto.

a. Si (estudiar) _____ más, habrías aprobado.
b. Si estuvieran calificados, los (contratar) _____ .
c. Si le (decir, yo) _____ la verdad, se enfadaría.
d. Si me conocierais, no (dudar) _____ de mí.
e. Si (saber, nosotros) _____ que venías, te habríamos ido a buscar.
f. Si te portas bien, te (dejar) _____ salir con tus amigos.
g. Si (estar, vosotros) _____ preparados para el trabajo, podéis empezar mañana.
h. Si les (prestar, yo) _____ el dinero, me lo devuelven rápido, ¿eh?

Léxico

9. Descubre el intruso, táchalo y justifícalo.

1. socorrismo – impulsividad – autocontrol – responsabilidad
2. ganancia – gastos – ocio – ingresos
3. deuda – presupuesto – capricho – ahorro
4. título – endeudamiento – experiencia – formación

10. Completa las frases siguientes con palabras del ejercicio anterior.

1. Mi madre es muy organizada, es ella quien controla el _____ de la casa.
2. A mi hermano no le dieron el trabajo porque no pudo comprobar que tenía _____ previa.
3. Los bancos vienen teniendo índices altísimos de _____ .
4. Es la hija menor y la familia le consiente todos sus _____ .

Unidad 6

Preparo mi examen

LEO — Completa el texto con las siguientes palabras.

> garantizada — permite — empleos — trabajo — practicas
> cursillo — viajeros — previos — existe

Aventura en el extranjero y trabajos estacionales

El verano puede ser una buena oportunidad para divertirse y, al mismo tiempo, conseguir algo de dinero con un _____ que permita vivir en otro país. Para aquellos _____ que quieren mezclar la aventura con una experiencia una amplia oferta de trabajos remunerados en los que la diversión está _____. Generalmente suelen ser _____ que requieren una baja cualificación profesional, aunque en algunas ocasiones es necesario tener conocimientos _____ de algún deporte u otra clase de formación o realizar un _____ a cargo de la propia empresa contratante. Los puestos más habituales son monitor de campamentos, monitor de actividades al aire libre y deportes, animador turístico, trabajos agrícolas y en granjas, trabajos en crucero y barcos, empleos estacionales en estaciones de esquí, etc. Si _____ algún tipo de deporte de riesgo o tienes alguna otra habilidad fuera de lo común, este tipo de trabajos será la opción más indicada, pues _____ realizar una afición personal al mismo tiempo que se disfruta de unas vacaciones.

ESCUCHO — Paula está buscando trabajo. Escucha el diálogo que tiene con su padre en el desayuno y contesta a las preguntas. *(Pista 20)*

1. ¿Cómo se llama la empresa en que Paula hizo la entrevista?
2. ¿Qué formación tiene ella?
3. ¿Tiene experiencia?
4. ¿Por qué se puso nerviosa Paula durante la entrevista?
5. ¿Cómo podría haber evitado ese problema?

ESCRIBO — Escribe un párrafo sobre esta cuestión.

«LOS JÓVENES SON MUY CONSUMISTAS, LO QUE MÁS LES GUSTA ES COMPRAR».

HABLO — Comenta con tu compañero cómo sería la vida y cómo harían si las siguientes cosas no existieran o no hubieran pasado.
- Los móviles
- El consumismo
- La enseñanza mixta (chicos y chicas juntos)
- Las computadoras
- La enseñanza obligatoria
- Internet

arte y aparte

La hora del baño (1909)

Joaquín Sorolla

Observa
Describe la obra.
¿Cuántas personas hay?
¿Cómo son? ¿Cómo van vestidas?
¿Dónde están? ¿Qué están haciendo?
¿Qué relación crees que tienen entre sí?
¿Qué se ve en primer plano? ¿Y al fondo?
¿Qué colores usa el artista? ¿En qué tonos?

Analiza
Si el cuadro fuera una foto, ¿dónde crees que estaría posicionado el artista para captar la imagen? ¿Puedes imaginar el resto del paisaje?

¿Qué estación del año crees que está retratada? ¿Qué hora del día es? ¿Cómo llegaste a esas conclusiones?

¿Qué predominan en el cuadro: líneas o colores? ¿Qué efectos logra el artista con ese recurso?

¿Hacia donde mira la niña de amarillo? ¿Y la niña de rosa? ¿Qué estará pensando o queriendo cada personaje retratado?

Mira la fecha en que se pintó el cuadro. ¿Qué te dice la obra respecto a cómo iban las personas a la playa?

Da tu interpretación
¿Qué habrá querido decirnos el artista?
¿Qué sensaciones y sentimientos te transmite la escena? ¿Te gusta la obra? ¿Por qué?

Unidad 6

Resumen gramatical

LOS VERBOS EN PRESENTE DE INDICATIVO

	HABLAR	COMER	ESCRIBIR
(yo)	hablo	como	escribo
(tú)*	hablas	comes	escribes
(él, ella, usted)	habla	come	escribe
(nosotros, nosotras)	hablamos	comemos	escribimos
(vosotros, vosotras)	habláis	coméis	escribís
(ellos, ellas, ustedes)	hablan	comen	escriben
* (vos)	hablás	comés	escribís

Yo me levanto a las siete y media y salgo de casa a las ocho. Y tú, ¿a qué hora tienes clase?

	SER	TENER	VER	HACER	JUGAR	VENIR
(yo)	soy	tengo	veo	hago	juego	vengo
(tú)*	eres	tienes	ves	haces	juegas	vienes
(él, ella, usted)	es	tiene	ve	hace	juega	viene
(nosotros, nosotras)	somos	tenemos	vemos	hacemos	jugamos	venimos
(vosotros, vosotras)	sois	tenéis	veis	hacéis	jugáis	venís
(ellos, ellas, ustedes)	son	tienen	ven	hacen	juegan	vienen
* (vos)	sos	tenés	ves	hacés	jugás	venís

	LEVANTARSE	SALIR	IR	VOLVER	EMPEZAR	VESTIRSE
(yo)	me levanto	salgo	voy	vuelvo	empiezo	me visto
(tú)*	te levantas	sales	vas	vuelves	empiezas	te vistes
(él, ella, usted)	se levanta	sale	va	vuelve	empieza	se viste
(nosotros, nosotras)	nos levantamos	salimos	vamos	volvemos	empezamos	nos vestimos
(vosotros, vosotras)	os levantáis	salís	vais	volvéis	empezáis	os vestís
(ellos, ellas, ustedes)	se levantan	salen	van	vuelven	empiezan	se visten
*(vos)	te levantás	salís	vas	volvéis	empezás	te vestís

LOS VERBOS EN PRETÉRITO PERFECTO COMPUESTO DE INDICATIVO

Este verano he aprendido a hacer surf.

Pues yo nunca he hecho surf.

EL VERBO HABER + EL PARTICIPIO

(yo)	he	
(tú, vos)	has	
(él, ella, usted)	ha	viajado
(nosotros, nosotras)	hemos	leído
(vosotros, vosotras)	habéis	salido
(ellos, ellas, ustedes)	han	

PARTICIPIOS IRREGULARES

abrir	abierto
poner	puesto
decir	dicho
romper	roto
ver	visto
escribir	escrito
volver	vuelto
hacer	hecho

Se utiliza el pretérito perfecto compuesto para hablar de acciones pasadas próximas al presente.

LOS VERBOS EN PRETÉRITO PERFECTO SIMPLE DE INDICATIVO

> Querido diario: Ayer hice muchas cosas interesantes. Fui al zoo con mis amigos y vimos muchos animales. Después estuve en casa de mis abuelos...

	HABLAR	COMER	ESCRIBIR
(yo)	hablé	comí	escribí
(tú, vos)	hablaste	comiste	escribiste
(él, ella, usted)	habló	comió	escribió
(nosotros, nosotras)	hablamos	comimos	escribimos
(vosotros, vosotras)	hablasteis	comisteis	escribisteis
(ellos, ellas, ustedes)	hablaron	comieron	escribieron

	JUGAR	LEER	ESTAR	HACER	SER/IR	VER
(yo)	jugué	leí	estuve	hice	fui	vi
(tú, vos)	jugaste	leíste	estuviste	hiciste	fuiste	viste
(él, ella, usted)	jugó	leyó	estuvo	hizo	fue	vio
(nosotros, nosotras)	jugamos	leímos	estuvimos	hicimos	fuimos	vimos
(vosotros, vosotras)	jugasteis	leísteis	estuvisteis	hicisteis	fuisteis	visteis
(ellos, ellas, ustedes)	jugaron	leyeron	estuvieron	hicieron	fueron	vieron

	DAR	TENER	PODER	PONER	OÍR
(yo)	di	tuve	pude	puse	oí
(tú, vos)	diste	tuviste	pudiste	pusiste	oíste
(él, ella, usted)	dio	tuvo	pudo	puso	oyó
(nosotros, nosotras)	dimos	tuvimos	pudimos	pusimos	oímos
(vosotros, vosotras)	disteis	tuvisteis	pudisteis	pusisteis	oísteis
(ellos, ellas, ustedes)	dieron	tuvieron	pudieron	pusieron	oyeron

VERBOS QUE CAMBIAN O POR U

MORIR	DORMIR
morí	dormí
moriste	dormiste
murió	durmió
morimos	dormimos
moristeis	dormisteis
murieron	durmieron

VERBOS QUE CAMBIAN E POR I

SENTIR	PEDIR
sentí	pedí
sentiste	pediste
sintió	pidió
sentimos	pedimos
sentisteis	pedisteis
sintieron	pidieron

Se utiliza el pretérito perfecto simple para hablar de acciones pasadas alejadas del presente.

LOS VERBOS EN PRETÉRITO IMPERFECTO DE INDICATIVO

> Cuando yo era pequeño, vivía en México y estudiaba en un colegio bilingüe.

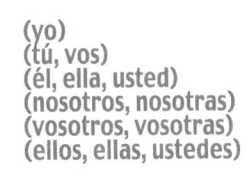

	HABLAR	COMER	ESCRIBIR
(yo)	hablaba	comía	escribía
(tú, vos)	hablabas	comías	escribías
(él, ella, usted)	hablaba	comía	escribía
(nosotros, nosotras)	hablábamos	comíamos	escribíamos
(vosotros, vosotras)	hablabais	comíais	escribíais
(ellos, ellas, ustedes)	hablaban	comían	escribían

	SER	IR	VER
(yo)	era	iba	veía
(tú, vos)	eras	ibas	veías
(él, ella, usted)	era	iba	veía
(nosotros, nosotras)	éramos	íbamos	veíamos
(vosotros, vosotras)	erais	ibais	veíais
(ellos, ellas, ustedes)	eran	iban	veían

Se utiliza el pretérito imperfecto para:
- describir cosas o personas en el pasado.
- expresar acciones realizadas de forma habitual.
- presentar una acción pasada que es interrumpida por otra.
- narrar una acción pasada en desarrollo simultánea a otra acción.
- pedir algo de forma cortés.

Resumen gramatical

LOS VERBOS EN PRETÉRITO PLUSCUAMPERFECTO DE INDICATIVO

	EL VERBO *HABER* + EL PARTICIPIO	
(yo)	había	
(tú, vos)	habías	
(él, ella, usted)	había	viajado
(nosotros, nosotras)	habíamos	leído
(vosotros, vosotras)	habíais	salido
(ellos, ellas, ustedes)	habían	

Cuando llegué a tu casa, ya te habías ido.

Se utiliza el pretérito pluscuamperfecto para hablar de acciones pasadas anteriores a otra acción también pasada.
– A menudo se utiliza el adverbio ya para reforzar la anterioridad.
– Con nunca expresamos que es la primera vez que hacemos algo.

LOS VERBOS EN FUTURO SIMPLE

	ESTAR	CORRER	IR
(yo)	estaré	correré	iré
(tú, vos)	estarás	correrás	irás
(él, ella, usted)	estará	correrá	irá
(nosotros, nosotras)	estaremos	correremos	iremos
(vosotros, vosotras)	estaréis	correréis	iréis
(ellos, ellas, ustedes)	estarán	correrán	irán

El futuro simple se utiliza para hablar de acciones futuras y para expresar hipótesis sobre el presente.

LOS VERBOS EN FUTURO COMPUESTO

	EL VERBO *HABER* + EL PARTICIPIO	
(yo)	habré	
(tú, vos)	habrás	
(él, ella, usted)	habrá	viajado
(nosotros, nosotras)	habremos	leído
(vosotros, vosotras)	habréis	salido
(ellos, ellas, ustedes)	habrán	

Se usa para expresar hipótesis sobre hechos pasados.

LOS VERBOS EN CONDICIONAL SIMPLE

	ESTAR	CORRER	IR
(yo)	estaría	correría	iría
(tú, vos)	estarías	correrías	irías
(él, ella, usted)	estaría	correría	iría
(nosotros, nosotras)	estaríamos	correríamos	iríamos
(vosotros, vosotras)	estaríais	correríais	iríais
(ellos, ellas, ustedes)	estarían	correrían	irían

Yo que tú no lo haría.

Se emplea para pedir algo de una manera cortés, hablar de situaciones imaginarias, expresar deseos difíciles de realizar, dar consejos o recomendaciones y hacer propuestas o sugerir soluciones.

LOS VERBOS EN CONDICIONAL COMPUESTO

	EL VERBO *HABER* + EL PARTICIPIO	
(yo)	habría	
(tú, vos)	habrías	
(él, ella, usted)	habría	+ viajado
(nosotros, nosotras)	habríamos	leído
(vosotros, vosotras)	habríais	salido
(ellos, ellas, ustedes)	habrían	

Yo no habría ido a la fiesta, pero me obligaron.

Carpeta de actividades

LOS VERBOS EN IMPERATIVO AFIRMATIVO

	ESCUCHAR	LEER	ESCRIBIR	LEVANTARSE
(tú)*	escucha	lee	escribe	levántate
(usted)	escuche	lea	escriba	levántese
(vosotros, vosotras)	escuchad	leed	escribid	levantaos
(ustedes)	escuchen	lean	escriban	levántense
(vos)*	escuchá	leé	escribí	levantate

En los verbos reflexivos el pronombre va unido al verbo.

	HACER	SER	TENER	PONER	IR	SALIR	VENIR	DECIR
(tú)*	haz	sé	ten	pon	ve	sal	ven	di
(usted)	haga	sea	tenga	ponga	vaya	salga	venga	diga
(vosotros, vosotras)	haced	sed	tened	poned	id	salid	venid	decid
(ustedes)	hagan	sean	tengan	pongan	vayan	salgan	vengan	digan
(vos)*	hacé	sé	tené	poné	ve	salí	vení	decí

LOS VERBOS EN IMPERATIVO NEGATIVO

No + forma del subjuntivo presente

	HABLAR	CORRER	ESCRIBIR
(yo)	no hable	no corra	no escriba
(tú, vos)	no hables	no corras	no escribas
(él, ella, usted)	no hable	no corra	no escriba
(nosotros, nosotras)	no hablemos	no corramos	no escribamos
(vosotros, vosotras)	no habléis	no corráis	no escribáis
(ellos, ellas, ustedes)	no hablen	no corran	no escriban

No corran y no hablen en voz alta.

LOS VERBOS EN PRESENTE DE SUBJUNTIVO

	REGALAR	COMER	ESCRIBIR
(yo)	regale	coma	escriba
(tú, vos)	regales	comas	escribas
(él, ella, usted)	regale	coma	escriba
(nosotros, nosotras)	regalemos	comamos	escribamos
(vosotros, vosotras)	regaléis	comáis	escribáis
(ellos, ellas, ustedes)	regalen	coman	escriban

Ojalá saque buenas notas.

	VENIR	IR	PODER	TENER	HACER	SER	SALIR
(yo)	venga	vaya	pueda	tenga	haga	sea	salga
(tú, vos)	vengas	vayas	puedas	tengas	hagas	seas	salgas
(él, ella, usted)	venga	vaya	pueda	tenga	haga	sea	salga
(nosotros, nosotras)	vengamos	vayamos	podamos	tengamos	hagamos	seamos	salgamos
(vosotros, vosotras)	vengáis	vayáis	podáis	tengáis	hagáis	seáis	salgáis
(ellos, ellas, ustedes)	vengan	vayan	puedan	tengan	hagan	sean	salgan

	DECIR	HABER	SABER	SACAR	VOLVER	DORMIR	SEGUIR
(yo)	diga	haya	sepa	saque	vuelva	duerma	siga
(tú, vos)	digas	hayas	sepas	saques	vuelvas	duermas	sigas
(él, ella, usted)	diga	haya	sepa	saque	vuelva	duerma	siga
(nosotros, nosotras)	digamos	hayamos	sepamos	saquemos	volvamos	durmamos	sigamos
(vosotros, vosotras)	digáis	hayáis	sepáis	saquéis	volváis	durmáis	sigáis
(ellos, ellas, ustedes)	digan	hayan	sepan	saquen	vuelvan	duerman	sigan

Carpeta de actividades

LOS VERBOS EN IMPERFECTO DE SUBJUNTIVO

El pretérito imperfecto de subjuntivo se forma a partir de la 3ª persona plural del pretérito perfecto simple de indicativo.

3ª PERSONA PLURAL DEL PRETÉRITO PERFECTO SIMPLE ~~ron~~

- habla ~~ron~~
- comie ~~ron~~
- vivie ~~ron~~

→ **EL PRETÉRITO IMPERFECTO DE SUBJUNTIVO**

- habla-ra
- comie-ra
- vivie-ra

	HABLAR	COMER	VIVIR
(yo)	hablara	comiera	viviera
(tú, vos)	hablaras	comieras	vivieras
(él, ella, usted)	hablara	comiera	viviera
(nosotros, nosotras)	habláramos	comiéramos	viviéramos
(vosotros, vosotras)	hablarais	comierais	vivierais
(ellos, ellas, ustedes)	hablaran	comieran	vivieran

	PODER	SER	ESTAR	TENER	DECIR	HABER	SABER
(yo)	pudiera	fuera	estuviera	tuviera	dijera	hubiera	supiera
(tú, vos)	pudieras	fueras	estuvieras	tuvieras	dijeras	hubieras	supieras
(él, ella, usted)	pudiera	fuera	estuviera	tuviera	dijera	hubiera	supiera
(nosotros, nosotras)	pudiéramos	fuéramos	estuviéramos	tuviéramos	dijéramos	hubiéramos	supiéramos
(vosotros, vosotras)	pudierais	fuerais	estuvierais	tuvierais	dijerais	hubierais	supierais
(ellos, ellas, ustedes)	pudieran	fueran	estuvieran	tuvieran	dijeran	hubieran	supieran

> Antes me daba miedo que me preguntaran en clase. Ahora no me importa.

CONTRASTE INDICATIVO/SUBJUNTIVO

EXPRESAR DESEOS

Expresar deseos	Que + subjuntivo	Que aproveche. Que se mejore.
	Ojalá + subjuntivo	Ojalá no haya clase. Ojalá apruebe el examen.
Expresar confianza en que algo suceda	Espero + infinitivo (si los sujetos coinciden)	Espero llegar a tiempo. Espero aprobar el examen.
	Espero que + subjuntivo (si los sujetos son diferentes)	Espero que mi novio llegue a tiempo. Espero que te aprueben.

EXPRESAR TU OPINIÓN

Se utiliza un verbo de opinión (como pensar, creer, parecer) + que + indicativo si es una pregunta o es una afirmación. ¿No crees que es muy valiente? Creo que es muy valiente.
Se utiliza con subjuntivo si está negado. No creo que sea valiente.
Se utiliza con imperfecto de subjuntivo si la información es pasada. No creía que fuera valiente.

EXPRESAR SENTIMIENTOS Y REACCIONES

Se utiliza una expresión de sentimiento (como me da pena, me molesta, me alegra, me da miedo...) + infinitivo si el sujeto es el mismo (si se reacciona ante lo que hacemos).
Me alegra celebrar mi cumpleaños.
A mi amigo le da pena cambiarse de colegio.
Se utiliza con que + subjuntivo si los sujetos son distintos (si se reacciona ante lo que hacen normalmente o ahora otras personas).
Me alegra que tú celebres tu cumpleaños.
A mi amigo le da pena que yo me cambie de colegio.
Se utiliza con que + imperfecto de subjuntivo si los sujetos son distintos y se habla en pasado.
Me gustó que tú celebraras tu cumpleaños.

> Me molesta que la gente hable en el cine.

Carpeta de actividades

EXPRESAR CONDICIONES

Condicionales reales	Si + presente de indicativo	presente	Si tomas determinadas precauciones, no pasa nada.
		imperativo	Si necesitas ayuda, pídemela.
		perífrasis de futuro	Si quieres, voy a verte esta tarde.
Condicionales irreales	Si + imperfecto de subjuntivo	condicional	Si fuera algo grave, llamaría a tu mamá y no a ti.

EXPRESAR FINALIDAD

Se utiliza **para** + infinitivo cuando el sujeto de las oraciones es el mismo.

Se utiliza **para que** cuando los sujetos son distintos y va con presente de subjuntivo cuando se refiere al presente o al futuro y con imperfecto de subjuntivo cuando se refiere al pasado.

En preguntas, siempre se usa **para qué** + indicativo.

¿Para qué llevamos tanta ropa?
¿Para qué te preocupas tanto?

EXPRESAR UN OBSTÁCULO

Usamos la conjunción **aunque** para introducir que un obstáculo no impide la realización de una acción. Si el obstáculo es real o conocido, utilizamos el indicativo, pero si no estamos seguros de la información introducida por **aunque** o cuando significa 'una dificultad hipotética' utilizamos el subjuntivo. Si se trata de algo poco probable, usamos el imperfecto de subjuntivo y el condicional.

Aunque su estilo no me gusta, voy a verla. (Sé que su estilo no me gusta).
Aunque su estilo no me guste, voy a verla. (No conozco cómo es su estilo).
Aunque su estilo no me gustara, iría a verla. (Seguramente me gustará su estilo, pero no me importaría en el caso improbable de que no me guste).

REPRODUCIR LAS PALABRAS DE OTRA PERSONA

Discurso directo	Verbo introductor	Discurso indirecto
Verbo en imperativo recojan	Presente o pretérito perfecto compuesto de indicativo Dice/Ha dicho que Pide/Ha pedido que	Presente de subjuntivo recojamos
recojan	Pretérito perfecto simple o pretérito imperfecto de indicativo Pidió/Pedía que Dijo/Decía que	Pretérito imperfecto de subjuntivo recogiéramos

Carpeta de actividades

Transcripciones

Pista 4
Entrevista adaptada a Juan José Campanella, director de cine argentino.

– ¿Cambia el método de trabajo con los actores si estás haciendo cine o televisión?
– Hay una diferencia entre los ensayos. Para televisión, solo se ensaya el primer capítulo; pero en cine los ensayos duran, más o menos, dos semanas.
– Cuando eliges los actores, ¿qué es lo que más valoras en ellos?
– Primero, y sobre todo, que tengan verdad, que yo crea lo que están actuando. Segundo, sentido del humor.
– ¿Cuál fue la película que dirigiste que más te gustó, y por qué?
– *Luna de Avellaneda*, porque siento que fue la película que más vida extra cinematográfica tuvo. Provocó un fuerte impacto en la sociedad; no hay taller, club, biblioteca popular o sociedad de fomento donde no se haya pasado.
– ¿Tienes pensada alguna idea para la próxima película?
– Estoy más que nada con un tema: la muerte. Murieron mis dos padres, y soy el próximo en la línea. Desde hace unos años empecé a pensar en el tema.

Pista 6
Entrevistado: ¡Bueno!
Encuestadora: Sí. Hola, buenos días. Me llamo Carol y soy de un instituto de investigaciones. ¿Tendría usted un momento?
Entrevistado: No sé, ¿de qué se trata?
Encuestadora: Estamos haciendo una encuesta sobre cómo usan los mexicanos las redes sociales. Si pudiera contestarla, no le va a tomar más de cinco minutos y no tiene que identificarse.
Entrevistado: Bueno, de acuerdo.
Encuestadora: Primero, unas preguntas sobre su perfil. ¿Su edad está entre 18 y 20 años, entre 21 y 25, entre 26 y 30 o tiene más de 30 años?
Entrevistado: Entre 18 y 20 años.
Encuestadora: ¿Qué nivel de estudios tiene? ¿Educación básica, media superior o superior?
Entrevistado: Voy a empezar Empresariales.
Encuestadora: Muy bien. ¿Usa usted alguna red social, tal como Facebook, Twitter…?
Entrevistado: Sí, Facebook, Twitter, LinkedIn, WhatsApp…
Encuestadora: ¿Con qué frecuencia las usa?
Entrevistado: Todos los días.
Encuestadora: ¿Cuántas horas consume normalmente en las redes?
Entrevistado: No le sabría decir exactamente. Las uso varias veces al día. Como dos horas diarias o un poco más a veces.
Encuestadora: ¿Y de qué temas se ocupa normalmente? ¿Política, religión, entretenimiento?
Entrevistado: De política, sí. Y también de los sucesos nacionales, un accidente, un hallazgo, algo relacionado con mis intereses. De religión no hablo nunca. Y con mi familia las usamos para divertirnos, compartir fotos, chistes. ¿Le queda mucho?
Encuestadora: No. Ahorita terminamos, es la última pregunta. ¿Y cómo accede usted a la red: por una computadora o por su celular?
Entrevistado: De ambas formas: con mi celular, con la PC y con la *notebook*.
Encuestadora: Muchas gracias por su colaboración.

Pista 7
Ciberacoso escolar: un problema global
Recientemente, la empresa de sondeos Ipsos dio a conocer el que afirma ser el primer reporte global sobre el uso de medios como Internet, telefonía móvil y juegos *on-line* por estudiantes para perseguir psicológicamente a otros colegas.
Por países, se constató que los países con mayor índice de padres admitiendo que sus hijos fueron víctimas de este fenómeno fueron en primer lugar India (32 %), seguida de Brasil (19 %), Arabia Saudita (19 %), Canadá (18 %) y Estados Unidos (15 %). Los datos revelaron que el 12 % de los padres confirmaron que sus hijos fueron víctimas de este tipo de maltrato y el 24 % aseguraban conocer a un niño sufriendo dicho problema. El 60 % de los padres afectados dijeron que sus hijos sufrieron ciberacoso a través de las redes sociales.
De hecho, se cree que la incidencia es mucho mayor debido a que usualmente los niños sufren el maltrato en silencio, principalmente entre los mayores de 10 años, edad en la que generalmente empiezan a tener acceso a la tecnología.

Pista 10
1. Os avisamos que el autobús llega en cinco minutos. Por favor, confirmad que vuestras maletas están identificadas y buscad estar cerca de vuestros monitores.
2. - Vamos a entrevistar a una muchacha que está en la sala de espera del hospital. ¡Hola! ¿Sabés que suspendieron la atención por falta de material?
   - Sí, es lo que me dijo él. Pero no se lo creí. Voy a seguir esperando a ver si dicen algo oficial.
   - ¿Hace mucho que hacés cola?
   - Desde hoy a la mañana.
3. - Por favor, ¿sabes si el autobús 17 pasa por aquí?
   - Creo que sí, pero fíjate en aquel cartel. Allí ponen todos los autobuses de esta parada.
   - Gracias.
4. - A ver, me parece que tenés fiebre. Esperá que te pongo el termómetro.
   - Estoy bien, solo un poco cansado.
   - ¿Cansado? Tenés 39 de fiebre, querido.

Pista 11
Hoy hablaremos del tabaquismo, una de las adicciones más comunes entre los adolescentes. Fumar es un hábito que casi siempre se adquiere en la adolescencia, lamentablemente es un vicio aprendido muchas veces de los maestros o de los padres. Se estima que en el mundo 150 millones de adolescentes fuman y, de estos, la mitad morirá por causas relacionadas con el tabaco. ¿Y en qué puede afectar el consumo de tabaco? Pues afecta a la salud del adolescente porque evita el desarrollo integral de su cuerpo, va limitando el desarrollo de sus pulmones y de su corazón. También afecta el proceso de aprendizaje, retardándolo, o sea, es un proceso destructivo bastante integral.

Pista 12
Profesora: Hola a todos. Son las diez y media, vamos a empezar. Están presentes los representantes de todas las salas, ¿no? Pues empezamos. Les informo que los tres destinos para el viaje de fin de curso que resultaron de la primera votación son: Buenos Aires, Bariloche y Montevideo.
Tomás: Para mí, Buenos Aires es la mejor opción. Tendremos muchos lugares para visitar. Conoceremos cosas interesantes y aprenderemos bastante también.
Paula: Tomás, es nuestro viaje de fin de curso. No quiero aprender nada, quiero divertirme. Yo voto por Bariloche para poder tomar chocolate caliente, ir a las *discos*, aprender a esquiar.
Tomás: Si acabas de decirme que no quieres aprender nada, Paula.
Paula: Eso es diferente. En Bariloche haremos cosas que tienen que ver con nuestra edad. En Buenos Aires seremos como miniadultos. ¿Qué te parece, Lisa?
Lisa: Yo voto por Montevideo. Tengo una prima que vive allá, así aprovecho y la veo.
Paula: ¿Saben si iríamos también a Punta del Este? Dicen que hay unas *discos* buenísimas por ahí.
Tomás: Tú y las *discos*. Vamos a ir una noche a una discoteca, Paula. Una noche y nada más.
Paula: Justo por eso el lugar tiene que ser rebueno, Tomás…
Profesora: A ver, hay que decidir de una forma más objetiva. Propongo que cada sala defienda un destino a lo largo de la semana. Luego, procederemos a la votación final el próximo lunes. Si hay empate entre dos destinos, la decisión será por sorteo. ¿Alguna duda? A ver, Tomás.
Tomás: Tenemos otra propuesta: que formemos tres grupos según las preferencias, y que cada uno defienda la ciudad a la que quiere ir porque así van a defender cada destino personas que realmente creen que es el mejor. ¿Qué le parece?
Profesora: No tengo ningún inconveniente. ¿Estamos todos de acuerdo? ¿Sí? Muy bien.

Pista 14
Atención para los procedimientos de seguridad de AeroMéxico.
Para no bloquear las filas con salida de emergencia, no coloquen ningún artículo en el área frontal.
Para facilitar el paso de los pasajeros y azafatas, les pedimos que dejen libres los pasillos y las salidas.
Para su seguridad, lleve abrochado el cinturón de seguridad mientras esté sentado.
Para abrocharlo, introduzca la punta metálica dentro de la hebilla y ajústelo hasta que esté seguro. Para desabrocharlo, levante la parte superior de la hebilla.
En caso de pérdida de presión, las mascarillas de oxígeno caerán frente a usted.
Tome la más cercana para accionar el flujo de oxígeno, colóquela sobre la nariz y la boca, y respire normalmente.
Es muy importante que coloque primero su propia mascarilla antes de ayudar a otros.
En caso de ser necesario evacuar el avión, deje todas sus pertenencias y siga la guía de luces a lo largo del pasillo, hasta la salida más cercana.

Pista 17
En el portal ciudadano de hoy hablaremos de una iniciativa que merece aplauso. El ayuntamiento creó un concurso para los estudiantes de secundaria. Para participar, tenían que escribir propuestas ecológicas para mejorar nuestra ciudad. Un grupo de expertos las está analizando y mañana sale el vencedor. El premio será un viaje a Islandia, país cuya capital es la ciudad más ecológica del mundo. Hay cosas realmente muy ingeniosas. Tenemos una que propone transformar la basura en fuente de ingreso para la ciudad comercializándola. Para lo cual, la separación de la basura tendría que ser previa en los conjuntos habitacionales y comerciales y habría que impulsar nuevas construcciones que ya tuvieran recolectores. Hay otro grupo que propone convertir la basura en energía eléctrica.

Pista 19
Entrevistadora: Hola, buenos días. ¿Tú eres?
Maribel: Maribel Antúñez. Vengo por el anuncio.
Entrevistadora: Sí, sí. A ver, empecemos por tu edad. ¿Cuántos años tienes?
Maribel: Voy a cumplir diecisiete.
Entrevistadora: Sigues estudiando, ¿no? ¿Qué haces?
Maribel: Estoy en el último año de la secundaria, el próximo año empiezo el bachillerato.
Entrevistadora: ¿Y tienes alguna experiencia con ese tipo de trabajo?
Maribel: Con algo exactamente igual, no. Pero participo como voluntaria en un programa que hay en mi escuela de colaboración académica. A quien se le da bien alguna asignatura ayuda a los colegas que tienen dificultad.
Entrevistadora: Si te contratara, ¿en qué me beneficiaría?
Maribel: Sus hijos estarían con alguien responsable, puntual y que sabría qué hacer en una emergencia. Tengo dos hermanos menores y, como me encantan los niños, en mi familia siempre soy la encargada de cuidar y entretener a los chicos cuando nos reunimos.
Entrevistadora: ¿Qué disponibilidad tienes?
Maribel: Estoy libre todas las tardes a partir de las dos y las noches de lunes y miércoles. Los martes y jueves entreno baloncesto.
Entrevistadora: En principio, necesito a alguien para recoger a los chicos justamente los lunes y miércoles a las tres y quedarse con ellos hasta que llegue yo, a las ocho u ocho y media. Cuando llegue, espero que ya hayan hecho los deberes y se hayan bañado. Si eventualmente tuviera que quedarme un poco más en el trabajo, ¿eso sería un problema para ti?
Maribel: No, si usted me avisa, no pasa nada.

Pista 20
Padre: ¡Buenos días! Paula, ¿me pasas el pan? ¿Cómo te fue ayer en la entrevista en Toledocar?
Paula: Más o menos. Me puse muy nerviosa.
Padre: ¿Por qué?
Paula: Porque el entrevistador me preguntó si conocía algo sobre la empresa y yo no sabía casi nada.
Padre: Qué pena, hija. Es una empresa muy conocida en el área, si me hubieras preguntado, te habría contado varias cosas.
Paula: Pero después, cuando me preguntaron sobre mi formación, me fue mejor. Les conté que soy técnica de mantenimiento, que hice la formación en el Politécnico San Isidro, que había empezado a trabajar en el taller de automóviles de mi familia y que paralelamente había realizado otros cursos en el Centro Tecnológico de la provincia.
Padre: Muy bien. Seguro que valorarán tu experiencia práctica, eso cuenta mucho.
Paula: Creo que sí, estuve averiguando y la mayoría de los otros candidatos no tenía ninguna experiencia. Ahora hay que esperar. Dijeron que darían una respuesta dentro de dos días.

Cuaderno de ejercicios

Nivel 4

Rosangela Dantas

edelsa
GRUPO DIDASCALIA, S.A.

Índice

- Ejercicios unidad 1: **Amigos para siempre** — **6**
- Ejercicios unidad 2: **Usos de las nuevas tecnologías** — **18**
- Ejercicios unidad 3: **En cuerpo y alma** — **30**
- Ejercicios unidad 4: **El mundo en tu bolsillo** — **42**
- Ejercicios unidad 5: **El planeta en tus manos** — **54**
- Ejercicios unidad 6: **Consumo y dinero** — **66**

Transcripciones de las audiciones — **78**

¿Cómo y cuándo trabajar con este cuaderno de ejercicios?

Está organizado en 6 unidades y, cada una, en 2 lecciones como tu libro.

Actividad de práctica con el texto de la lección. Haz los ejercicios después de leer o escuchar el texto de tu libro y después de hacer las actividades de **Comprendo**.

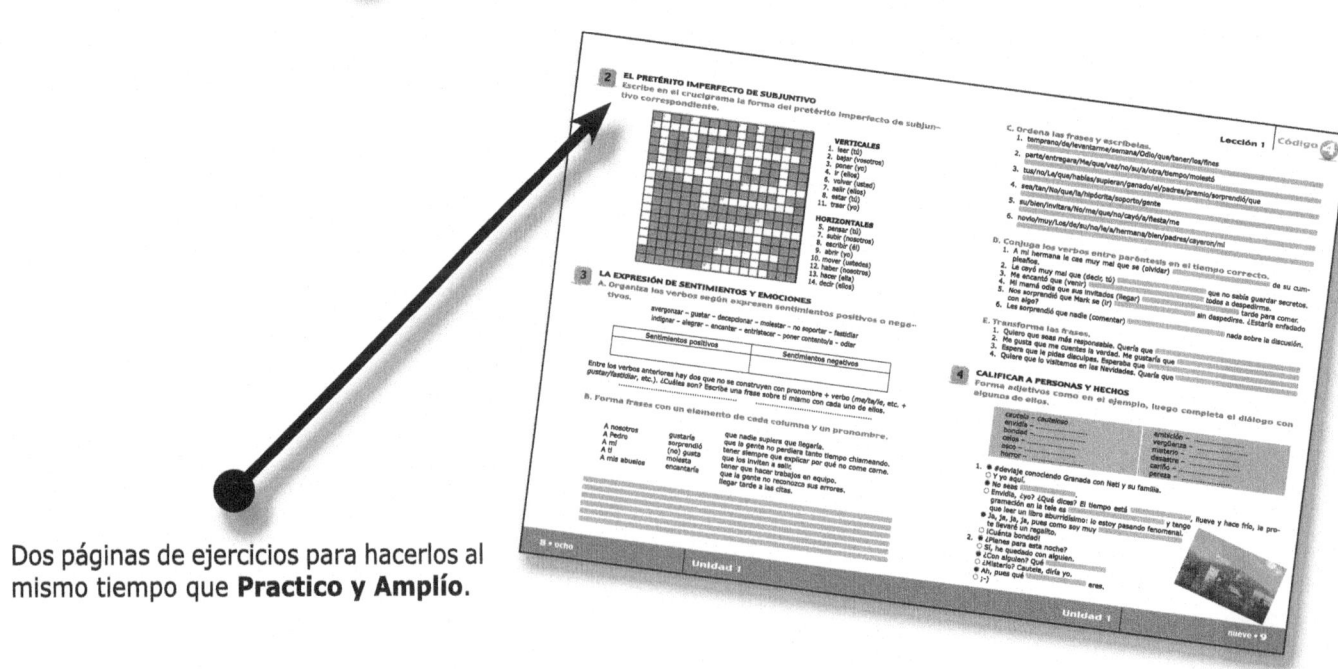

Conoce los objetivos y los ejercicios.

Dos páginas de ejercicios para hacerlos al mismo tiempo que **Practico y Amplío**.

4 • cuatro

Una página extra de ejercicios para hacer después de las actividades de **Tu biblioteca de español** de tu libro.

Juegos de equipos culturales para hacer después de las actividades de **Tu rincón hispano** de tu libro.

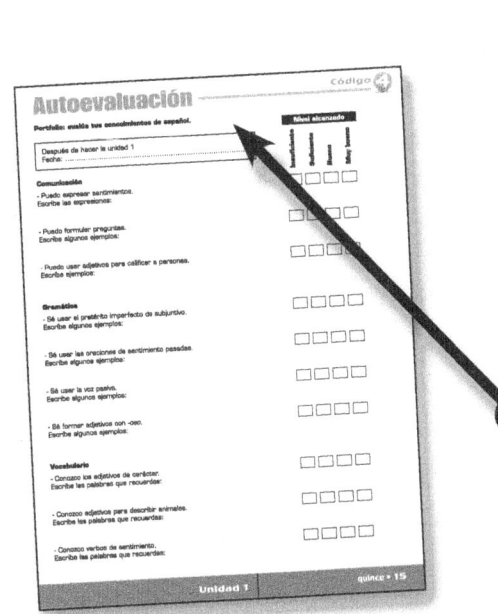

Evalúa tus conocimientos, después de hacer todas las actividades de tu libro y antes de **Preparo mi examen**.

Traduce las palabras más importantes de la unidad a tu lengua y apréndelas.

cinco • 5

UNIDAD 1

Amigos para siempre

Contenido y actividades

1. Repasar la forma y los usos del pretérito imperfecto de subjuntivo.
2. Practicar las expresiones de sentimiento.
3. Reforzar los adjetivos.
4. Formar preguntas.
5. Expresar la voz pasiva.
6. Afianzar el uso de los pronombres.

Lección 1: Hablando se entiende la gente

1. LOS PROBLEMAS DE LUCHO
Lee y completa.

Paula: ¿Qué tal la fiesta de ayer?

Lucho: Bueno, más o menos, regular. Tuve un .... con mis amigos.

Paula: ¿Ah, sí? ¿Y si me lo .... ? A lo mejor te puedo ayudar.

Lucho: Bueno, pues .... que era una fiesta de una amiga del otro colegio. Llegué y la gente me trataba muy raro; estaban como fríos, no me incluían en las charlas. Les .... qué pasaba y me dijeron que estaban .... porque últimamente yo siempre les decía que no a todo y que, por lo ...., prefería estar con mis nuevos amigos, los del colegio nuevo. Me .... muy mal que me dijeran esas cosas, pues no es ....

Paula: Están ...., Lucho, es normal. Conmigo pasó lo mismo cuando empecé a salir con Tiago: mis amigas se .... conmigo por cualquier tontería.

Lucho: Puede ser, pero no me gustó que me echaran eso en .... y me molestó que pensaran así. Sin ...., no supe qué decir y simplemente .... fui. Querría que .... más comprensivos. Me .... que entendieran que para mí tampoco es fácil el cambio.

Paula: ¿Y si los buscaras para .... todo? Yo que .... les hablaría francamente y les diría cómo me .... Sería bueno que les explicaras el valor que tienen para ti, que quieres seguir viéndolos, pero no lo hagas ...., porque la ira es mala consejera. Y, si son tus amigos de verdad, seguro que seguirán siéndolo.

Lucho: Creo que .... razón.

Unidad 1

2 EL PRETÉRITO IMPERFECTO DE SUBJUNTIVO

Escribe en el crucigrama la forma del pretérito imperfecto de subjuntivo correspondiente.

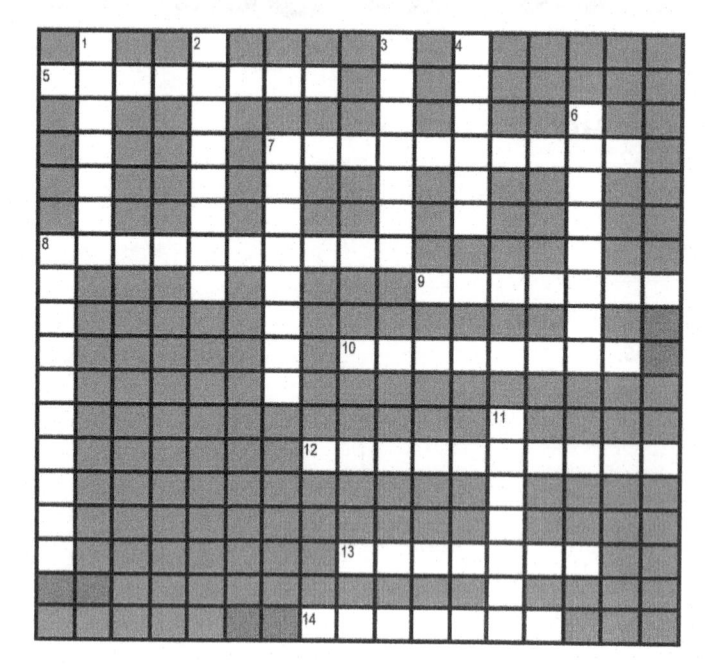

VERTICALES
1. leer (tú)
2. bajar (vosotros)
3. poner (yo)
4. ir (ellos)
6. volver (usted)
7. salir (ellos)
8. estar (tú)
11. traer (yo)

HORIZONTALES
5. pensar (tú)
7. subir (nosotros)
8. escribir (él)
9. abrir (yo)
10. mover (ustedes)
12. haber (nosotros)
13. hacer (ella)
14. decir (ellos)

3 LA EXPRESIÓN DE SENTIMIENTOS Y EMOCIONES

A. Organiza los verbos según expresen sentimientos positivos o negativos.

avergonzar – gustar – decepcionar – molestar – no soportar – fastidiar
indignar – alegrar – encantar – entristecer – poner contento/a – odiar

Sentimientos positivos	Sentimientos negativos

Entre los verbos anteriores hay dos que no se construyen con pronombre + verbo (*me/te/le*, etc. + *gustar/fastidiar*, etc.). ¿Cuáles son? Escribe una frase sobre ti mismo con cada uno de ellos.

....

B. Forma frases con un elemento de cada columna y un pronombre.

A nosotros   gustaría   que nadie supiera que llegaría.
A Pedro   sorprendió   que la gente no perdiera tanto tiempo chismeando.
A mí   (no) gusta   tener siempre que explicar por qué no come carne.
A ti   molesta   que los inviten a salir.
A mis abuelos   encantaría   tener que hacer trabajos en equipo.
                                que la gente no reconozca sus errores.
                                llegar tarde a las citas.

Lección 1 | **Código 4**

C. Ordena las frases y escríbelas.
1. temprano/de/levantarme/semana/Odio/que/tener/los/fines
2. parte/entregara/Me/que/vez/no/su/a/otra/tiempo/molestó
3. tus/no/Le/que/habías/supieran/ganado/el/padres/premio/sorprendió/que
4. sea/tan/No/que/la/hipócrita/soporto/gente
5. su/bien/invitara/No/me/que/no/cayó/a/fiesta/me
6. novio/muy/Los/de/su/no/le/a/hermana/bien/padres/cayeron/mi

D. Conjuga los verbos entre paréntesis en el tiempo correcto.
1. A mi hermana le molestó que se (olvidar) _____ de su cumpleaños.
2. Le sentó muy mal que (decir, tú) _____ que no sabía guardar secretos.
3. Me encantó que (venir) _____ todos a despedirme.
4. Mi mamá odia que sus invitados (llegar) _____ tarde para comer.
5. Nos sorprendió que Mark se (ir) _____ sin despedirse. ¿Estaría enfadado con algo?
6. Les sorprendió que nadie (comentar) _____ nada sobre la discusión.

E. Transforma las frases.
1. Quiero que seas más responsable. Quería que _____
2. Me gusta que me cuentes la verdad. Me gustaría que _____
3. Espera que le pidas disculpas. Esperaba que _____
4. Quiere que lo visitemos en las Navidades. Quería que _____

4 CALIFICAR A PERSONAS Y HECHOS

Forma adjetivos como en el ejemplo, luego completa el diálogo con algunos de ellos.

cautela – cauteloso	ambición – ....
envidia –	vergüenza – ....
bondad –	misterio – ....
celos –	desastre – ....
asco –	cariño – ....
horror –	pereza – ....

1. ● #deviaje conociendo Granada con Nati y su familia.
   ○ Y yo aquí.
   ● No seas _____.
   ○ Envidia, ¿yo? ¿Qué dices? El tiempo está _____, llueve y hace frío, la programación en la tele es _____ y tengo que leer un libro aburridísimo: lo estoy pasando fenomenal.
   ● Ja, ja, ja, ja, pues como soy muy _____ te llevaré un regalito.
   ○ ¡Cuánta bondad!
2. ● ¿Planes para esta noche?
   ○ Sí, he quedado con alguien.
   ● ¿Con alguien? Qué _____
   ○ ¿Misterio? Cautela, diría yo.
   ● Ah, pues qué _____ eres.
   ○ ;-)

Lección 2 — Una amistad de película

1. LA PELÍCULA *MACHUCA*

A. Completa el texto con las siguientes palabras.

> poblaciones – sea – pérdida – éxito – expulsados – durante – económica – también – desgraciadamente – convertido

ENTREVISTA A ANDRÉS WOOD

—¿El personaje del padre McEnroe está basado en un sacerdote real?
—Sí, sí, era un sacerdote que vivió en Chile .... la dictadura de Pinochet y que quiso derribar diferencias sociales.

—¿Qué pasó con él después del golpe de Estado?
—Trabajó durante 20 años en las .... pobres de Santiago y se convirtió en un importante activista político. En los años 90, regresó al colegio, pero .... murió siete meses antes del estreno de la película, así que no alcanzó a verla, pero está dedicada a su memoria.

—¿Cuál es origen de *Machuca*?
—La historia nace de una experiencia personal que tuve en un colegio chileno de clase .... media-alta, en el cual un sacerdote estadounidense, llamado Gerardo Whelan, incorporó masivamente –mucho más que en la película– a niños de las cercanías del colegio. .... tiene de real que el colegio fue tomado por los militares el 11 de septiembre de 1973 y los curas fueron ....

—¿Por qué crees que ha tenido tanto éxito en Chile?
—Es una sorpresa para mí, porque había en Chile un gran prejuicio con el tema del cine que se refería a esos años. Siento que el .... tiene que ver con que la mirada es nueva y está hecha a partir de los ojos de los niños. Es una mirada que abre muchas puertas, particularmente a la gente joven. Eso la ha hecho muy popular. Se ha .... en un puente entre generaciones.

—Pese a que tiene una cualidad política muy clara, también parece tener como tema central la .... de la inocencia, ¿no?
—A mí no me gusta explicar mucho la película, pero sí está la pérdida de la inocencia. Y también la traición. O .... , es una película de crecer, de iniciación, de amistad, de conocer mundos.

B. ¿Verdadero o falso?

	V	F
a. El colegio en el que estudió Andrés Wood en Chile fue tomado por los militares durante la dictadura.	☐	☐
b. Andrés Wood estaba seguro de que su película tendría mucho éxito en Chile.	☐	☐
c. El tema central de la película es el problema de las diferencias sociales en la educación.	☐	☐
d. El sacerdote en el cual está basado el personaje del padre McEnroe volvió a trabajar en el colegio de donde fue expulsado.	☐	☐
e. Según Wood, en Chile había mucho prejuicio respecto a películas que tenían como tema el periodo del golpe.	☐	☐

2 LA FORMULACIÓN DE PREGUNTAS

Lee el texto. Observa las respuestas y formula las preguntas correspondientes.

> *El cartero y (Pablo Neruda)* es una película italiana dirigida por Michael Radford y lanzada en 1994. Está basada en la novela *Ardiente Paciencia*, del escritor chileno Antonio Skármeta. En el libro la historia pasa en la localidad chilena de Isla Negra, sin embargo, en la película la acción se traslada a una isla de Italia. Pero ambas tratan de la amistad entre Mario, el cartero del pueblo, y el poeta Pablo Neruda. Después del éxito de la película, la novela pasó a ser comercializada con el título *El cartero de Neruda*.

¿Cómo se llama la adaptación de *Ardiente Paciencia* al cine?
El cartero y (Pablo Neruda).

1. _____
   No, Skármeta escribió la novela, la película la dirigió Michael Radford, un director inglés.
2. _____
   No, es italiana.
3. _____
   Sí, sí. Después pasó a llamarse *El cartero de Neruda*.

3 LAS ORACIONES PASIVAS

A. Pasa los fragmentos subrayados a la voz pasiva usando el verbo *ser* + participio.

1. Del 2 al 5 de marzo de 2009 se realizaría en Valparaíso, Chile, el V Congreso de la Lengua Española. Sin embargo, el 27 de febrero de ese mismo año <u>un violento terremoto sacudió el país</u>. Consecuentemente <u>los organizadores suspendieron el Congreso</u>.

   Del 2 al 5 de marzo de 2009 sería realizado en Valparaíso, Chile, el V Congreso de la Lengua Española. Sin embargo, el 27 de febrero de ese mismo año _____. Consecuentemente _____

2. <u>Una ambulancia atropelló a un turista</u>. Sus amigos dijeron que tenía prisa y que por eso decidió no usar el puente peatonal. <u>Los propios paramédicos de la ambulancia socorrieron a la víctima.</u>

   _____. Sus amigos dijeron que tenía prisa y que por eso decidió no usar el puente peatonal. _____

3. <u>Arqueólogos encontraron tres secciones de la Gran Muralla de China</u>. Los tramos eran desconocidos hasta el momento.

   _____. Los tramos eran desconocidos hasta el momento.

B. Ahora haz lo contrario, pasa a la voz activa los fragmentos que están en la voz pasiva.

1. Especialistas de distintas áreas fueron entrevistados por escolares en un proyecto de la Secretaría de Educación.
   _____ en un proyecto de la Secretaría de Educación.
2. Cazadores ilegales fueron atrapados por la policía forestal en Belém do Pará.
   _____ en Belém do Pará.
3. La banda sonora de la película fue grabada por una orquesta de músicos jóvenes.
   _____

4 COLOCACIÓN PRONOMINAL

Completa el texto siguiente con los pronombres del recuadro. Debes elegir la posición correcta respecto al verbo.

> se (x4) – les (x2) – la (x4)

Actores de *Escuela de Rock* ___ vuelven ___ a reunir 10 años después

A algunos ___ gustó ___ y otros directamente ___ odiaron ___. Sin embargo, la mayoría de las personas que vieron la película *Escuela de Rock* (*School of Rock*) ___ recuerdan ___, principalmente, por el carisma de los niños actores que terminan formando una banda de *rock* dirigida por Dewey Finn, interpretado por el comediante Jack Black. La cinta fue estrenada en 2003 en Estados Unidos y, en el 2013, 10 años después, el elenco original volvió a ___ juntar ___ para celebrar la fecha y, de paso, realizar un pequeño concierto para sus fans.

En la película, el personaje de Black es un rockero fanático que, ___ haciendo ___ pasar por su compañero de piso, empieza a dar clases en una prestigiosa escuela primaria. Aunque no tenga ni idea de cómo dar clases, ___ gana ___ la confianza de los estudiantes al empezar a ___ enseñar ___ *rock and roll* para concursar en la *Batalla de las Bandas*.

La banda sonora es un homenaje al viejo *rock and roll*, ___ recuérda ___ o ___ conóce ___ pulsando *aquí*.

Encuentra en el texto anterior cinco ejemplos de los tres únicos casos en que el pronombre va después del verbo en español, escríbelos y explícalos.

1.
2.
3.
4.
5.

5 LÉXICO

La directora de un colegio entra al aula para darles una información a los estudiantes. Marca las palabras que escuches.

Pista 21

> economista – darnos – documental – equipaje – activista – monumental – destino – rodaje
> ilusiones – rellenarlo – tensiones – pegarlo – estreno – derribar – prejuicios

Escribe en tu cuaderno una definición para los sustantivos que marcaste.

Tu biblioteca de español

Pablo Neruda

1 Lee el resumen de la biografía de Neruda y corrige los cinco errores que tiene.

Pablo Neruda fue un gran poeta argentino que nació en 1903. Su verdadero nombre era Ricardo Neftalí Reyes Basoalto. Como su padre era diplomático, vivió en muchos países y visitó diferentes lugares alrededor del mundo. *Confieso que he vivido* es la historia de su vida, contada por su última esposa, Matilde Urrutia. Neruda recibió importantes premios, entre ellos el Príncipe de Asturias en 1971, dos años antes de su muerte.

2 Vuelve a leer el texto *Mi mangosta* y haz las actividades propuestas.

Completa el diagrama con las características del texto.

- Personajes
- Tiempo (cuándo)
- Espacio (dónde)
- Narrador
  - ( ) 1.ª persona
  - ( ) 3.ª persona
  - ( ) protagonista
  - ( ) testigo
- Acciones

Mi mangosta

Ordena las sílabas para formar adjetivos. A continuación, marca con una x los que pueden caracterizar a la mangosta de Neruda.

- riasotali ( )
- gilá ( )
- ñeparacom ( )
- telienva ( )
- ratífemor ( )

- natier ( )
- bardeco ( )
- laducré ( )
- vajesal ( )
- siagreva ( )

¿Por qué Neruda dice al final del texto que había perdido el prestigio en el lugar en que vivía?

....
....

Unidad 1

Tu rincón hispano
Chile
¿Jugamos?

Formen dos equipos, A y B, y usen las preguntas a continuación. Cada respuesta correcta vale un punto. La secuencia la puede decidir cada grupo.

1. ¿Qué es la cueca? Un baile típico de Chile.

2. Violeta Parra recibió el Nobel de Literatura en 1945. ¿Verdadero o falso? Falso, Gabriela Mistral lo recibió.

3. ¿Cuál es el océano que baña la mayor parte de la costa chilena? El océano Pacífico.

4. Chile es un país muy ancho. ¿Verdadero o falso? Falso, es muy estrecho.

5. La economía chilena está basada en la minería. ¿Verdadero o falso? Verdadero.

6. ¿Qué etnia indígena precolombina todavía forma parte de la población chilena? Los mapuches.

7. ¿Qué pasó con la primera expedición española que llegó a Chile? Regresó de vuelta a Perú porque no encontró oro.

8. ¿Qué población de inmigrantes se estableció en Valparaíso al inicio del siglo XIX? Los inmigrantes ingleses.

9. Chile es el mayor consumidor de té de América Latina. ¿Verdadero o falso? Verdadero.

10. Si en Chile dicen que una chica salió con su pololo, ¿qué significa? Significa que salió con su novio.

1. La canción *Gracias a la vida* es de Gabriela Mistral. ¿Verdadero o falso? Falso, es de Violeta Parra.

2. ¿Cuál es el nombre de la sede de la presidencia en Chile? Palacio de la Moneda.

3. ¿Qué nombre tiene la cadena de montañas que pasa por el territorio chileno? Cordillera de los Andes.

4. ¿Con cuáles de los siguientes países no limita Chile: Perú, Bolivia, Brasil y Uruguay? Chile no limita con Bolivia y tampoco con Brasil.

5. Chile es mayor productor mundial de... cobre.

6. Chile es autosuficiente en petróleo. ¿Verdadero o falso? Falso.

7. Chile logró reducir tremendamente la desigualdad social en los últimos diez años. ¿Verdadero o falso? Falso.

8. ¿Quién fue Pedro de Valdivia? Fue el español que capitaneó la segunda expedición española y que fundó varias ciudades en Chile.

9. ¿Qué significa «tomar once» en Chile? Tomar té acompañado de pan y otras cosas.

10. Si un chileno dice que le duele la guata, ¿qué significa? Significa que le duele la barriga.

Puntos

Grupo A:	Grupo B:

Autoevaluación

Código 4

Portfolio: evalúa tus conocimientos de español.

Después de hacer la unidad 1
Fecha: ....

Nivel alcanzado: Insuficiente | Suficiente | Bueno | Muy bueno

Comunicación

- Puedo expresar sentimientos.
Escribe las expresiones:

☐ ☐ ☐ ☐

- Puedo formular preguntas.
Escribe algunos ejemplos:

☐ ☐ ☐ ☐

- Puedo usar adjetivos para calificar a personas.
Escribe ejemplos:

☐ ☐ ☐ ☐

Gramática

- Sé usar el pretérito imperfecto de subjuntivo.
Escribe algunos ejemplos:

☐ ☐ ☐ ☐

- Sé usar las oraciones de sentimiento pasadas.
Escribe algunos ejemplos:

☐ ☐ ☐ ☐

- Sé usar la voz pasiva.
Escribe algunos ejemplos:

☐ ☐ ☐ ☐

- Sé formar adjetivos con *-oso*.
Escribe algunos ejemplos:

☐ ☐ ☐ ☐

Vocabulario

- Conozco los adjetivos de carácter.
Escribe las palabras que recuerdas:

☐ ☐ ☐ ☐

- Conozco adjetivos para describir animales.
Escribe las palabras que recuerdas:

☐ ☐ ☐ ☐

- Conozco verbos de sentimiento.
Escribe las palabras que recuerdas:

☐ ☐ ☐ ☐

Mi diccionario

Traduce las principales palabras de la unidad 1 a tu idioma.

A
acoger (verbo irregular) ....
acompañante (el, la) ....
además ....
admitir (verbo regular) ....
afectar (verbo regular) ....
agilidad (la) ....
ambición (la) ....
amistoso, amistosa ....
arrabal (el) ....
asegurar (verbo regular) ....
asentarse (verbo reflexivo regular) ....
atroz ....
averiguar (verbo irregular) ....

B
baile (el) ....
barriga (la) ....
batalla (la) ....
beneficio (el) ....
bondadoso, bondadosa ....

C
caminata (la) ....
cariño (el) ....
cartel (el) ....
celos (los) ....
cercanía (la) ....
charlar (verbo regular) ....
cobrar (verbo regular) ....
compañía (la) ....
confesar (verbo irregular) ....
confirmar (verbo regular) ....
conquista (la) ....
conquistador, conquistadora ....
consejero (el) ....
cordillera (la) ....
corrupción (la) ....
criar (verbo regular) ....
crítico, crítica ....
cualidad (la) ....
cuidado (el) ....

D
dama (la) ....
daño (el) ....
decepcionar (verbo regular) ....
defecto (el) ....
demostrar (verbo irregular) ....
denunciar (verbo regular) ....
depende ....
desagradable ....
desaparecer (verbo irregular) ....

desconcertar (verbo irregular) ....
descubrimiento (el) ....
desfavorable ....
desgracia (la) ....
devolver (verbo irregular) ....
dictadura (la) ....
diplomático, diplomática ....
discriminar (verbo regular) ....
distancia (la) ....
distribuir (verbo irregular) ....

E
emoción (la) ....
emplear (verbo regular) ....
emprender (verbo regular) ....
enfrentamiento (el) ....
enterarse (verbo reflexivo regular) ....
entrevista (la) ....
escultura (la) ....
espectáculo (el) ....
espectador, espectadora ....
esquí (el) ....
estrenar (verbo regular) ....
etnia (la) ....
excepción (la) ....
exportación (la) ....
expulsar (verbo regular) ....

F
fallecer (verbo irregular) ....
fama (la) ....
fauces (las) ....
favorecer (verbo irregular) ....
fidelidad (la) ....
fragmento (el) ....
fuente (la) ....
fundación (la) ....

G
gas (el) ....
géiser (el) ....
gen (el) ....
generación (la) ....
gobernante (el, la) ....
gobernar (verbo regular) ....
gobierno (el) ....

H
habitar (verbo regular) ....
heredar (verbo regular) ....
hierba (la) ....
hombro (el) ....
honor (el) ....

I

ilegal ....
imaginario, imaginaria ....
imaginarse (verbo reflexivo regular) ....
imponente ....
incompleto, incompleta ....
indígena ....
indudable ....
influencia (la) ....
ingrediente (el) ....
iniciar (verbo regular) ....
inmigración (la) ....
inocencia (la) ....
inspirar (verbo regular) ....
interesar (verbo regular) ....
invisible ....
ira (la) ....
irresistible ....

L

largarse (verbo irregular) ....
lealtad (la) ....
lince (el) ....
línea (la) ....
listo, lista ....

M

mangosta (la) ....
mantequilla (la) ....
memoria (la) ....
merienda (la) ....
mermelada (la) ....
mientras ....
militar ....
minería (la) ....
mirada (la) ....
mitológico, mitológica ....
molestar (verbo regular) ....
monstruo (el) ....
mortífero, mortífera ....
muerte (la) ....
mundial ....
municipalidad (la) ....

N

negocio (el) ....
niñez (la) ....

O

opuesto, opuesta ....
orador, oradora (el, la) ....
origen (el) ....
originario, originaria ....

P

palacio (el) ....
par (el) ....
parar (verbo regular) ....
periodo (el) ....
perjudicar (verbo irregular) ....
perjuicio (el) ....
permanecer (verbo irregular) ....
petróleo (el) ....
pimienta (la) ....
por supuesto (expresión) ....
precio (el) ....
prejuicio (el) ....
premio (el) ....
prestigio (el) ....
previo, previa ....
propio, propia ....
propuesta (la) ....
proyección (la) ....

R

recién ....
recurso (el) ....
reemplazar (verbo irregular) ....
representación (la) ....
resultado (el) ....
reunirse (verbo reflexivo regular) ....
rogar (verbo irregular) ....

S

sacerdote (el) ....
secuestrador, secuestradora (el, la) ....
seguidor, seguidora (el, la) ....
seguro, segura ....
selva (la) ....
siglo (el) ....
silencioso, silenciosa ....
simple ....
solitario, solitaria ....
sorprender (verbo regular) ....
sorpresa (la) ....
suburbio (el) ....

T

tarifa (la) ....
temprano ....
ternura (la) ....
terrible ....
típico, típica ....
traducción (la) ....
traición (la) ....
triunfo (el) ....

U

único, única ....

V

valle (el) ....
veloz ....
víbora (la) ....

UNIDAD 2
Usos de las nuevas tecnologías

Contenido y actividades
1. Entender una conversación sobre ordenadores.
2. Repasar las oraciones condicionales.
3. Expresar hipótesis.
4. Comprender un texto sobre las redes sociales.
5. Fortalecer las cifras y cantidades para hablar de estadísticas.
6. Organizar las informaciones de un texto.
7. Utilizar los conectores de los textos.

Lección 3 — Yo en tu lugar

1. EL ORDENADOR DE LA ABUELA

A. Ordena las frases de los diálogos.

Cecilia habla con Susana en la escuela.
- [ ] Tal vez tengas razón. En cuanto terminen las clases, la llamo.
- [ ] Tranquila, a lo mejor se ha equivocado. Si fuera algo grave, llamaría a tu mamá y no a ti.
- [1] ¡Qué raro, una llamada de mi abuela! Nunca me llama a estas horas, sabe que estoy en clase. ¿Qué habrá pasado? ¡Ojalá no sea nada grave!

Cecilia llama a su abuela desde la escuela.
- [ ] Claro que sí, abuela, no hay problema. Paso más tarde por tu casa y te ayudo.
- [1] ¡Hola, abuela! ¿Me has llamado?
- [ ] Sí, perdón. Estaba tan ansiosa que se me olvidó que estabas en la escuela. Es que me compré un portátil y no nos estamos entendiendo.
- [ ] ¿Y no me podrías ayudar tú?
- [ ] Si yo estuviera en tu lugar, abuela, llamaría a un técnico para que me ayudara. No sé, a alguien que sepa de computadoras.

Cecilia habla con su abuela en la casa de esta última.
- [ ] Si se lo cuentas a todos, puedes tener problemas. Te enseño a tomar algunas precauciones, ¿vale?
- [ ] Bueno, quizás le cuesta porque no pudo estudiar o vivió toda su vida en el campo. No pienses que es fácil para los de mi generación usar todos esos aparatos. Yo es que creo que, si quieres envejecer bien, tienes que estar siempre aprendiendo algo. Y además la tecnología nos puede ayudar mucho: pagar cuentas sin ir al banco, estudiar, hablar con tu tía de los Estados Unidos o ver a mis nietos. Para eso me he comprado el portátil. ¿No querrás ser mi profesora?
- [ ] A ver, calma. ¿Para qué sirve eso?
- [ ] ¿No será peligroso? Yo que sé, todo el mundo se va a enterar de lo que hago.
- [ ] Bueno, ¿qué mal habrá por probarlo?
- [ ] Ven, te voy a mostrar qué hacer. Escribe aquí en la barra de dirección...
- [1] Ya está. Todo funciona. ¡Qué moderna, eres, abuela! Con un portátil y todo. Susana me dijo que su abuela no sabe siquiera usar el cajero automático.
- [ ] Ay, abuela, eres muy especial. Por supuesto que quiero. ¿Y si empezáramos abriendo una cuenta en una red social?
- [ ] Para mantener contacto con la gente, dar a conocer tus ideas, mostrar tus viajes, compartir lo que te gusta. Y para hablar con mi tía Zulma también.

B. No siempre quien hace una pregunta está solicitando una información. Observa las preguntas a continuación e identifica sus funciones en los diálogos anteriores.

- [ ] ¿No querrás ser mi profesora?
- [ ] ¿Qué mal habrá por probarlo?
- [ ] ¿Y no me podrías ayudar tú?
- [ ] ¿Qué habrá pasado?

(1) Hacer una invitación.
(2) Aceptar una sugerencia.
(3) Expresar sorpresa y desconocimiento.

Unidad 2 — diecinueve • 19

2. LA EXPRESIÓN DE CONDICIONES

A. Escribe frases según el ejemplo.

Ejemplo: Tratarse de información personal. No divulgarla en las redes sociales.
Si se trata de información personal, no la divulgues en las redes sociales.

Consejos de seguridad y privacidad en la red

1. Desconocer la procedencia de un archivo. No abrirlo.
2. Recibir un correo con una oferta de trabajo estupenda. Desconfiar y no contestarla.
3. Estar usando un ordenador en un local público. No acceder a servicios de banco.
4. No querer que todos sepan donde estás. Deshabilitar la geolocalización de tus aparatos.
5. No estar seguro de las reglas de privacidad de una aplicación. No usarla.
6. Recibir algún mensaje por equivocación. Enviarlo de vuelta al remitente y avisarlo de que se confundió.

B. Ordena las palabras y escribe las frases. Luego, identifica con una R las que se refieran a una oración condicional real.

1. que te ayude avísame necesitas si
2. más si haría ese viaje tuviera tiempo contigo
3. registrado pulse no se aún si aquí ha
4. supiera funciona ahora cómo programa si te la instalaría versión mismo del nueva

C. Completa el diálogo con los verbos del recuadro conjugados en el tiempo correcto. Luego, comprueba tu trabajo escuchando el diálogo.

Pista 22

haber – ser – terminar – mandar – llamar – llegar – dejar

● Te he esperado toda la tarde en la biblioteca y no has venido. Si no _____ por Lucas, no entendería la materia nueva.
○ Pero ayer te dije que, si _____ lo que tenía que hacer, te llamaría para encontrarnos. Si no te _____, es porque no he terminado.
● Bueno... Quería pedirte un favor: si te _____ mi informe sobre el experimento de Química, ¿me lo imprimes? Es que mi impresora se estropeó.
○ No _____ problema, mándamelo.
● Gracias, pero antes tengo que terminarlo.
○ Pero son las once de la noche, Ainoa. Mira, si tu informe no me _____ en media hora, lo siento, pero no lo imprimiré. Siempre lo _____ todo para el último momento.

Lección 3 | Código 4

3. LA EXPRESIÓN DE HIPÓTESIS

A. Completa los microdiálogos usando un elemento de cada columna sin repetir ninguno.

(futuro simple)	estar
(futuro compuesto)	estar usando
a lo mejor	ser
tal vez	olvidarse
quizás	infectarse

a. ● ¿Has visto el cargador de mi celular?
   ○ _____ en tu maletín.

b. ● ¡Qué raro! Mi portátil se enciende y se apaga solo.
   ○ _____ con un virus.

c. ● El papel se está atascando mucho en la impresora.
   ○ _____ papel húmedo.

d. ● Todavía no he recibido el mensaje del grupo de Artes.
   ○ _____ en el buzón de spam.

e. ● No sé qué pasa, aquí dice que estoy conectado, pero no puedo navegar.
   ○ _____ un problema de configuración.

B. Reacciona a lo que dicen estas personas usando los elementos dados y el futuro compuesto para expresar hipótesis.

1. No encuentro el trabajo de Historia que tengo que entregar en la próxima clase.
   (olvidarlo – biblioteca) _____
2. Le he mandado un SMS a mi madre hace un rato y todavía no me ha contestado.
   (no recibirlo) _____
3. No puedo llamar con mi celular.
   (pasarle algo – red) _____
4. Mi ordenador no reconoce la llave de memoria.
   (estropearse – puerto USB) _____
5. No logro usar el Skype porque el auricular no funciona.
   (desconfigurarse – entrada de audio) _____

4. LÉXICO DE LA TECNOLOGÍA

Clasifica las palabras.

- ~~el blog~~
- ~~la pantalla~~
- el buzón
- el troyano
- la llave USB
- el muro
- descargar
- el enlace
- el portátil
- colgar
- la aplicación
- el escáner
- el ratón
- el perfil
- la pestaña
- el salvapantallas

Mundo real	Mundo virtual
la pantalla,	el blog,

Unidad 2 — veintiuno • 21

Lección 4: Los peligros de las redes sociales

1. LOS ADOLESCENTES NO CONTROLAN SU PRIVACIDAD EN LAS REDES SOCIALES

A. Completa el texto con las palabras del recuadro.

> parte – red – cuentas – beneficiosas – usuarios – conseguir – cifras – intimidad – mantener – ajenos

Las redes sociales pueden ser muy _____: han revolucionado las formas diarias de contactar con nuestros amigos y con la familia, nos ofrecen una forma directa de vincularnos profesionalmente con otras personas e incluso _____ trabajo. Por otra _____, es ya sabido que revelar demasiada información de nuestra _____ puede causarnos daños irreparables. Sin embargo, un estudio realizado por el Centro de Investigaciones Pew que publica el portal *Diario ADN* revela que la mayoría de los adolescentes viven _____ a esta realidad y no controlan la información que suben a sus _____ en las redes sociales. Según el informe, el 33 % de los jóvenes que tiene una cuenta en Facebook tiene «amistad» con _____ que nunca han conocido cara a cara.

Para llegar a estas _____, los investigadores estudiaron a 802 adolescentes de diferentes regiones de Estados Unidos, con edades entre 12 y 17 años y a sus padres. De los jóvenes que tenían una cuenta en la _____ social de Mark Zuckerberg, el creador de Facebook, un 91 % aseguró _____ contacto con miembros de su familia, un 98 % con amigos del colegio y un 30 % con profesores y maestros.

B. Mientras escuchas el texto, complétalo con las cifras que faltan. (Pista 23)

Como conclusión, en cuanto a la privacidad de los datos compartidos, el estudio revela que desde el año _____, año que se realizó el último estudio de estas características, los usuarios prestan menos atención a la información personal que publican en las redes. Haciendo un promedio de las respuestas de chicos y chicas, un _____ % de los adolescentes incluye una foto suya en su perfil y un _____ % revela su número de teléfono celular. Asimismo, el _____ % expone su ciudad de residencia, el _____ % su fecha de cumpleaños, el _____ % su nombre real, el _____ % la dirección de su cuenta de correo electrónico, el _____ % su situación sentimental, y el _____ % aseguró haber subido un vídeo de sí mismo en esta red.

No obstante, el estudio también observó que un _____ % de estos adolescentes incluye información falsa en su perfil para «desorientar» a los curiosos y proteger así su identidad. En este sentido, muchos de ellos han optado por migrar a la red social de *microblogging* Twitter para salvaguardar su privacidad con el uso de un seudónimo.

C. Escribe tres informaciones del texto que te han sorprendido.

_____
_____
_____

Lección 4 | Código 4

2. HABLAR DE CIFRAS Y CANTIDADES

Sustituye las cifras entre paréntesis por expresiones que signifiquen lo mismo.

Según un estudio hecho en veinticuatro países, (a) _____ (el 40 %) de los usuarios no se preocupan por complicar sus identificaciones secretas. De hecho, la clave más frecuente entre los usuarios, hartos de introducirla constantemente, es 123456. Además, la compañía McAffee estima que (b) _____ (el 60 %) de los internautas visita regularmente entre cinco y veinte páginas que requieren *password*, y que _____ (el 90 %) simplifica el trámite.

De acuerdo con un reciente estudio realizado por la empresa Tendencias Digitales, (c) _____ (33 %) de los usuarios de Twitter pertenecen a la categoría de seguidores y se dedican solamente a seguir los perfiles de otros usuarios. El análisis establece otros cuatro tipos de usuarios de la red social de *microblogging*, entre los que también destacan quienes generan información y opinión, que suman (d) _____ (un 20 %) de tuiteros.

Adaptado de www.muyinteresante.es

3. ORGANIZAR LAS INFORMACIONES EN UN TEXTO

A. Identifica en el texto del ejercicio anterior los conectores que sirven para:

Agregar información o idea del mismo tipo	Explicar o comprobar una información	Citar la fuente de la información o idea

B. Relaciona las columnas.

1. Agregar información
2. Contraponer información o idea
3. Introducir un tema
4. Indicar finalidad

a. por el contrario
b. respecto a
c. en cambio
d. en cuanto
e. hasta
f. también
g. con el objetivo de
h. sin embargo

Unidad 2

4 CONECTORES

A. Completa el texto siguiente con conectores que expresen las ideas entre paréntesis.

Desarrollan un robot para asistir a personas mayores

GiraffPlus se llama el nuevo robot diseñado para ayudar a los ancianos en sus casas y mantenerlos conectados con sus familiares, amigos y médicos. _____ (agregar información), mediante sensores y dispositivos que pueden llevarse puestos o colocarse por toda la casa, los ciberasistentes tienen permanentemente controlada la salud de su paciente. Esto permite que personas con dificultades para desenvolverse por sí mismas, que _____ (contraponer una información) no quieren abandonar su domicilio, puedan seguir viviendo en sus casas.

El sistema ha sido desarrollado por un consorcio europeo, liderado por una universidad de Suecia, en el que participan la Universidad de Málaga y el Servicio Andaluz de Salud. _____ (comprobar la información), ya está siendo probado con tres personas en Andalucía y próximamente se incorporarán otros dos prototipos mejorados. _____ (introducir información) a las nuevas versiones del robot, pretenden que tengan más autonomía. Se calcula que en la Unión Europea, el mercado de los robots y dispositivos de asistencia a las personas mayores alcanzará los 13 000 millones de euros hacia 2016.

Adaptado de www.muyinteresante.es

B. Un colegio efectuó una encuesta entre los padres de los alumnos sobre su página web. A continuación tienes los gráficos de las respuestas a tres preguntas. Obsérvalos y escribe un pequeño informe con las conclusiones. No olvides organizar tu texto usando los conectores.

(1) ¿Sabe usted que el colegio donde estudia su hijo tiene una página web?

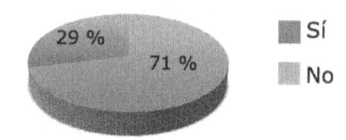

- Sí: 71 %
- No: 29 %

(2) ¿Ya ha navegado usted en ella?

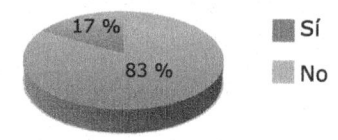

- Sí: 17 %
- No: 83 %

(3) Si necesita buscar una información en la página del colegio, ¿la encuentra fácil?

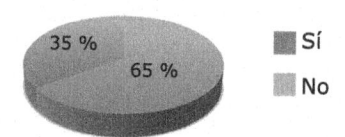

- Sí: 35 %
- No: 65 %

Tu biblioteca de español

Ángeles Mastretta

1 Relaciona las siguientes palabras del texto con sus sinónimos.

A	B
a. bullicioso	1. camarero
b. recoveco	2. vuelta, curva
c. turbio	3. ruidoso
d. tibio	4. oscuro, opaco
e. mesero	5. templado, ni frío ni caliente

2 Ahora completa las frases con las palabras de la columna A.

a. Después de las lluvias, las aguas del río se pusieron _____.
b. Los vecinos del _____ bar Mercurio duermen tranquilos después de su cierre.
c. Para pagar sus estudios, mi tío trabajaba como _____ en aquel restaurante.
d. El barrio antiguo está lleno de _____.
e. A mí no me gusta la leche _____, la prefiero caliente o fría.

3 Busca en el texto de Ángeles Mastretta los nombres de ciudades y países que se describen a continuación:

– Ciudades europeas en las que había estado Diego Sauri antes de volver a su país natal:
– País al cual regresa Diego Sauri:
– Ciudad en la que se casaron Diego Sauri y Josefa Veytia:
– País desde donde regresaba el tío de Josefa Veytia:
– Ciudad portuaria en la que ocurre la acción:
– Ciudad desde la cual habían salido Josefa, su madre y su hermana:

4 Ordena la secuencia de los hechos que se cuentan en el fragmento.

1. Diego Sauri se sienta en la mesa con las Veytia. ☐
2. Diego y Josefa se casan. ☐
3. Diego Sauri entra en el hostal y ve a Josefa. ☐
4. Diego Sauri llega al puerto. ☐
5. Diego Sauri trabaja como asistente de médico en Venecia. ☐

Tu rincón hispano

México — ¿Jugamos?

En parejas y por turnos. Tira el dado y ve a la casilla correspondiente. Para llegar a la meta, tienes que contestar correctamente a la pregunta que te toque.

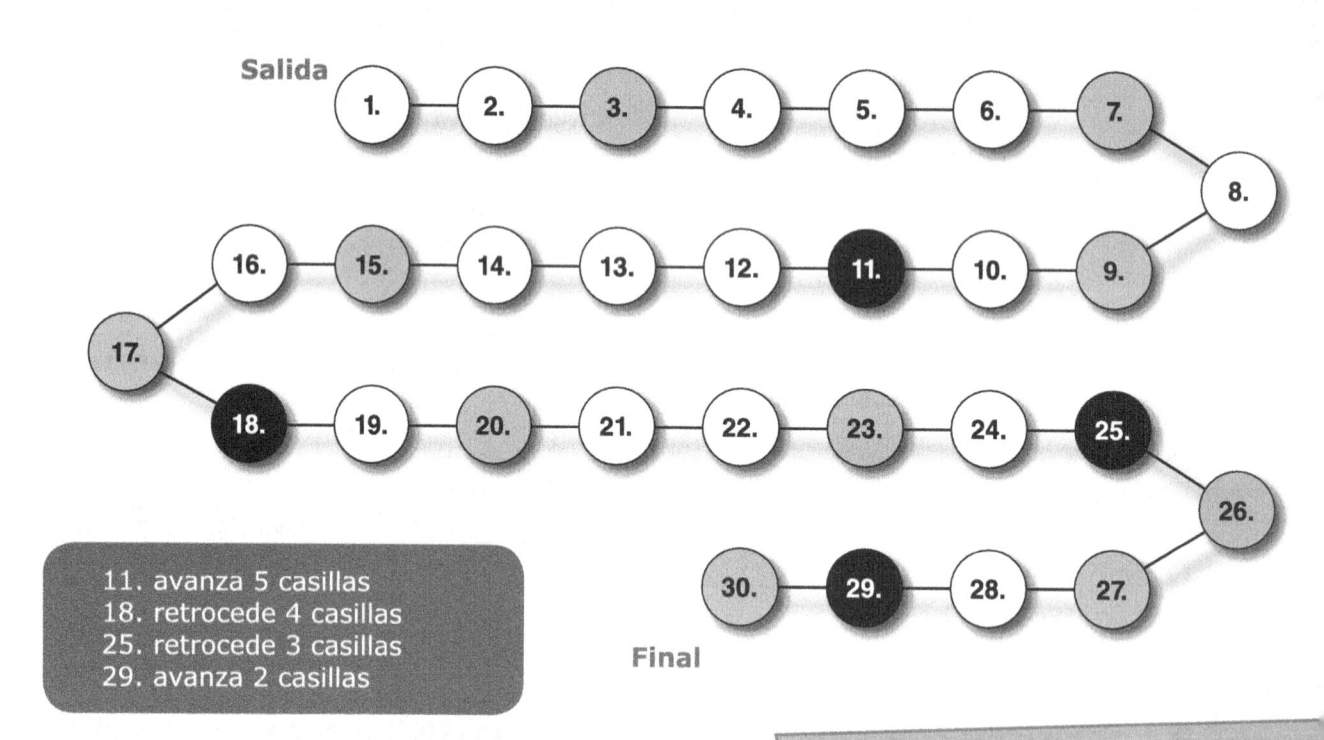

Salida: 1. — 2. — 3. — 4. — 5. — 6. — 7. — 8. — 9. — 10. — 11. — 12. — 13. — 14. — 15. — 16. — 17. — 18. — 19. — 20. — 21. — 22. — 23. — 24. — 25. — 26. — 27. — 28. — 29. — 30. **Final**

- 11. avanza 5 casillas
- 18. retrocede 4 casillas
- 25. retrocede 3 casillas
- 29. avanza 2 casillas

Preguntas:

3. Escritor mexicano que recibió el Nobel de Literatura en 1990.

7. ¿Qué le pasó a Frida Kahlo cuando tenía 18 años? ¿Cómo influye eso en su pintura?

9. ¿Por qué muchos españoles republicanos se fueron a vivir a México después del fin de la Guerra Civil?

15. Cita dos instituciones que se beneficiaron de la presencia de los españoles exiliados en México.

17. Cantautora mexicana, ganadora de dos Grammy Latino.

20. Director mexicano que dirigió un episodio de la saga *Harry Potter*.

23. Cita tres características del español de México.

26. ¿Con quién se casó Frida Kahlo?

27. ¿Qué es la Casa Azul?

30. Actriz que interpretó a Frida Kahlo en el cine.

Autoevaluación

Código 4

Portfolio: evalúa tus conocimientos de español.

Después de hacer la unidad 2
Fecha: ....

Nivel alcanzado

| | Insuficiente | Suficiente | Bueno | Muy bueno |

Comunicación

- Puedo expresar mis hábitos y costumbres.
Escribe las expresiones:

☐ ☐ ☐ ☐

- Puedo dar datos sobre una estadística.
Escribe las expresiones:

☐ ☐ ☐ ☐

- Puedo organizar las informaciones de un texto.
Escribe las expresiones:

☐ ☐ ☐ ☐

Gramática

- Sé usar el futuro compuesto.
Escribe algunos ejemplos:

☐ ☐ ☐ ☐

- Sé usar las diferentes oraciones condicionales.
Escribe algunos ejemplos:

☐ ☐ ☐ ☐

- Sé usar el imperfecto de subjuntivo en oraciones condicionales.
Escribe algunos ejemplos:

☐ ☐ ☐ ☐

- Sé hacer hipótesis.
Escribe algunos ejemplos:

☐ ☐ ☐ ☐

Vocabulario

- Conozco las palabras para hablar de la tecnología.
Escribe las palabras que recuerdas:

☐ ☐ ☐ ☐

- Conozco las palabras relacionadas con Internet.
Escribe las palabras que recuerdas:

☐ ☐ ☐ ☐

- Conozco las cifras y cantidades.
Escribe las palabras que recuerdas:

☐ ☐ ☐ ☐

Unidad 2

Mi diccionario

Traduce las principales palabras de la unidad 2 a tu idioma.

A
a continuación (expresión) ....
a propósito (expresión) ....
acceder (verbo regular) ....
accidente (el) ....
acerca de (expresión) ....
al cabo de (expresión) ....
medio ambiente (el) ....
antivirus (el) ....
archivo (el) ....
arroba (la) ....
asimismo (expresión) ....
asunto (el) ....
aventurero, aventurera (el, la) ....

B
batería (la) ....
beneficioso, beneficiosa ....
buscador (el) ....
búsqueda (la) ....
buzón (el) ....

C
cajero automático (el) ....
casarse (verbo reflexivo regular) ....
celular (el) ....
computadora (la) ....
con el objetivo de (expresión) ....
con la finalidad de (expresión) ....
conectar (verbo regular) ....
configuración (la) ....
contactar (verbo regular) ....
contraseña (la) ....
controlar (verbo regular) ....
convencer (verbo irregular) ....
convivir (verbo regular) ....
copia (la) ....
coyote (el) ....
cualificación (la) ....
cursor (el) ....
curva (la) ....

D
dañino, dañina ....
debido a (expresión) ....
desembarcar (verbo irregular) ....
desordenar (verbo regular) ....
desorientar (verbo regular) ....
diario, diaria ....
diáspora (la) ....
dictatorial ....
diseño (el) ....
disfrazar (verbo irregular) ....
documento (el) ....
duda (la) ....
dudar (verbo regular) ....

E
emigración (la) ....
en cambio (expresión) ....
en cuanto (expresión) ....
en este sentido (expresión) ....
encender (verbo irregular) ....
encuestado, encuestada ....
enfrentar (verbo regular) ....
entrevistado, entrevistada ....
envejecer (verbo irregular) ....
episodio (el) ....
equivalente ....
escenario (el) ....
espléndido, espléndida ....
estético, estética ....
exilio (el) ....
exponer (verbo irregular) ....
extraer (verbo irregular) ....

F
facilidad (la) ....
frecuentar (verbo regular) ....
frustración (la) ....
fugarse (verbo reflexivo regular) ....
fundar (verbo regular) ....

G
gráfico (el) ....

H
hipótesis (la) ....
hipotético, hipotética ....
hostal (el) ....
huérfano, huérfana ....
húmedo, húmeda ....

I
identidad (la) ....
identificación (la) ....
importancia (la) ....
imposible ....
impresora (la) ....
improbable ....
incluso (expresión) ....
indiferente ....
inestimable ....
infectarse (verbo reflexivo regular) ....
infidelidad (la) ....
influenciar (verbo regular) ....
influir (verbo irregular) ....
instante (el) ....
intelectual ....
interés (el) ....
interpretación (la) ....
intervalo (el) ....

intimidad (la) ....
íntimo, íntima ....
intranquilo, intranquila ....
introducir (verbo irregular) ....
investigación (la) ....
investigador, investigadora (el, la) ....
investigar (verbo irregular) ....
isla (la) ....

L
la inmensa mayoría (expresión) ....
la mayoría de (expresión) ....
licenciar (verbo regular) ....
limitación (la) ....
logro (el) ....

M
magnífico, magnífica ....
manifestar (verbo regular) ....
mantener (verbo regular) ....
manual (el) ....
más de la mitad (expresión) ....
menos de la mitad (expresión) ....
micrófono (el) ....
muro (el) ....
museo (el) ....

N
navegador (el) ....
ni siquiera (expresión) ....
no obstante (expresión) ....
novela (la) ....

O
oler (verbo irregular) ....
olfato (el) ....

P
peligroso, peligrosa ....
perfil (el) ....
perfume (el) ....
perseguir (verbo irregular) ....
pintura (la) ....
por el contrario (expresión) ....
por otra parte (expresión) ....
portal (el) ....
portátil (el) ....
precaución (la) ....
prisa (la) ....
prisionero, prisionera (el, la) ....
privacidad (la) ....
privilegio (el) ....
probabilidad (la) ....
probar (verbo irregular) ....
profundizar (verbo irregular) ....

promedio (el) ....
proporcionar (verbo regular) ....
puerto USB (el) ....

R
red (la) ....
refugiarse (verbo reflexivo regular) ....
régimen (el) ....
registrarse (verbo reflexivo regular) ....
religión (la) ....
renunciar (verbo regular) ....
reorganizar (verbo irregular) ....
república (la) ....
republicano, republicana ....
residencia (la) ....
resistir (verbo regular) ....
respecto a (expresión) ....
retrato (el) ....
revelar (verbo regular) ....
revolucionar (verbo regular) ....
revolucionario, revolucionaria ....
rey, reina (el, la) ....
ruidoso, ruidosa ....

S
secuencia (la) ....
seguridad (la) ....
sensibilidad (la) ....
sentidos (los) ....
sentimental ....
ser adicto/a a (expresión) ....
solicitud (la) ....
sospechoso, sospechosa ....
sustituir (verbo irregular) ....

T
tacto (el) ....
temática (la) ....
templado, templada ....
tranquilizar (verbo irregular) ....
trasladarse (verbo reflexivo regular) ....

U
un cuarto (expresión) ....
un décimo (expresión) ....
un quinto (expresión) ....
un tercio (expresión) ....
universo (el) ....
usuario, usuaria (el, la) ....

V
victoria (la) ....
viento (el) ....
virus (el) ....

UNIDAD 3

En cuerpo y alma

Contenido y actividades

1. Entender un diálogo sobre una tarea.
2. Repasar los pronombres de complemento.
3. Escribir una receta.
4. Recordar el léxico de los alimentos.
5. Comprender consejos para tu espalda.
6. Identificar el voseo.
7. Dar instrucciones y orientaciones.
8. Memorizar el léxico de las partes del cuerpo.

Lección 5 — Una dieta equilibrada para ti

1 INCENTIVAR LOS BUENOS HÁBITOS ALIMENTARIOS
Escribe las frases siguientes en el lugar correcto para completar el diálogo.

- Se las di a Bárbara para no perderlas.
- Mirá, aquí hay una entrevista con un médico.
- Y para desayunar tendría que levantarme más temprano.
- Vení, vos me las explicás y yo escribo el texto.
- Le pedí que te avisara que llegaría tarde.
- ¿Y a vos te gustan las verduras?

Patricia: ¡Hola, mamá! En lo de Bárbara, todavía no terminamos el trabajo. ¿Cómo que no? Se lo dije a la abuela, mami. _____. Es el proyecto de una campaña para incentivar a los chicos a tener buenos hábitos de alimentación. No sé, como dos horas más. Vuelvo en metro, con Pedro. Dormí tranquila, tengo mis llaves. Bueno, un beso. Chau, mamá.

Pedro: Seguimos. Estábamos en que Bárbara y Marcelo escribirán recetas. Vos y yo vamos a escribir el texto sobre los beneficios de una alimentación sana.

Patricia: ¿Ya lo empezaste? ¿Dónde están las hojas con el material que habíamos separado?

Pedro: _____

Bárbara: Tomá, te las devuelvo.

Marcelo: _____. Dice que no debemos saltar ninguna de las comidas, que el desayuno es fundamental y que la cena debe ser la más liviana. Y además, que tenemos que armar el plato con alimentos de colores variados, con frutas y verduras en cada comida porque aportan vitaminas esenciales a la salud.

Bárbara: ¿Comer verduras yo en todas las comidas? Ni muerta. Hasta las hojitas de lechuga que vienen en la hamburguesa las saco. _____. Prefiero quedarme quince minutos más en la cama.

Pedro: Qué buen ejemplo...

Bárbara: _____

Pedro: Más que a vos, sí. Y siempre como manzana, banana y jugo de pomelo.

Marcelo: Con las recetas que voy a enseñar, hasta vos vas a comer verduras, Barbarita.

Bárbara: Lo dudo. _____

2. LOS PRONOMBRES COMPLEMENTO

A. Relaciona cada frase con un elemento del recuadro.

> las frutas – el pan – el agua – la comida basura –
> las bebidas gaseosas – la leche

1. Mejor si lo consumes de harina integral.
2. Es importante para los huesos, pero no la consumas entera, opta por la desnatada.
3. Simplemente no las consumas porque son calorías vacías.
4. Si te es imposible no consumirla, hazlo una vez al mes como mucho.
5. Hay que consumirla diariamente en grandes cantidades.
6. Su consumo es importantísimo, pero no te olvides de lavarlas antes de comerlas.

B. Contesta a las preguntas usando pronombres de complemento directo e indirecto.

Ejemplo: ¿Quieres ver el vídeo que hicimos para la clase de Artes?
A ver, enséña<u>melo</u>.

1. ● ¿Te acordaste de los libros de Mari?
   ○ Ya _____ _____ entregué.
2. ● ¿Cómo te enteraste de que tenían problemas?
   ○ _____ _____ dijo Antonio.
3. ● Ya he terminado el texto de nuestra presentación.
   ○ Pása _____ entonces.
4. ● Tu hermana me dijo que todavía no le devolviste sus pendientes nuevos.
   ○ _____ _____ estoy devolviendo ahora mismo.
5. ● ¿Sabes si Rosa viene con nosotros al cine?
   ○ Ni idea. ¿Por qué no _____ _____ preguntas?
6. ● ¡Qué bonitas gafas de sol!
   ○ _____ _____ regalaron mis abuelos por mi cumpleaños.
7. ● ¿El profesor ya sabe la verdad?
   ○ No, y no _____ _____ digas tú, no es problema nuestro.
8. ● ¿Tienes la dirección?
   ○ Sí, _____ _____ acaban de pasar en un mensaje.

C. Raúl está enseñando a sus amigos cómo hacer el guacamole, un plato mexicano. Completa el texto con los pronombres que faltan.

● Muy bien, ya tenemos todos los ingredientes. Vamos a dejar el aguacate por último. Yo _____ ocupo de la cebolla y tú, Marco, de los tomates y del perejil. Esta es la receta de mi mamá y a ella no _____ gusta el cilantro, así que usa perejil.
○ ¿Qué hago con los tomates?
● Quíta_____ la piel y las semillas y después píca_____ pequeñito. Y las hojitas de perejil hay que picar_____ también. Cuidado para no cortar_____.
○ Después _____ quitamos el hueso al aguacate, y _____ sacamos la pulpa, _____ aplastamos un poco y _____ juntamos a los otros ingredientes. Ah, sí, hay que poner_____ chile, sal y zumo de limón para que no _____ ponga oscuro. Y está listo nuestro guacamole. Ven, Marco, prueba_____. ¿Qué _____ parece?
● Como diría un mexicano: ¡padrísimo!

Lección 5 | Código 4

3. ESCRIBIR UNA RECETA

A. Escucha a estos chicos charlando sobre recetas. Toma nota del título, de los ingredientes y escribe cómo hacerlas.

Pista 24

Título: Ingredientes: Modo de hacer:	Título: Ingredientes: Modo de hacer:

B. Tu colegio ha lanzado un concurso muy divertido. Lee las reglas y participa escribiendo una receta.

Adaptado de *http://tallerdesaludega.blogspot.com.br/*

CONCURSO DE PIZZA SALUDABLE

SI GANAS, INVITARÁS A TU CLASE A ELABORAR Y COMER LA PIZZA UNA MAÑANA EN LA SALA BLANCA DEL EDIFICIO II.

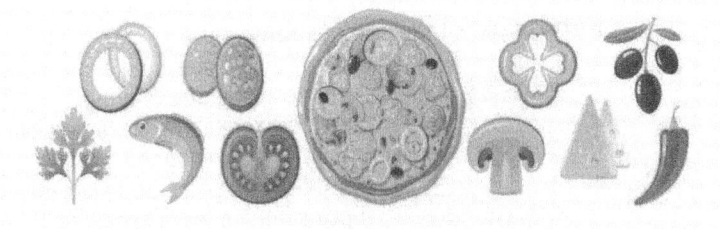

▶ Presenta una receta de una pizza con ingredientes saludables para 4 personas.
▶ Consigue ayuda en casa, amigos, libros, televisión, Internet...
▶ Entrégala en la conserjería del Edificio I, dentro de un sobre.
▶ Tienes de límite hasta la ÚLTIMA SEMANA DE FEBRERO.

SE VALORARÁ	NORMAS DEL CONCURSO
Título Ingredientes saludables Elaboración sencilla Presentación original	Participación individual o en grupo. Nombre y apellidos de cada uno y grupo al que pertenece. Se publicará la receta ganadora en la página web del Instituto.

4. EL LÉXICO DE LOS ALIMENTOS

Busca en la sopa de letras doce nombres de frutas o verduras.

```
Z E Y E E E O N G M O X N G C V
P E P I N O W O K Y F L K G S F
Y P T F R U T I L L A Q L N W T
M E L O N G M C Z N P U E L Y V
E J P S B B O A X S Y V S X L U
D U B A E M R L C I L N X J E E
L R Z N M Q A A E R W D A E U M
B Y U D H E T B A E A J O L P H
Y F B I O N L A J M S E N F O N
D I I A U F E Z Z O N C Z D M Q
C E R E Z A X A C L K N L A E E
E S P A R R A G O A O U O I L B
O E M O X E E O G C A Y N Y O K
C O L I F L O R U H K Z E Y E W
F A V V U V A S O A N U U F C Z
F E E Y U I M I J X O E P I N D
```

Unidad 3 — treinta y tres • 33

Lección 6: Cuidados para un cuerpo sano

1. TU ESPALDA Y VOS

A. Escribe los verbos del recuadro en su lugar correcto en el texto.

> tenés – cambiá – mantenete – competís – hacé – utilizá – intentá – calentá – decíselo – poné

El Web de la Espalda
Portada | Acerca del Web de la Espalda | Zona Infantil | Red Investigadores

La espalda es una parte importante del cuerpo. Antiguamente se creía que las dolencias de espalda eran muy raras entre los jóvenes. Hoy se sabe que no es así y que son frecuentes, especialmente a partir de los 12 años. Si a vos te duele la espalda, _____ a tus padres y consulten a un traumatólogo. Es muy probable que no sea nada grave y solo se deba a que tus músculos no están trabajando bien. Con la ayuda de un fisioterapeuta, te pondrás mejor en poco tiempo.

Normas para tener una espalda sana

1. _____ activo y evitá estar todo el día sentado. De lo contrario, perdés fuerza en la musculatura de la espalda y aumentará el riesgo de que te duela.
2. _____ ejercicio habitualmente: la natación, correr o ir en bicicleta te pondrán en buena forma física. Cualquier ejercicio es mejor que ninguno.
3. _____ tus músculos antes de hacer ejercicio y estiralos al terminar. Si _____ en algún deporte, seguí escrupulosamente los consejos de tu entrenador.
4. Si _____ que estar sentado:
   a) hacelo lo más atrás posible en la silla y mantené el respaldo recto.
   b) mantené la espalda relativamente recta y los brazos o codos apoyados.
   c) _____ de postura frecuentemente e intentá levantarte cada 45-60 minutos.
   d) si el mobiliario escolar te impide sentarte correctamente, decíselo a tu profesor.
5. Cuando uses el ordenador, el borde superior del monitor debe estar al nivel de los ojos o algo por debajo.
6. Para transportar el material escolar:
   a) _____ la cabeza y no la espalda; _____ transportar el menor peso posible y dejá en casa todo lo que no necesites.
   b) usá un transporte con ruedas y de altura regulable.
   c) si no, llevá una mochila de tirantes anchos y pasalos por ambos hombros. _____ la mochila tan pegada al cuerpo como puedas y relativamente baja (en la zona lumbar o entre las caderas).
   d) evitá llevar más del 10 % de tu propio peso.

B. Se pueden resumir las recomendaciones anteriores en tres puntos principales. ¿Cuáles son?

_____
_____
_____

C. ¿Qué haces tú para prevenir problemas en la espalda?

_____
_____
_____
_____

Lección 6

2 EL VOSEO

A. Marca V o F respecto a las informaciones sobre el voseo y corrige las incorrectas.

	V	F
a. El voseo está presente en España y en la América hispanohablante.	☐	☐
b. El *vos* se usa en situaciones de proximidad con el interlocutor.	☐	☐
c. El *vos* es un pronombre de segunda persona plural.	☐	☐

B. Pasa las formas de voseo de las frases siguientes a la forma de *tú*.

a. Cada día más cerca de donde querés llegar.

b. Si vos sos feliz, yo soy feliz.

c. Jugá limpio con tu ciudad.

d. No te lo podés perder.

e. Vení a celebrar tu cumpleaños con nosotros.

f. Descubrí otra forma de administrar tu tiempo.

g. Pedí lo imposible.

3 DAR INSTRUCCIONES Y ORIENTACIONES

Conjuga los verbos entre paréntesis en el imperativo para *tú*.

Instrucciones para tirar un penalti

1. (Tomar) _____ el balón con tus manos y (colocarlo) _____ en el lugar establecido en las reglas.
2. (Dar) _____ un par de pasos hacia atrás. Al hacerlo, (observar) _____ dónde está posicionado el portero.
3. Una vez que des los pasos hacia atrás, (no mirar) _____ al portero y trata de no mirar hacia donde vas a tirar la pelota.
4. (Correr) _____ hacia el balón. Lo puedes hacer rápida o lentamente.
5. Si vas a patear con el pie derecho, (poner) _____ el pie izquierdo a un lado del balón; si vas a patear con el pie izquierdo, (hacer) _____ lo contrario.
6. (Dar) _____ un último vistazo rápido hacia donde vas a tirar el balón.
7. (Procurar) _____ que el portero no sepa con tu mirada hacia dónde vas a dispararlo.
8. (Concentrarse) _____ más en el lugar donde quieres colocarlo al patearlo que en la fuerza que vas a usar.
9. (Patearlo) _____.
10. Si el portero lo atrapa o el balón pasa por afuera de la portería, simplemente (regresar) _____ a tu posición trotando lentamente.

4 EL LÉXICO DE LAS PARTES DEL CUERPO

A. Identifica el intruso en las secuencias y explica por qué lo es.

a) la nariz, la oreja, los ojos, la frente, el talón
b) el estómago, los riñones, el pie, los pulmones, el corazón
c) la espalda, la rodilla, el tobillo, el muslo, el talón
d) la muñeca, el pulgar, la pantorrilla, el codo, el hombro

B. Completa las frases.

1. Antes de hacer cualquier deporte hay que calentar _____.
2. Controlar la respiración puede ayudarnos ante una situación de estrés: basta llenar _____ de aire y espirarlo lentamente unas cuantas veces.
3. Normalmente nos tocan _____ cuando quieren saber si tenemos fiebre.
4. Tengo tortícolis, no puedo mover _____.
5. Comió tantas chucherías que ahora le duele _____.

C. Escribe la parte del cuerpo en que llevamos o usamos los siguientes objetos:

reloj:	calcetines:	peine:
cinturón:	anillo:	bufanda:
pendientes:	gorra:	zapatillas:
guantes:	lentes de contacto:	pulsera:

Unidad 3

Tu biblioteca de español

Mario Benedetti

1 Marca V o F en las afirmaciones respecto a la biografía de Mario Benedetti.

	V	F
a. Es un autor paraguayo.	☐	☐
b. Concilió la carrera de escritor con la de artista plástico.	☐	☐
c. El golpe militar que ocurrió en su país lo obligó a exiliarse.	☐	☐
d. Jamás volvió a vivir en su país natal.	☐	☐
e. Escribía nada más que novelas.	☐	☐

2 En el texto *Beatriz (Los aeropuertos)*, el narrador, la niña Beatriz, describe a su manera un aeropuerto. Escribe en el diagrama cuatro características de ese local según Beatriz.

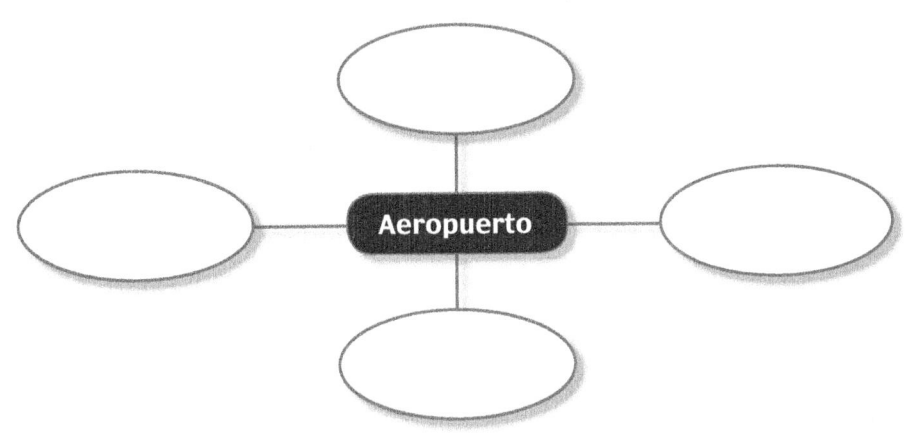

[Diagrama con "Aeropuerto" al centro y cuatro óvalos vacíos alrededor]

3 Observa la foto y sigue describiendo la escena. Usa las siguientes palabras.

huelga – equipaje – bostezar – peinado – pasajeros – frío – fotografiar

Son las 11 de la noche y hace tres horas que estoy en el aeropuerto. En la misma situación que yo se encuentran...

Unidad 3

Tu rincón hispano

Uruguay ¿Jugamos?

Las tres en raya. Con un compañero y por turnos, cada uno elige su símbolo (X o O) y el número de la casilla donde quiere ponerlo. Si responde correctamente la pregunta que le toca, lo hace, si no, lo hace el compañero. El objetivo es poner tu símbolo en tres casillas completando una línea recta o en diagonal.

1	2	3
4	5	6
7	8	9

Preguntas:

1. ¿Quién fue Carlos Páez Vilaró?
2. ¿Por qué Drexler cantó una parte de su canción al recibir el Óscar en 2005?
3. ¿Qué países quedaron en primero y segundo lugar en los primeros mundiales de fútbol?
4. ¿Qué pasa los domingos en el Barrio Sur de Montevideo?
5. ¿Qué es el candombe?
6. ¿Por qué solo participaron cuatro naciones europeas en el Mundial de 1930?
7. ¿Qué profesión tenía Jorge Drexler antes de dedicarse a la música?
8. ¿Cómo se llama el pintor uruguayo de mayor importancia hasta el momento?
9. ¿Por qué el estadio construido en Uruguay por ocasión de los primeros mundiales se llama Centenario?

Autoevaluación

Portfolio: evalúa tus conocimientos de español.

Después de hacer la unidad 3
Fecha: ....

Nivel alcanzado

| Insuficiente | Suficiente | Bueno | Muy bueno |

Comunicación

Puedo expresar mi opinión.
Escribe las expresiones:

☐ ☐ ☐ ☐

Puedo hacer recomendaciones sobre problemas de salud.
Escribe las expresiones:

☐ ☐ ☐ ☐

Puedo dar una receta.
Escribe las expresiones:

☐ ☐ ☐ ☐

Gramática

Sé usar los pronombres de complemento.
Escribe algunos ejemplos:

☐ ☐ ☐ ☐

Sé usar el imperativo.
Escribe algunos ejemplos:

☐ ☐ ☐ ☐

Sé distinguir el voseo.
Escribe algunos ejemplos:

☐ ☐ ☐ ☐

Sé distinguir las formas en *tú* y en *vos*.
Escribe algunos ejemplos:

☐ ☐ ☐ ☐

Vocabulario

Conozco las palabras para hablar de alimentos.
Escribe las palabras que recuerdas:

☐ ☐ ☐ ☐

Conozco las palabras relacionadas con la alimentación.
Escribe las palabras que recuerdas:

☐ ☐ ☐ ☐

Conozco los nombres de las partes del cuerpo.
Escribe las palabras que recuerdas:

☐ ☐ ☐ ☐

Mi diccionario

Traduce las principales palabras de la unidad 3 a tu idioma.

A
abdomen (el) ....
ácido (el) ....
actualizar (verbo irregular) ....
además ....
aduana (la) ....
adulto, adulta ....
aeropuerto (el) ....
afectar (verbo regular) ....
afirmar (verbo regular) ....
aguacate (el) ....
ajo (el) ....
albahaca (la) ....
albergar (verbo irregular) ....
alimentación (la) ....
analfabeto, analfabeta ....
antioxidante ....
anuncio (el) ....
aportar (verbo regular) ....
apoyar (verbo regular) ....
arteria (la) ....
articulación (la) ....
asegurar (verbo regular) ....
asiento (el) ....
aterrizar (verbo irregular) ....
azafata (la) ....

B
ballena (la) ....
banana (la) ....
banco (el) ....
barbilla (la) ....
berenjena (la) ....
brócoli (el) ....

C
cadera (la) ....
calabacín (el) ....
calabaza (la) ....
campeón, campeona (el, la) ....
campeonato (el) ....
cáncer (el) ....
carrito (el) ....
cartel (el) ....
categoría (la) ....
centenario, centenaria ....
ceremonia (la) ....
cereza (la) ....
cintura (la) ....
ciruela (la) ....
claridad (la) ....
cocer (verbo irregular) ....
codo (el) ....
col (la) ....
colesterol (el) ....
coliflor (la) ....
competir (verbo irregular) ....
conclusión (la) ....
confusión (la) ....
constitución (la) ....
consultar (verbo regular) ....
consumo (el) ....
contener (verbo irregular) ....
convertir (verbo irregular) ....
convocar (verbo irregular) ....
crecimiento (el) ....
crítica (la) ....
cucaracha (la) ....
cuidado (el) ....

D
democracia (la) ....
despacio ....
destinar (verbo regular) ....
dictadura militar (la) ....
digestivo, digestiva ....
dolencia (la) ....

E
ejercicios de calentamiento (los) ....
ensayo (el) ....
entrenador, entrenadora (el, la) ....
envejecimiento (el) ....
escalón (el) ....
escenario (el) ....
escrupulosamente ....
espárrago (el) ....
especialidad (la) ....
espirar (verbo regular) ....
esposo, esposa (el, la) ....
esquina (la) ....
evento (el) ....

F
ferrocarril (el) ....
festejar (verbo regular) ....
fisioterapeuta (el, la) ....
frecuentemente ....
frontera (la) ....
funcionario, funcionaria (el, la) ....

G
gastronomía (la) ....

H
herencia (la) ....

hervir (verbo irregular) ....
hidrato de carbono (el) ....
higiénico, higiénica ....
hombro (el) ....
homenaje (el) ....
hortaliza (la) ....
huelga (la) ....
huella (la) ....

I
impactante ....
impedir (verbo irregular) ....
inevitable ....
influencia (la) ....
ingrediente (el) ....
inmigración (la) ....
inspirar (verbo regular) ....
involuntariamente ....

J
judía verde (la) ....
jugo (el) ....
kilo (el) ....

L
limpio, limpia ....
lindo, linda ....
línea (la) ....
liviano, liviana ....
lumbar ....

M
maduro, madura ....
mandarina (la) ....
mantequilla (la) ....
marearse (verbo reflexivo regular) ....
melón (el) ....
memoria (la) ....
mora (la) ....
muñeca (la) ....
musculatura (la) ....
músculo (el) ....
muslo (el) ....

N
nalgas (las) ....

Ñ
ñoquis (los) ....

O
oreja (la) ....

P
paciencia (la) ....
pantorrilla (la) ....
pasaporte (el) ....

pecho (el) ....
peinado (el) ....
pelar (verbo regular) ....
pepino (el) ....
picar (verbo irregular) ....
pimienta (la) ....
pomelo (el) ....
postura (la) ....
potasio (el) ....
presión (la) ....
prestigio (el) ....
prevención (la) ....
prevenir (verbo irregular) ....
probar (verbo irregular) ....
propenso a (expresión) ....
propiedad (la) ....
propio de (expresión) ....
proporción (la) ....
propuesta (la) ....
proximidad (la) ....
proyecto (el) ....
pulgar (el) ....

R
receta (la) ....
recto, recta ....
relajar (verbo regular) ....
remolacha (la) ....
respaldo (el) ....
riñón (el) ....
rodilla (la) ....

S
sabor (el) ....
sandía (la) ....
sándwich (el) ....
secuencia (la) ....
sello (el) ....
semilla (la) ....
sistema inmunitario (el) ....

T
tabla de ejercicios (la) ....
talón (el) ....
tobillo (el) ....
torneo (el) ....
tratamiento (el) ....
traumatólogo, traumatóloga (el, la) ....

V
valija (la) ....
vitamina (la) ....

UNIDAD 4

El mundo en tu bolsillo

Contenido y actividades

1. Comprender textos de promoción turística.
2. Repasar las oraciones finales.
3. Describir lugares.
4. Entender la información de un guía turístico.
5. Afianzar el uso del estilo indirecto.
6. Recordar el léxico de los viajes y de los deportes.

Lección 7: Viaje de fin de curso

1. DESTINO BARILOCHE

A. Completa el texto con las palabras del recuadro.

> mejor – vigentes – esquí – egresados – estudiantil – senderos – normas – cualquier – certificados – inolvidables – hoteles

¿Por qué Bariloche para tu viaje de fin de curso?

Porque vas a conocer mucha gente, te encontrarás con _____ de todo el país y ¡hasta de toda Latinoamérica!

Las opciones de destino son muchas, pero como Bariloche no hay otra igual, pues es la única que te da todo en un mismo lugar: aventura, música, naturaleza, amigos y la _____ diversión.

En verano, te ofrecemos _____ que se pueden recorrer caminando o en bicicleta de montaña. En invierno, deportes como el _____, el *snowboard*, paseos en trineos… Y en _____ época, una ciudad que te proporciona lugares seguros para que vivas emociones _____.

Nuestras discos poseen _____ que garantizan que cumplen con todas las _____ internacionales de seguridad _____. Además, en caso de tener algún problema de salud, los visitantes cuentan con un servicio médico único: un médico disponible en cada uno de los _____ que alojan al turismo _____.

B. Escribe los subtítulos en los lugares correspondientes en el texto.

> Régimen de comidas – Coordinación y guía – Paseos – Alojamiento – Asistencia económica

Viajes estudiantiles - Buenos Aires Cultural

Somos una empresa con diez años de experiencia, pioneros en la creación de viajes educativos y didácticos en toda la provincia de Tucumán. Nuestros profesionales están a su disposición para ofrecerle viajes con la mejor relación entre los servicios proporcionados y el precio.

Personal con años de experiencia en el manejo de estudiantes. Capacitados con cursos de primeros auxilios dictados por la Cruz Roja argentina. _____.

En hotel de categoría tres estrellas, con ubicación céntrica. _____.

Pensión completa durante toda la estadía. _____.

Ofrecemos asistencia en destino para que los padres no tengan que hacer transferencias bancarias o envíos por otros medios. Nuestro personal tiene autorización para realizar entregas de dinero en caso de urgencias. _____.

Visitas a sitios de interés histórico, artístico y cultural sin olvidar la diversión. Entre otras posibilidades, se ofrece una noche en una discoteca con servicio exclusivo para estudiantes, sin venta de bebida alcohólica _____.

C. Enumera las ventajas citadas en cada texto respeto a lo que promocionan.

BARILOCHE	BUENOS AIRES

Unidad 4

2 LAS ORACIONES FINALES

A. Completa las frases con *para* + infinitivo o *para que* + subjuntivo.

1. Le regalé una libreta a mi hija _____ (registrar, ella) su viaje de fin de curso.
2. Me traje mi tableta _____ (no aburrirse, yo) durante las esperas.
3. Hoy viene gente a mi casa, tengo que llegar temprano _____ (ayudar, yo) a mi madre con la cena.
4. Andrés se esforzó mucho _____ (estar, nosotros) todos juntos.
5. Le até una cinta de tela a tu maleta _____ (poder, tú) identificarla rápidamente en la cinta.
6. El colegio invitó a varias agencias de viajes _____ (venir, ellos) a presentar sus propuestas.

B. Transforma las oraciones causales en finales como en el ejemplo.

Ejemplo: Llegó antes porque no habíamos terminado el trabajo.
Llegó antes para que termináramos el trabajo.

1. Estudió sobre Ecuador porque quería disfrutar mucho de su viaje.
   _____
2. Ahorró mucho porque no quería tener deudas por su viaje.
   _____
3. Habla fuerte porque todos tenemos que escucharte.
   _____
4. Llévate una copia de las llaves porque no quiero despertarme cuando llegues.
   _____
5. Apúrate porque no quiero llegar tarde.
   _____
6. Nos dieron una lista de recomendaciones porque no podemos olvidar nada.
   _____

C. En el colegio de Carolina todos hicieron una serie de cosas para que su viaje de fin de curso fuera un éxito. Relaciona y escribe las frases.

~~El colegio organizó una reunión con los padres~~	el viaje no podía salir muy caro
La coordinadora elaboró un cronograma al inicio del año	no podía haber peleas
Las familias vendieron cupones a parientes y amigos	la decisión sobre el lugar fue democrática
Hubo muchas reuniones y votaciones	los chicos tenían que recaudar dinero
Negociaron mucho las propuestas	todos tenían que organizarse
Los profesores ayudaron a distribuir a los alumnos en las habitaciones	~~los padres tenían que estar informados de todo~~

1. *El colegio organizó una reunión para que los padres se informaran de todo.*
2. _____
3. _____
4. _____
5. _____
6. _____

D. Une las frases con *a fin de*, *a fin de que*, *con el objetivo de*, *con el objetivo de que* sin repetir ninguna.

Periodistas chinos visitan Antequera	no tengamos una generación de endeudados.
Decidieron incluir educación financiera en la escuela	comprender lo que pasó.
Preparamos estas actividades	los alumnos se familiarizaran con el paracaídas.
Van a entrevistar a todos	conocer su amplia y variada oferta turística.

Lección 7 | Código 4

3 DESCRIBIR LUGARES

A. Completa las descripciones con las palabras del recuadro y relaciónalas con las imágenes.

> fantasía – arquitectónicos – espacio – sinuoso – curiosas – viento – luminoso – empedradas – naturaleza – impresionante – catedral – diseñar – manzanas – alrededor – estatua

1. Es la principal plaza de la ciudad. Se trata de un hermoso _____ verde ubicado en el casco histórico. Ahí encontramos una gran _____ de bronce en homenaje al General San Martín. Alrededor de la plaza se destacan las vistas de construcciones de la época de la colonización española, como la _____ y el cabildo. También está muy cerca de la Manzana Jesuítica, que fue declarada Patrimonio de la Humanidad por la Unesco.

2. Es un lugar de turismo natural, donde se pueden ver _____ formaciones de rocas calizas creadas por la _____. La acción del agua, del _____ y del hielo a lo largo de siglos modeló figuras humanas, objetos, animales, con una precisión _____. Si buscas un lugar original, este es tu sitio. Además, visitarlo será un ejercicio de _____ y relajación.

3. Está en pleno centro de la ciudad y constituyó el eje del estilo de planificación de la ciudad, que consiste en _____ las calles en ángulo recto creando _____ rectangulares. En medio del parque está la estatua en honor a Abdón Calderón, héroe de la Independencia, y a su _____ están los ocho pinos traídos desde Chile y sembrados personalmente por uno de los presidentes del país.

4. Es uno de los más importantes restos _____ de la presencia hebrea en el país. Sus calles poseen un trazado singularmente irregular y _____, con callejuelas estrechas _____ y plazoletas que dan a casas encaladas en un blanco _____, levantadas en torno a un patio y repletas de flores.

☐ Parque Abdón Calderón

☐ El barrio judío

☐ Plaza San Martín

☐ La Ciudad Encantada

B. Ahora escucha la grabación y escribe bajo las imágenes el nombre de las ciudades y de los países en los que se encuentran esos lugares.

Pista 25

Unidad 4 — cuarenta y cinco • 45

Lección 8 — ¡Buen viaje!

1 EN EL AUTOBÚS

Ordena las frases del diálogo en la secuencia lógica.

☐ **Silvina:** Dijo que usáramos las computadoras del hotel o que fuéramos a un locutorio en la ciudad.

☐ **Silvina:** Se llama Marco, es nuestro guía. Pidió que recogiéramos nuestras valijas y esperáramos en el *lobby*.

☐ **Marco:** Sí, este año ya nevó bastante y tienen también un sistema de producción de nieve, así que los turistas nunca se frustran. Es la superficie esquiable más grande de América del Sur. Parece que ya llegamos. Bueno, cualquier duda que tengan, cualquier problema que surja, Catalina y yo estamos aquí para ayudarlos.

☐ **Marco:** Usá una de las computadoras que están en la planta baja del hotel para llamar por Internet o ve a un locutorio cuando lleguemos al centro. ¿Y vos?

☐ **Silvina:** Sí, pero recordá lo que han dicho, que recojamos primero las valijas.

☐ **Paloma:** Ay, me dormí. ¿Dónde está la profesora? ¿Quién es ese?

☐ **Marco:** ¡Hola a todos! Bienvenidos a Bariloche, me llamo Marco. Catalina y yo seremos sus guías durante este viaje. Dentro de un rato llegaremos al hotel. Mi compañera dice que, cuando lleguemos, recojan sus valijas y esperen en el *lobby* mientras organizamos lo de las llaves. Los dejaremos descansar un poco y, después, vamos a conocer el centro de la ciudad. ¿Tienen alguna pregunta?

☐ **Silvina:** Paloma, despertate, llegamos al hotel.

☐ **Marco:** Pregunta muy importante. Haremos dos paseos al Cerro Catedral y mañana será el primero. Allí podrán esquiar, andar en trineos, jugar en la nieve. Todo lo que quieran.

☐ **Alumna:** ¿Cuándo vamos a esquiar?

☐ **Alumno:** Sí, ¿cómo hago para llamar a mis padres?

☐ **Paloma:** Pues yo voy a llamarlos ahora mismo desde el hotel. Voy a buscar una *compu*.

☐ **Alumno:** ¿Hay nieve suficiente?

☐ **Paloma:** Tengo que llamar a mis padres.

Lección 8 | Código 4

2 EL ESTILO INDIRECTO

A. Localiza en la nube de palabras 18 verbos, clasifícalos en el cuadro y di a qué persona corresponden.

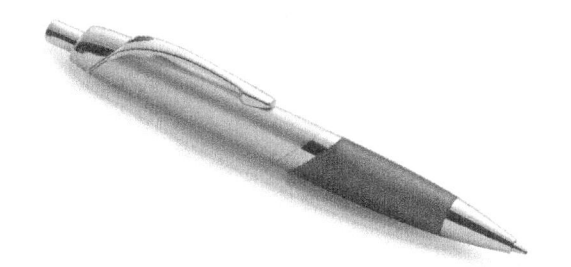

Imperativo	Presente de subjuntivo	Imperfecto de subjuntivo

B. Marca la opción correcta.

1. Nieves pide que la **llamemos/llamáramos** cuando estemos listos.
2. La señora que está en la recepción dice que **deje/dejara** este paquete aquí.
3. Mi profesor siempre me advierte que **leyera/lea** el examen antes de entregarlo.
4. Cuando visito a mi abuela, siempre le pido que me **prepare/preparara** arroz con leche, es mi postre favorito.
5. En la biblioteca hay un cartel que pide que la gente **guardara/guarde** silencio, pero hacen ruido.
6. Los del hotel nos recomendaron que **tuviéramos/tengamos** cuidado con las cámaras y los celulares.

C. Pablo es un chico chileno que está en Uruguay celebrando el final del bachillerato con sus amigos. Al ir a comer a un puesto de comida callejera, encontró el siguiente aviso. Complétalo con los verbos entre paréntesis conjugados en imperativo.

Recordatorio

Por favor, pague con billetes chicos y monedas: no aceptamos tarjeta porque no tenemos conexión, si tiene monedas, (no guardarlas) ...., (usarlas) .... y nos ayudará con el vuelto.
Cuando le hayan despachado, (marcharse) ...., por favor, porque el mostrador es chico y hay muchos que todavía no fueron atendidos.
No tenemos muchas mesas, así que (ser) .... solidario y no reserve lugar para alguien que todavía no está aquí.
(Tener) .... paciencia: esto es un carro de comida, no un restaurante.

Unidad 4

A la noche, al charlar con su familia por Skype lo comentó:

«Esta tarde hemos ido a comer chivitos, un sándwich típico de aquí, en un carro de comida callejera. La comida es riquísima y barata, estaba a tope. El dueño tiene fama de tener malas pulgas lo he comprobado. Puso un aviso de lo más curioso. Pedía a los clientes que ▬▬▬ con billetes chicos y que ▬▬▬ sus monedas para ayudarlos con el vuelto; qu▬ ▬▬▬ después de ser atendidos para n▬ molestar a los que todavía no habían sido atendidos; que ▬▬▬ para quienes no estaban porque no tenían muchas mesas y que ▬▬▬ porque el carro no era un restaurante».

3. LÉXICO DE VIAJES Y DEPORTES

A. Escribe las palabras que corresponden a las imágenes.

1. ▬▬▬
2. ▬▬▬ 
3. ▬▬▬ 
4. ▬▬▬ 
5. ▬▬▬ 
6. ▬▬▬ 
7. ▬▬▬ 
8. ▬▬▬ 

B. Ordena las letras y descubrirás seis palabras relacionadas con actividades que podemos hacer cuando viajamos.

radna ne teorsin

arhec droeismens

ueqsria

rajgu ne al veine

dnara

erahc ainrgft

Tu biblioteca de español

Julio Cortázar

1 Escribe cuatro datos sobre Julio Cortázar.

Biografía
Julio Cortázar (1914-1984)

1.
2.
3.
4.

2 Escribe en el esquema los nombres de lugares mencionados en el texto y los objetos o ideas asociados a cada uno. Luego complétalo con otras palabras que recuerdes sobre los mismos temas.

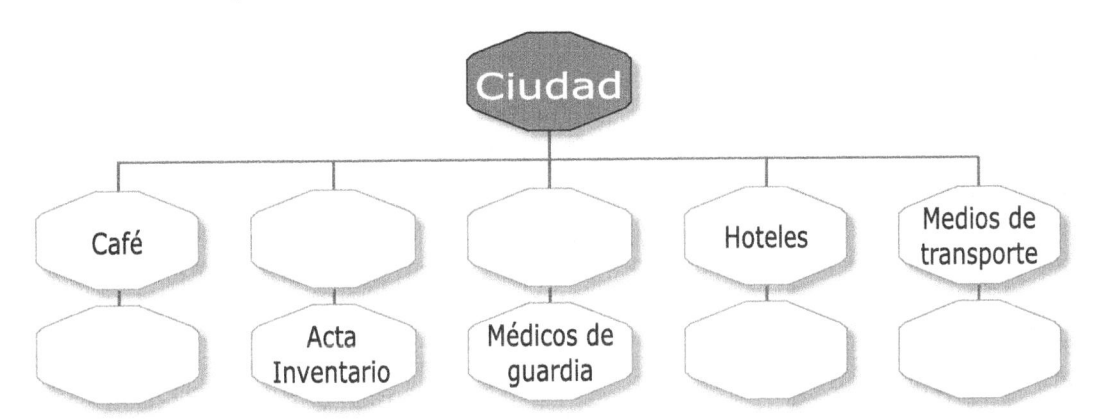

- Ciudad
  - Café
  - Acta Inventario
  - Médicos de guardia
  - Hoteles
  - Medios de transporte

3 Convierte el fragmento siguiente en una narrativa. Usa los siguientes adjetivos en tu texto: *precavidos, optimistas, soñadores*.

Cuando los cronopios van de viaje, encuentran los hoteles llenos, los trenes ya se han marchado, llueve a gritos, y los taxis no quieren llevarlos o les cobran precios altísimos. Los cronopios no se desaniman porque creen firmemente que estas cosas les ocurren a todos, y a la hora de dormir se dicen unos a otros: «La hermosa ciudad, la hermosísima ciudad». Y sueñan toda la noche que en la ciudad hay grandes fiestas y que ellos están invitados. Al otro día se levantan contentísimos, y así es como viajan los cronopios.

El mes pasado los cronopios salieron de vacaciones.

Unidad 4

Tu rincón hispano
Argentina ¿Jugamos?

Formen tríos. Uno será el coordinador del juego y leerá las preguntas. Los otros las responderán por turnos en la secuencia numérica. Si la respuesta es correcta, se gana los puntos que vale, si está equivocada, los marca el adversario.

1 punto
1. Cita el nombre de dos futbolistas argentinos.
2. Cita el nombre de dos argentinos famosos que no sean futbolistas.

2 puntos
3. Cita tres otros deportes, además del fútbol, que son muy populares en Argentina.
4. ¿Quiénes son Los Pumas y Las Leonas?
5. ¿Con qué país hace frontera la ciudad de La Quiaca, en Argentina?
6. ¿Cuándo y por qué el *hockey* sobre césped se hizo nacionalmente conocido en Argentina?
7. ¿Qué ritmos mezcla León Gieco en sus canciones?
8. ¿Qué quiere decir *pibe* en Argentina?

3 puntos
9. Cita tres importantes lugares del sur de la Tierra por los cuales se extiende el territorio argentino.
10. ¿En qué consistió el proyecto *De Ushuaia a La Quiaca* del cantante León Gieco?
11. Si un argentino dice que estuvo en un boliche macanudo, ¿qué significa?
12. Además del voseo, ¿qué otros rasgos caracterizan el español hablado en Argentina?

Puntos

Alumno A:	Alumno B:

Autoevaluación

Código 4

Portfolio: evalúa tus conocimientos de español.

Después de hacer la unidad 4
Fecha: ....

	Nivel alcanzado			
	Insuficiente	Suficiente	Bueno	Muy bueno

Comunicación

Puedo valorar lugares de interés turístico.
Escribe las expresiones:

☐ ☐ ☐ ☐

Puedo expresar finalidad.
Escribe las expresiones:

☐ ☐ ☐ ☐

Puedo transmitir órdenes.
Escribe las expresiones:

☐ ☐ ☐ ☐

Gramática

Sé usar *para* y *para que*.
Escribe algunos ejemplos:

☐ ☐ ☐ ☐

Conozco otras expresiones de finalidad.
Escribe algunos ejemplos:

☐ ☐ ☐ ☐

Sé transmitir recados en el estilo indirecto.
Escribe algunos ejemplos:

☐ ☐ ☐ ☐

Sé distinguir peticiones de informaciones en el estilo indirecto.
Escribe algunos ejemplos:

☐ ☐ ☐ ☐

Vocabulario

Conozco las palabras para hablar de viajes.
Escribe las palabras que recuerdas:

☐ ☐ ☐ ☐

Conozco adjetivos para describir lugares.
Escribe las palabras que recuerdas:

☐ ☐ ☐ ☐

Conozco los nombres de los deportes.
Escribe las palabras que recuerdas:

☐ ☐ ☐ ☐

Mi diccionario

Traduce las principales palabras de la unidad 4 a tu idioma.

A
a mi modo de ver (expresión) ....
abusar (verbo regular) ....
acaso ....
al cabo de (expresión) ....
alertar (verbo regular) ....
alfombra (la) ....
alimentar (verbo regular) ....
almuerzo (el) ....
alojamiento (el) ....
altavoz (el) ....
aperitivo (el) ....
asegurar (verbo regular) ....
asistencia (la) ....
ausencia (la) ....
autoridad (la) ....
autorización (la) ....
auxilio (el) ....
averiguar (verbo irregular) ....

B
beca (la) ....
¡bienvenido! (expresión) ....
billete (el) ....
bolsillo (el) ....
¡buen viaje! (expresión) ....

C
camioneta (la) ....
campeonato (el) ....
capaz ....
carrito (el) ....
catedral (la) ....
cauteloso, cautelosa ....
celular (el) ....
céntrico, céntrica ....
citar (verbo regular) ....
cobrar (verbo regular) ....
colchón (el) ....
comisaría (la) ....
comportarse (verbo reflexivo regular) ....
compromiso (el) ....
computadora (la) ....
consultar (verbo regular) ....
cordillera (la) ....
criatura (la) ....
cristalino, cristalina ....

D
desde mi punto de vista (expresión) ....
despegar (verbo irregular) ....
desprender (verbo regular) ....
desventura (la) ....

diferenciar (verbo regular) ....
diferente ....
difundir (verbo regular) ....
discoteca (la) ....
disponible ....
diversidad (la) ....
diversión (la) ....
documento (el) ....

E
edificio (el) ....
egresado, egresada ....
embarcar (verbo irregular) ....
embarque (el) ....
emoción (la) ....
empate (el) ....
empresario, empresaria (el, la) ....
en mi opinión (expresión) ....
enfrentarse (verbo reflexivo regular) ......
esperanza (la) ....
esquí (el) ....
esquiable ....
excelente ....
excepción (la) ....
exceso de equipaje (el) ....

F
firmar (verbo regular) ....

G
gobierno (el) ....
grito (el) ....
guardar (verbo regular) ....
guardavidas (el) ....

H
hospedarse (verbo reflexivo regular) ......

I
imitar (verbo regular) ....
impactante ....
impedir (verbo irregular) ....
importancia (la) ....
impresionante ....
imprevisto (el) ....
impuesto (el) ....
incorrecto, incorrecta ....
influencia (la) ....
innovador, innovadora ....
institución (la) ....
interés (el) ....
invitado, invitada (el, la) ....
isla (la) ....

52 • cincuenta y dos   Unidad 4

L
lago (el) ....
leyenda (la) ....
luminoso, luminosa ....

M
maletero (el) ....
mareo (el) ....
medalla (la) ....
micrófono (el) ....
molestar (verbo regular) ....
monte (el) ....
mostrador (el) ....
mueble (el) ....
multa (la) ....

N
negocio (el) ....

P
paisaje (el) ....
papa frita (la) ....
para mí (expresión) ....
pasaporte (el) ....
pastilla (la) ....
patria (la) ....
pendiente ....
pensión (la) ....
pernoctar (verbo regular) ....
petición (la) ....
pionero, pionera ....
planificar (verbo irregular) ....
precio (el) ....
premio (el) ....
probar (verbo irregular) ....
propuesta (la) ....
provincia (la) ....
proyecto (el) ....
pulsera (la) ....

Q
quieto, quieta ....

R
rasgo (el) ....
reconocimiento (el) ....
relieve (el) ....
reluciente ....
remo (el) ....
reproducir (verbo irregular) ....
resultado (el) ....
resumen (el) ....
retratar (verbo regular) ....
retroceder (verbo regular) ....
rifa (la) ....

S
sedentario, sedentaria ....
según yo (expresión) ....
seguridad (la) ....
seguro, segura ....
semifinal (la) ....
senderismo (el) ....
sendero (el) ....
solidaridad (la) ....
sorpresa (la) ....
sosegado, sosegada ....
sugerencia (la) ....
suspender (verbo regular) ....

T
taquilla (la) ....
taxi (el) ....
temer (verbo regular) ....
temprano ....
tenista (el, la) ....
traductor, traductora ....
transferencia (la) ....
transparente ....
trasladar (verbo regular) ....
tratamiento (el) ....
tratar (verbo regular) ....
tren (el) ....
trineo (el) ....
turístico, turística ....

U
único, única ....
urgencias (las) ....

V
vacío, vacía ....
ventanal (el) ....
visitante (el, la) ....
votación (la) ....

UNIDAD 5

El planeta en tus manos

Contenido y actividades

1. Entender un diálogo sobre la ecología.
2. Practicar las expresiones causales y consecutivas.
3. Reforzar los usos del indicativo y del subjuntivo en expresiones de opinión.
4. Recordar las palabras relacionadas con el medio ambiente.
5. Comprender un diálogo de planes de fin de semana.
6. Afianzar el uso de *aunque*.

Lección 9: Debate sobre el medio ambiente

1 UN PROGRAMA DE RADIO

A. Relaciona para completar los párrafos.

1. Hola a todos. Soy Clara Palomo y este es el canal Mundial. Estamos empezando el segundo programa de la serie *Hay que cuidar nuestro planeta*. El tema de hoy es: *¿Cómo ser ecológicamente correctos?* Para debatirlo, hemos invitado a dos estudiantes: Margarita Negroni y ☐

2. Pablo: Al menos intento serlo. En mi casa separamos la basura, ahorramos agua y energía, apenas usamos el coche, no consumimos alimentos transgénicos... En cualquier caso, no creo que sea ☐

3. Clara: A ver, tenemos un comentario de las redes sociales. Dicen que es difícil saber qué hacer porque ☐

4. Margarita: Perdón, pero no estoy de acuerdo con lo que dicen. Hoy sabemos muy bien qué es lo que daña el medio ambiente: el efecto ☐

5. Modesto: Tampoco es así, no se puede generalizar. Hay muchas industrias que están preocupadas por reducir ☐

6. Margarita: Aunque algunos factores naturales contribuyan, es la acción del hombre la mayor responsable de la catástrofe medioambiental actual. ¿Quién produce los gases de invernadero? Somos el ☐

7. Pablo: Desde luego, es cierto que las acciones del hombre impactan en el medio ambiente. Por lo tanto, ☐

a. los científicos muchas veces tienen opiniones diferentes respecto al mismo problema medioambiental.

b. invernadero y los residuos tóxicos. Lo que pasa es que las industrias financian estudios que las favorecen y los medios los divulgan, confundiendo a la gente.

c. Modesto Pérez, y a Pablo Bermúdez, un activista de la ONG Ecolandia. Les doy la bienvenida a todos y empiezo preguntándole a Pablo Bermúdez: ¿es usted ecológicamente correcto?

d. suficiente y no es algo fácil, principalmente porque tengo niños y concienciarlos sobre el ahorro energético es una lucha diaria.

e. todo lo que hagamos para combatir los actuales problemas también tendrá sus consecuencias.

f. peor depredador que existe, consumimos anualmente una Tierra y media, la biodiversidad mundial se redujo un 30 % desde 1970 y eso no puede seguir así. Tenemos que buscar un desarrollo sostenible y hacer más agricultura ecológica.

g. el impacto ambiental de su actuación. De hecho, sobre el calentamiento global, por ejemplo, unos expertos dicen que se debe a desastres naturales como causas geológicas, astronómicas, la influencia del Sol. Y otros, que los gases de invernadero son los culpables.

B. Escribe en el foro del canal Mundial tu opinión respecto a las siguientes afirmaciones extraídas del debate.

✓	Aunque algunos factores naturales contribuyan, es la acción del hombre la mayor responsable de la catástrofe medioambiental actual.	Resp.: 6 Visitas: 2.361
✓	Hay muchas industrias que están preocupadas por reducir el impacto ambiental de su actuación.	Resp.: 1 Visitas: 447
✓	El hombre es el peor depredador que existe.	Resp.: 2 Visitas: 288

Unidad 5

2 UNA NOTICIA DE RADIO

A. Escucha esta noticia y marca P en la información principal y S en la secundarias.

1. El tema de un concurso promocionado por las Naciones Unidas. ☐
2. La inspiración de la vencedora del concurso para realizar su obra. ☐
3. El nombre del programa que promueve el concurso. ☐
4. La vencedora de un concurso de las Naciones Unidas. ☐
5. En qué consiste el concurso. ☐

B. Escucha el audio otra vez y contesta a las siguientes preguntas.

1. ¿Qué es la iniciativa Tunza?
2. ¿Cuál es el origen de ese nombre?
3. ¿Cuál fue el tema de la 23.ª edición del concurso de pintura?
4. ¿Quién la ganó?
5. ¿Cuál es el premio del concurso?
6. ¿Qué nacionalidad crees que tiene la persona que está hablando? ¿Por qué?

3 OPINIONES SOBRE LA ECOLOGÍA

Escucha estas intervenciones y clasifícalas según su función.

☐ Presenta una conclusión
☐ Añade nueva información
☐ Presenta una opinión
☐ Expresa certeza

4 OPINIONES EN PRESENTE Y EN PASADO

A. Completa las frases con uno de los verbos del recuadro en la forma correcta.

| ser – estar – llegar – leer – alcanzar – causar – tener – impactar – caer – poder |

1. Jamás pensé que ese chico _____ en una situación difícil.
2. Somos humanos, no es difícil que _____ otra vez en los mismos errores.
3. No nos parecía que la situación _____ tan crítica.
4. ¡Qué sorpresa verte aquí! No esperaba que _____ a tiempo.
5. Es una lástima que cada vez se _____ menos poesía.
6. Es un hecho que el cambio climático _____ severamente en todo el planeta.
7. Durante las investigaciones, descubrieron que no era verdad que el asesor no _____ los datos.
8. Es cierto que el tema de los alimentos transgénicos _____ mucha polémica.
9. No es cierto que _____ a tener tan buenos resultados otra vez.
10. Fue una lástima que no _____ aceptar nuestra invitación, doña Eulalia.

Lección 9

B. Pasa las frases al pasado.

1. No me parece que sea una persona equilibrada.

2. No le parece que tengan una propuesta muy realista.

3. No creo que la multa sea la mejor alternativa para concienciar a la gente.

4. No nos parece que los productos químicos causen tantos problemas.

5. No es cierto que falte agua en los pantanos.

C. Forma 16 términos relacionados con el medio ambiente.

desastres ecológicas
petróleo centrales
biodiversidad invernadero derrame ozono
lluvia agriculturas
contenedores capa energético contaminación nucleares efecto catástrofe naturales
medioambiental ecológica ácida
transgénicos alimentos tóxicos reciclaje calentamiento global sostenible
natural ahorro desarrollo residuos
de / de / de

D. Completa las frases siguientes con algunos de los términos que encontraste.

a. ¿Sabías que ahora hay una ley que obliga a que todos los edificios de la ciudad tengan _____ para separar la basura?

b. Como el invierno está muy seco, los índices de _____ están altísimos en la ciudad.

c. Hay que elegir electrodomésticos de bajo consumo para contribuir al _____.

d. Descubrieron que esta industria estaba desechando _____ directamente a un río que había cerca.

Unidad 5

Lección 10 — MOVILÍZATE

1. ACTIVIDADES DEL FIN DE SEMANA

Escribe las siguientes frases en el lugar correcto para completar el diálogo con lógica.

- Lo de confirmar su presencia en un evento por las redes no quiere decir nada.
- Por lo que me contaba, ya sé que no me gustará.
- ¿Te has olvidado de que habíamos quedado en ir a ver a Tere, al teatro?
- Bueno, como os parezca mejor.
- ¿Y en qué quedamos?
- Les voy a mandar un mensaje para confirmarlo.
- ¿Y cómo lo sabes si todavía no la has visto?
- Después la llamo y me excuso con ella.
- Mirad la noticia que acabo de recibir.

Amanda: _____ Este fin de semana habrá un montón de eventos en la ciudad como parte del proyecto *Convertir la basura en arte*. Habrá exposiciones de artistas plásticos, trabajos de las editoriales cartoneras de Latinoamérica, talleres de reciclaje y conciertos de grupos que fabrican instrumentos con chatarra. Juli, Andrés y Nati han confirmado que irán al concierto de un grupo que se llama Latin Latas.

Bruno: ¿Seguro que van? _____ Aunque no vaya, la gente pone que va para promocionarlo.

Carlos: _____

Amanda: Pero, aunque no vayan ellos, podemos ir nosotros. El concierto es mañana, sábado, a las 21:00 h y es gratis. Parece superinteresante el trabajo que hace el grupo. ¿Qué os parece?

Bruno: _____ O bien vamos al concierto, o bien al teatro, a los dos no podemos ir.

Amanda: Es verdad, se me había olvidado. Pero hay otra función el domingo a las siete de la tarde. Vamos al concierto mañana y el domingo, al teatro.

Bruno: _____

Carlos: A decir verdad, no tengo ganas de ir al teatro. La obra esa es muy diferente, muy contemporánea. No soy muy aficionado a ciertas novedades.

Bruno: _____

Carlos: Hace meses que están ensayando y Tere siempre me cuenta cosas. _____

Bruno: Pues te digo que Tere se va a ofender si no vienes, al fin y al cabo es el estreno profesional de tu mejor amiga. Estoy segura de que ella lo haría por ti, aunque no le gustara, te iría a ver. _____ ¿Vamos al concierto mañana o no?

Amanda: Juli dice que van a ir los tres y que han quedado en la salida del metro Antón Martín a las ocho para conseguir un buen sitio. ¿Los encontramos en el metro?

Carlos: Donde prefiráis. Yo me apunto. En cuanto al teatro, aunque Tere se ofenda, no pienso ir. _____

Bruno: Como quieras. A mí me parece que vas a tener problemas.

Lección 10

2 USO DE *AUNQUE*

A. Relaciona.

1. No podría ser amiga de alguien en quien no confío
2. Aunque me dé más trabajo,
3. Aunque fuera mi hermano,
4. No vamos a viajar estas vacaciones
5. Aunque sabe que las pilas contaminan,
6. Aunque tuviera tiempo,

a. seguiré pasando mis lecciones a limpio para estudiar.
b. la gente sigue tirándolas en el basurero común.
c. no haría ese curso.
d. no votaría por él como representante de la sala.
e. aunque esa persona me gustara mucho.
f. aunque ganas no nos falten.

B. Expresa lo mismo usando frases con *aunque*.

Nunca salió del país, sin embargo, habla tres idiomas perfectamente.
Aunque nunca salió del país, habla tres idiomas perfectamente.

1. Puede que no tenga mucho dinero, pero voy a viajar.
2. Iría al concierto de cualquier manera, a pesar de que no fueras conmigo.
3. Por mucho que insistieras, no volvería a hablar con él.
4. Pese a que no le guste a los ciudadanos, el alcalde mantendrá su decisión.
5. Me encantaba el baloncesto y lo volvería a jugar, pese a que no ganase ningún campeonato.

C. Escribe el verbo entre paréntesis en el tiempo correcto.

1. Aunque (saber) _____ que el mundo se acaba mañana, plantaría un árbol hoy.
2. Aunque (bloquear) _____ tu cuenta de celular, algunas operaciones todavía se pueden hacer.
3. Aunque (hablar) _____ perfectamente tres idiomas, no lograría el puesto. Es un tipo muy arrogante.
4. Aunque no lo (soportar) _____, aunque (dolerte) _____, tienes que usar tu aparato para los dientes al menos ocho horas diarias.
5. Aunque este trabajo estuviera lejos de casa, lo (aceptar) _____.
6. Esto que me estás pidiendo es un absurdo. Aunque (poder) _____, no lo haría.

Unidad 5

3 CEDER LA ELECCIÓN AL INTERLOCUTOR

Escribe las siguientes frases en el lugar correcto del diálogo. Luego completa con el verbo entre paréntesis conjugado correctamente.

> 1. ¿Cuál prefieres?
> 2. Vale, yo la llamo entonces.
> 3. Quedamos a eso de la una, comemos algo y luego, al teatro.
> 4. ¿Sabías que el sábado hay un festival de títeres y marionetas en el Teatro Augusta?

- ¿Ya has pensado qué podemos hacer este fin de semana?
- Lo que (querer) _____. Esta vez te dejo elegir.
- _____
- ¿Ah, sí? Podemos ir, me encantan los títeres. ¿A qué hora son los espectáculos?
- Hay un grupo colombiano a las cinco y otro francés, a las ocho. Ambos hacen los muñecos con materiales de chatarra. _____
- Me da igual, el que (preferir) _____ tú.
- La entrada es tan barata que podríamos ver los dos grupos.
- No es mala idea. Podríamos invitar a Tamara. _____
- Como te (parecer) _____ mejor.
- _____

4 PROPONER OPCIONES

Ordena las palabras para formar las respuestas a las preguntas. Agrega las mayúsculas y signos de puntuación que haga falta.

1. ¿Cómo resolveremos los problemas medioambientales?
   o una encontramos solución o bien creamos bien la
   _____

2. ¿Cuál es la mejor alternativa para llegar al parque?
   en o bien ir o bien metro en puedes bici
   _____

3. Estoy invitado a la fiesta de Marcelo, pero no tengo su dirección.
   la paso o bien te juntos bien o vamos
   _____

4. ¿Cuál es la mejor hora para hacer gimnasia?
   lo sea moverse por la ya por la noche
   importante sea mañana ya es
   _____

5. ¿Cómo le va a tu nuevo colega extranjero?
   sea hecho por el que no idioma integra sabe
   ya sea porque tímido ya es el de no se
   _____

60 • sesenta   Unidad 5

Tu biblioteca de español

Gabriel García Márquez

1. Relaciona las palabras con su significado.

1. carpa
2. desolado
3. fugarse
4. abatido
5. mamotreto
6. defecto

a. libro voluminoso
b. desanimado
c. toldo
d. carencia
e. triste
f. escaparse

2. Elige tres palabras del ejercicio anterior y escribe una frase con ellas.

3. Ordena las palabras y vuelve a formar frases del texto de Gabriel García Márquez.

supo para Entonces y dromedario supe yo camello siempre él la entre un diferencia y un.

todo no solo lo equivoca que es el único que sabe sino libro Este nunca se.

primer con escritor que mi habría de ser el el libro contacto fue fundamental en Así mi destino de.

4. Vuelve a leer el texto y marca la definición que corresponde a las expresiones destacadas en las frases.

«Alguien que estaba cerca **le salió al paso**»
☐ salió a pasear con él.   ☐ lo contrarió en lo que decía.   ☐ lo imitó.

«(...) tenía una avidez de conocimientos que compensaba **de sobra** sus defectos».
☐ mínimamente.   ☐ con más de lo necesario.   ☐ algo.

«lo leía como una novela, en orden alfabético y **sin entenderlo apenas**».
☐ entendiéndolo perfectamente.   ☐ con mucho entusiasmo.   ☐ casi sin entenderlo.

5. Completa el resumen del texto.

Cuando Gabriel García Márquez tenía _____ años, su _____ lo llevó a un _____. Al niño le llamó la atención un _____ que el abuelo identificó como un _____. Sin embargo, alguien que estaba _____ lo _____ diciendo que se trataba de un _____. Al _____ le afectó mucho ser corregido frente al _____ y, como el que lo corrigió no le supo decir la _____ entre los dos animales, al llegar a la _____ la buscó en un _____ y se la explicó al _____. Le regaló además el _____ diciendo que era un libro que no solo lo sabía todo, sino que jamás _____ y que contenía todas las _____. El _____ le despertó al pequeño Gabriel tanta _____ por las palabras que empezó a leerlo como si fuera una novela.

Unidad 5

Tu rincón hispano

Colombia ¿Jugamos?

Formen dos equipos, A y B, y usen las preguntas siguientes. Cada respuesta correcta vale u punto. La secuencia la puede decidir cada grupo.

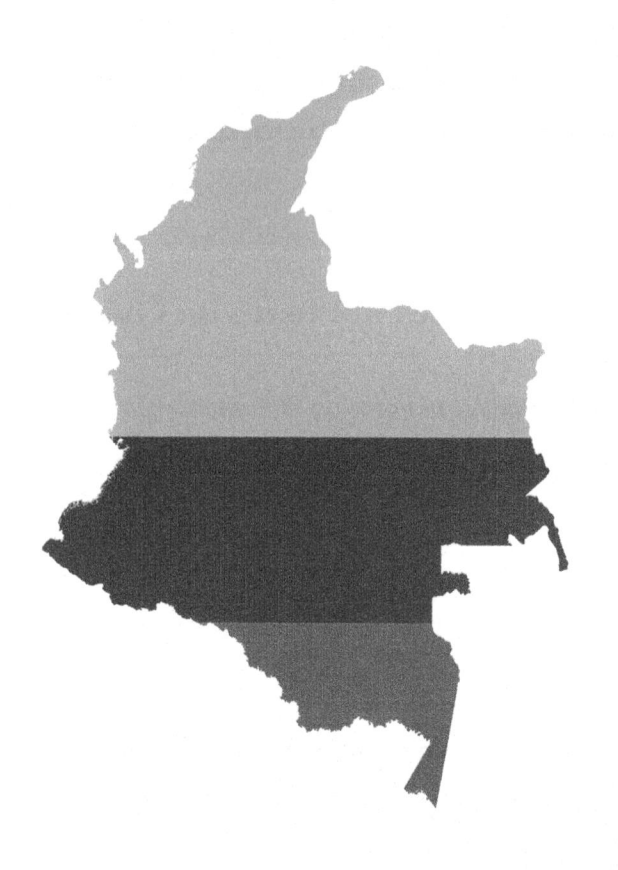

1. Venezuela, Brasil, Perú, Argentina y Ecuador. Con uno de esos países Colombia no hace frontera, ¿cuál es?

2. ¿Por qué se considera que Colombia es el segundo país más rico en biodiversidad del planeta?

3. Cita cinco nacionalidades o etnias que forman la población actual de Colombia.

4. ¿Quién es Fernando Botero?

5. ¿Quién es Juan Pablo Montoya?

6. Cita dos cantantes colombianos de renombre internacional y uno de los premios que ganaron.

7. ¿Por qué Cartagena de Indias fue importante durante la época de la colonia?

8. ¿Qué importancia tuvo para Cartagena ser declarada Patrimonio de la Humanidad por la Unesco?

9. ¿Qué evento importante ocurrió en Cartagena en el 2007 y a quién se homenajeó durante el evento?

10. ¿Qué es el *ustedeo*?

11. Si un colombiano llega a una cafetería y pide un tinto, ¿qué quiere?

12. Si escuchas a un colombiano decir: «¡Qué vaina!», deducirás que está... ¿contento, molesto u orgulloso?

Puntos

Grupo A:	Grupo B:

Autoevaluación

Código 4

Portfolio: evalúa tus conocimientos de español.

Después de hacer la unidad 5
Fecha: ....

Nivel alcanzado: Insuficiente | Suficiente | Bueno | Muy bueno

Comunicación

Puedo opinar y refutar opiniones de otros.
Escribe las expresiones:

☐ ☐ ☐ ☐

Puedo ceder la elección a otra persona.
Escribe las expresiones:

☐ ☐ ☐ ☐

Puedo presentar alternativas u opciones.
Escribe las expresiones:

☐ ☐ ☐ ☐

Gramática

Sé usar el indicativo y el subjuntivo con expresiones de opinión.
Escribe algunos ejemplos:

☐ ☐ ☐ ☐

Sé usar el indicativo y el subjuntivo con *aunque*.
Escribe algunos ejemplos:

☐ ☐ ☐ ☐

Sé usar el subjuntivo cuando cedo la elección.
Escribe algunos ejemplos:

☐ ☐ ☐ ☐

Sé usar *o*, *u*, *o bien* y *ya sea*.
Escribe algunos ejemplos:

☐ ☐ ☐ ☐

Vocabulario

Conozco las palabras para hablar de la ecología.
Escribe las palabras que recuerdas:

☐ ☐ ☐ ☐

Conozco las palabras relacionadas con el medio ambiente.
Escribe las palabras que recuerdas:

☐ ☐ ☐ ☐

Conozco los nombres de las actividades de tiempo libre.
Escribe las palabras que recuerdas:

☐ ☐ ☐ ☐

Mi diccionario

Traduce las principales palabras de la unidad 5 a tu idioma.

A
acto (el) ....
acudir (verbo regular) ....
aficionado, aficionada ....
agricultura (la) ....
agrupación (la) ....
ahorro (el) ....
ansia (el) ....
anualmente ....
apasionante ....
apuntar (verbo regular) ....
archipiélago (el) ....
asomarse (verbo reflexivo regular) ....
asombroso, asombrosa ....
atracción (la) ....
autóctono, autóctona ....
automóvil (el) ....
avidez (la) ....
ayuntamiento (el) ....

B
basurero (el) ....
biodiversidad (la) ....
brillo (el) ....

C
camello (el) ....
catástrofe (la) ....
cederle la elección a (expresión) ....
certeza (la) ....
chatarra (la) ....
colonización (la) ....
colosal ....
combatir (verbo regular) ....
compensar (verbo regular) ....
comprometerse (verbo reflexivo regular) ....
conciencia (la) ....
contaminante ....
contaminar (verbo regular) ....
cónyuge (el, la) ....
coronel (el, la) ....
cortesía (la) ....
culto, culta ....

D
debatir (verbo regular) ....
decisión (la) ....
defensa (la) ....
delicioso, deliciosa ....
dependencia (la) ....
depredador, depredadora ....
derramar (verbo regular) ....
desacuerdo (el) ....
descartar (verbo regular) ....
descendiente ....
desechar (verbo regular) ....
desecho (el) ....
desocupado, desocupada ....
desolado, desolada ....
destrucción (la) ....
digno, digna ....
disgusto (el) ....
disimular (verbo regular) ....
disponer (verbo irregular) ....
divulgar (verbo irregular) ....
dromedario (el) ....

E
efecto invernadero (el) ....
en conclusión (expresión) ....
enojar (verbo regular) ....
ensayar (verbo regular) ....
entidad (la) ....
escena (la) ....
escultura (la) ....
espantoso, espantosa ....
especialista (el, la) ....
esplendor (el) ....
estreno (el) ....
explosión (la) ....

F
fábrica (la) ....
fauna (la) ....
fenómeno (el) ....
financiación (la) ....
financiar (verbo regular) ....
flora (la) ....
foresta (la) ....
fregadero (el) ....
frenar (verbo irregular) ....

G
galardón (el) ....
galardonar (verbo regular) ....
gaseoso, gaseosa ....
gasto (el) ....
generalizar (verbo irregular) ....
generar (verbo regular) ....
geológico, geológica ....
global ....
glorioso, gloriosa ....

H
homenajear (verbo regular) ....

I
ilusión (la) ....

64 • sesenta y cuatro   **Unidad 5**

impactar (verbo regular) ....
imponer (verbo irregular) ....
independencia (la) ....
informativo, informativa ....
iniciativa (la) ....
inmortalizar (verbo irregular) ....
inodoro (el) ....
interlocutor, interlocutora (el, la) ....
interrumpir (verbo regular) ....
invertir (verbo irregular) ....

J
jornada (la) ....

L
limón (el) ....

M
maltratar (verbo regular) ....
mamotreto (el) ....
mariposa (la) ....
medioambiental ....
melodía (la) ....
mercancía (la) ....
metrópolis (la) ....
moderador, moderadora (el, la) ....
monarquía (la) ....

N
negociar (verbo regular) ....
notar (verbo regular) ....
nuclear (verbo regular) ....

O
obstáculo (el) ....

P
patrocinar (verbo regular) ....
pavoroso, pavorosa ....
perjudicial ....
polémica (la) ....
potable ....
presentación (la) ....
prohibición (la) ....
publicación (la) ....

Q
químico, química ....

R
radical ....
reciclable ....
reflexionar (verbo regular) ....
rescatar (verbo regular) ....
reto (el) ....
reutilizable ....

S
selección (la) ....
ser consciente de (expresión) ....
sobrevivir (verbo regular) ....
soledad (la) ....
sonoridad (la) ....
sostenible ....

T
temporalmente ....
transgénico, transgénica ....
tropical ....

V
vertedero (el) ....
volumen (el) ....
voluminoso, voluminosa ....

UNIDAD 6

Consumo y dinero

Contenido y actividades
1. Comprender un diálogo sobre problemas.
2. Repasar la forma del perfecto de subjuntivo.
3. Practicar el uso del perfecto de subjuntivo.
4. Analizar unos anuncios publicitarios.
5. Prepararse para un futuro profesional.
6. Afianzar el condicional compuesto y el pluscuamperfecto de subjuntivo en oraciones condicionales.
7. Memorizar el léxico del trabajo.

Lección 11: Pensar antes de comprar

1. UNA CONVERSACIÓN CON SUS PADRES

Completa con los verbos en el pretérito perfecto de subjuntivo. Luego, ordena el diálogo en la secuencia lógica.

☐ **Padre:** ¿Cómo puede ser? Me extraña que no me (decir, tú) _____ nada antes, Julia.

☐ **Padre:** No, tampoco es para tanto, pero me alegra que te lo (plantear, tú) _____. De hecho, tendremos que cortar gastos porque los ingresos disminuyen. Mientras no (hacer, yo) _____ alguna entrevista y (lograr, yo) _____ un nuevo puesto, solo tendremos el sueldo de tu madre.

☐ **Padre:** A ver, Sergio, ¿por qué no llegas a fin de mes con tu paga?

☐ **Sergio:** Si hace falta, puedo empezar a trabajar media jornada.

☐ **Padre:** Sergio, queremos hablar contigo sobre lo que estamos pasando. Ya sabes que estoy desempleado y, mientras no encuentre un nuevo trabajo, tendremos que hacer algunos ajustes en nuestro presupuesto.

☐ **Madre:** Es que no te quise dar motivo para una preocupación más.

☐ **Padre:** Claro que no te puedo prometer algo así. Dinos qué pasa y veremos qué hacer.

☐ **Padre:** Pues actuaste muy mal, Sergio. Estas cosas hay que consultarlas con los mayores, al fin y al cabo se trata de nuestro bolsillo. ¿Y se puede saber para qué quieres tú otra tableta si ya tenemos una en casa? Hay que ver lo consumista que eres, hijo.

☐ **Sergio:** Si te cuento la verdad, ¿me prometes que no me vas a castigar?

☐ **Sergio:** Miguel iba a vender su tableta, porque le habían regalado una nueva, y yo se la compré. Como la abuela me había dado un dinero por mi cumple, se lo di como entrada y, durante cuatro meses, le tengo que pasar mi paga casi entera. Si se lo hubiera pedido, seguro que me habrían dicho que no, por eso decidí no contarles nada.

☐ **Madre:** Hablas como un economista, Rafael. Lo que quiere decir papá es que ahora entra menos dinero en casa y tendremos que gastarlo en lo que es más necesario. Y cada uno tendrá que poner de su parte. Tú, por ejemplo, tendrás que arreglártelas con tu paga, porque ya no te podré prestar dinero, como hasta ahora.

Unidad 6

2 EL PRETÉRITO PERFECTO DE SUBJUNTIVO

A. Forma el pretérito perfecto de subjuntivo de los siguientes verbos.

1. (borrar, ellos) _____
2. (dormir, tú) _____
3. (tener, yo) _____
4. (volver, vosotros) _____
5. (romper, ustedes) _____
6. (poner, nosotros) _____
7. (ir, ella) _____
8. (surgir, él) _____
9. (ver, tú) _____
10. (escribir, usted) _____

B. Completa las frases usando el presente o el pretérito perfecto de subjuntivo. Observa los ejemplos.

Ejemplos: Me **entendí** con mis padres. *Me alegra que os hayáis entendido.*
Ahora me **llevo** bien con mi hermano. *Me alegra que ahora te lleves bien con él.*

1. Me he comprado otro celular. *Me extraña* _____, pues el tuyo es nuevo.
2. Me está gustando mucho el libro que me prestaste. *Me encanta que* _____
3. No me dijo que tenía tantas deudas. *Qué raro que* _____
4. Ya no me queda dinero. *Me sorprende que* _____
5. Gasté todo lo que tenía en este pantalón. *Me parece un absurdo que* _____
6. Mis padres me van a regalar una tarjeta de crédito. *Me parece mal que* _____
7. Me parece que la sorpresa no le va a gustar a nadie. *Será una pena que* _____
8. A nadie le gustó la fiesta de ayer. *Es una pena que* _____

C. Transforma las frases según el ejemplo.

Ejemplo: Cuando termine de instalar el programa, te llamo.
Mientras no haya terminado de instalar el programa, no te llamaré.

a. Cuando junte lo que necesito, me compraré otra guitarra.
_____
b. Cuando termine este trabajo, iremos al cine.
_____
c. Cuando vuelvas del colegio, nos vamos de viaje.
_____
d. Cuando lleguen los abuelos, empezaremos a comer.
_____
e. Cuando veas el anuncio, entenderás lo que te estoy diciendo.
_____

3 EL PAPEL DE LA PUBLICIDAD

(Pista 28)

A. Escucha esta presentación sobre la publicidad y marca las frases que corresponden al texto.

☐ 1. En la presentación se discute la influencia de la publicidad dirigida al público infantil.
☐ 2. El lenguaje publicitario nos rodea y nos influencia diariamente.
☐ 3. El discurso publicitario es solamente el reflejo de la sociedad y no tiene influencia sobre ella.
☐ 4. Hasta mediados de los años ochenta era común que la mujer solo apareciera en la publicidad como ama de casa, esposa y madre.
☐ 5. En las últimas décadas el papel de la mujer ha salido de los límites del hogar, por eso en la publicidad ya no encontramos a la mujer asociada a las tareas domésticas.

Lección 11 | Código 4

B. Marca los anuncios que se han utilizado para ejemplificar lo que se menciona al final de la presentación.

a. ☐   b. ☐   c. ☐   d. ☐

4 LÉXICO DE ECONOMÍA

A. Encuentra en esta sopa de letras las palabras que corresponden a las definiciones.

- Cantidad de dinero que se recibe.
- Lo mismo que *economía*.
- Cuando le debemos algo a alguien, tenemos una...
- Total de dinero que se puede gastar en algo.
- Expulsión de una persona de su empleo.
- Sinónimo de *impuesto* o de *índice*.
- Cantidad de dinero que se paga.
- Cantidad de dinero que se recibe temporalmente.
- Beneficio.

```
G P A G I N G R E S O D
A A L O Q U E D E B E E
S S Y S A B R A S L O S
T A S A Q D E U D A U P
O E T I E N E S D I N I
E R O G A N A N C I A D
A H O R R A D O D O S O
V E C E P R É S T A M O
S G A N A H O R R O A D
P R E S U P U E S T O O
```

B. Completa este texto con algunas de las palabras anteriores.

AQUÍ ENCONTRARÁS AYUDA PARA CONTROLAR TUS FINANZAS PERSONALES

Para no tener _____ es imprescindible mantener un _____ mensual: saber cuánto tenemos de _____ y de _____ y controlar el dinero. Los jóvenes desde chicos deben aprender la importancia del _____ para protegerse frente a los imprevistos. Hay que fomentar la moderación y combatir el despilfarro.

C. Con las letras no marcadas de la sopa de letras formarás dos refranes. Escríbelos al final de los diálogos.

● ¿Cuándo piensas devolverle a tu hermano el dinero que te prestó para que fueras al concierto?
○ No sé, papá. Es que estaba pensando comprarme unos pantalones nuevos. Total, no creo que le haga falta ese dinero. Me dijo que lo estaba guardando para el final del año.
● No, no. Primero vas a pagar tus deudas. Así dice el refrán: _____

● Mira, qué bien: seis meses de ahorro y ya tenemos en la libreta lo suficiente para amueblar la habitación de Lucas.
○ ¡No me digas! Así que valió la pena renunciar a algunas cositas.
● Estoy tan contento. Es como dice el refrán: _____

Lección 12 — Buscando trabajo

1. TRABAJO TEMPORAL

A. Escribe los subtítulos del texto en los espacios correspondientes.

> Socorrismo - Trabajo de temporada - Tiendas, grandes almacenes y supermercados - Ocio educativo - Turismo y hostelería

Trabajo temporal

_____
Muchas empresas y sectores requieren personal de refuerzo para cubrir plazas en temporadas concretas, como pueden ser el verano, la Navidad, las épocas de rebajas... A continuación se presentan algunas ideas de posibles **trabajos** de temporada.

_____
Si no tuvieras experiencia **previa**, podrías trabajar como voluntario y así **adquirirla**. Si ya hubieras hecho algunos trabajos en el sector o hubieras obtenido un título de monitor, podrías trabajar como animador en diversas actividades para niños y jóvenes (sala de fiestas, colonias, campos de trabajo, rutas, campamentos, centros...).
Si eres monitor, tu trabajo será **organizar** o contribuir a planificar actividades, y conducir y animar grupos, mientras cuidas de los niños. Si tienes que coordinar alguna actividad, es necesario que tengas el título de director de educación en el ocio educativo.

_____
Sería un trabajo ideal para jóvenes, pero solo si ya hubieras conseguido el título de socorrista y hubieras cumplido los 18 años. En caso contrario, si te gusta esta actividad, el verano es un buen momento para prepararte para el **futuro**.

_____
Si no tienes experiencia, pero sí **ganas** de trabajar, esta es una buena ocupación. Pero si tuvieras además idiomas y experiencia, las oportunidades serían muchas. Prepárate para ello si tienes don de gentes, buena presencia, **amabilidad**, flexibilidad y capacidad de adaptación.

_____
Para atender el **aumento** de trabajo, las tiendas y grandes almacenes amplían su plantilla en las épocas de Navidad, de verano y de rebajas, así como también durante los fines de semana del resto del año. No se acostumbra a pedir experiencia ni perfiles concretos, pero si tuvieras buena educación, **facilidad** de palabra y conocimiento de idiomas, especialmente en las zonas turísticas, tus posibilidades se **multiplicarían**.

B. Encuentra entre los términos destacados en negrita los antónimos de las siguientes palabras.

1. desgana _____
2. reducir _____
3. dificultad _____
4. rudeza _____
5. descanso _____
6. desordenar _____
7. perder _____
8. posterior _____
9. disminución _____
10. pasado _____

Lección 12 | Código 4

2. EL PRETÉRITO PLUSCUAMPERFECTO DEL SUBJUNTIVO Y EL CONDICIONAL COMPUESTO

A. Completa el esquema.

PRETÉRITO PLUSCUAMPERFECTO DE SUBJUNTIVO		CONDICIONAL COMPUESTO	
Haber en el pretérito imperfecto de subjuntivo	Participio del verbo principal	*Haber* en el condicional	Participio del verbo principal
hubiera	cantado comido vivido	habría	cantado comido vivido

B. Completa con el verbo correcto en pluscuamperfecto de subjuntivo.

elegir - conseguir - hablar - decir - vender

1. Lamentó que no _____ (nosotros) con él antes de decidirnos.
2. Ahora que podemos comprarlo, sería una pena que ya _____ (ellos) aquel coche.
3. Me extrañaría si no _____ la beca. Son excelentes estudiantes.
4. Ojalá nos _____ que estabas buscando trabajo. El viernes contrataron a una persona.
5. Me habría gustado que te _____ (ellos) para el puesto.

C. Vuelve a escribir las frases pasando los verbos destacados al condicional compuesto.

1. Yo que tú le **diría** la verdad, pues no tienes experiencia.
   _____
2. Yo, en tu lugar, le **hablaría** de *usted* en la entrevista.
   _____
3. Yo, si fuera tú, no me **pondría** vaqueros, son muy informales.
   _____
4. En tu lugar, yo no **dimitiría**. Con diálogo todo se **resolvería**.
   _____

3. ORACIONES CONDICIONALES

A. Relaciona.

1. Si no hubiéramos dicho *no* a algunas propuestas,
2. Si aceptaras el trabajo,
3. Si algo no le gusta,
4. Si me hubieran enseñado qué hacer,
5. Si no entiendes algo durante la reunión,

a. no me habría equivocado.
b. tendrías que vivir en el extranjero.
c. después me lo preguntas.
d. lo dice muy francamente.
e. no habríamos terminado a tiempo este proyecto.

Unidad 6

B. Completa los microdiálogos usando una frase con *si*.

1. ● ¿Por qué no vienes esta tarde a lo de Antonio? Nos vamos a reunir para ver el partido.
   ○ No sé, tengo que ayudar a mi hermano con una presentación. Pero si ▓▓▓▓▓▓

2. ● ¡Qué mala suerte! Aparqué dos minutos en un lugar prohibido para ir al banco y me pusieron una multa.
   ○ Es muy sencillo, si no ▓▓▓▓▓▓

3. ● Papá, ¿me dejarías algún dinero para ir a un concierto con mis amigos?
   ○ A ver, necesito ayuda para un trabajo extra que estoy haciendo. Si ▓▓▓▓▓▓

4. ● Perdí el puesto porque llegué tarde a la entrevista. Es que me acosté muy tarde y no logré levantarme.
   ○ Bueno, si ▓▓▓▓▓▓

5. ● No fui a ver a Anita porque no tenía con quien dejar a los chicos.
   ○ Mi hija mayor de vez en cuando trabaja como canguro para mis amigas.
   ● ¡Qué pena! Si ▓▓▓▓▓▓

4 LÉXICO DEL MUNDO LABORAL
Completa los anuncios con los siguientes fragmentos:

> tengo experiencia en una clínica veterinaria
> Imprescindible tener mucha paciencia
> gestionar nuestra página web respondiendo a las reservas
> ayudarlos con sus deberes en todas las materias
> que tenga conocimientos básicos en literatura en general

ANUNCIOS • ANUNCIOS • ANUNCIOS • ANUNCIOS • ANUNCIOS • ANUNCIOS • ANUNCIOS

CANGURO/NIÑERA/APOYO ESCOLAR. Soy una joven estudiante del grado en educación primaria, con experiencia de canguro con niños de 4 a 10 años. Poseo el nivel B1 de inglés y estoy cursando el B2. Me ofrezco para cuidar niños, jugar con ellos, ▓▓▓▓▓▓, etc. Durante el verano tengo disponibilidad horaria total y flexible. Envío currículum por *email*.

SOY UNA CHICA joven de 19 años. Me ofrezco para sacar a sus mascotas y/o cuidarlas durante sus vacaciones. Soy seria, responsable y con ganas de trabajar. Me encantan los animales y ▓▓▓▓▓▓. Atiendo *WhatsApp*.

SOMOS UNA PEQUEÑA librería de barrio y necesitamos a un(a) joven con edad entre 16 y 20 años, que tenga gusto por el trato con niños y jóvenes, que aprecie los libros, la lectura y ▓▓▓▓▓▓, arte e historia para trabajar en el sector infantil-juvenil de la librería. Interesados mandar currículo por *email*.

TIENDA DE ALQUILER Y VENTA DE BICICLETAS. Buscamos a una persona con alto nivel de inglés, extrovertida, con nociones sobre bicicletas, y disponibilidad de media jornada de lunes a viernes y un día completo en fin de semana (sábado o domingo). Las tareas del puesto de trabajo incluyen atender en la tienda a clientes que acudan a reservar, retirar y entregar bicicletas y ▓▓▓▓▓▓. Interesados mandar currículum por *email*.

CLASES DE INFORMÁTICA. Tengo 60 años y necesito aprender a manejarme en Internet, a usar el *Facebook* y todo lo que me puedan enseñar. ▓▓▓▓▓▓ y disponibilidad de horario por las tardes. Interesados contactarme por este *móvil*.

Tu biblioteca de español

Nicolás Guillén

1 ¿Verdadero o falso?

1. Nicolás Guillén nació el mismo año de la Independencia de Cuba.
2. El destierro y la soledad son dos temas muy presentes en la obra de Nicolás Guillén.
3. A causa de la política, Nicolás Guillén tuvo que exiliarse.
4. Para ganarse la vida, Nicolás Guillén trabajaba como agricultor.

2 Encuentra las palabras que forman la espiral y clasifica las que tienen estas terminaciones.

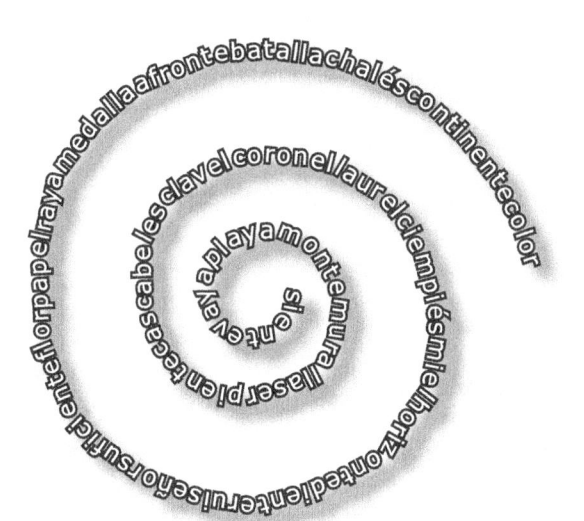

–iente	–aya/–alla	–el

3 Sigue las instrucciones y escribe un poema en forma de diamante.

1.ª línea: uno de los sustantivos del ejercicio anterior.
2.ª línea: dos adjetivos que describan al sustantivo de la primera línea.
3.ª línea: tres verbos relacionados con la primera línea.
4.ª línea: cuatro sustantivos: dos relacionados con la primera línea y dos con la séptima.
5.ª línea: tres verbos relacionados con la séptima línea.
6.ª línea: dos adjetivos que describan la séptima línea.
7.ª línea: otro sustantivo del ejercicio anterior, que pueda tener una relación con el sustantivo de la primera línea.

Ejemplo:

Clavel
Blanco y rojo.
Para adornar, celebrar, embellecer
el amor, la amistad, la atención, la ternura.
Cuidar, encantar, alegrar.
La colorida hermosa
flor.

Tu poema:

Unidad 6

Tu rincón hispano

Cuba

¿Jugamos?

Formen dos equipos, A y B, y usen las preguntas siguientes. Cada respuesta correcta vale un punto. La secuencia la puede decidir cada grupo.

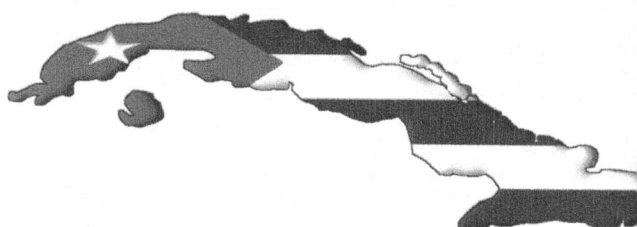

1. ¿A qué país Colón pensó haber llegado cuando llegó a Cuba?
2. ¿Cuál es el régimen político de Cuba?
3. ¿Cuáles son las características más conocidas del Ballet Nacional de Cuba?
4. ¿Qué quería el Gobierno cubano con la campaña que llevó a cabo entre 1960 y 1961?
5. ¿Cuál es el deporte nacional de Cuba y qué conquistas importantes tuvo?
6. ¿De qué manera llegó el béisbol a Cuba?
7. ¿En qué país nació el grupo Orishas? ¿Por qué?
8. ¿Qué ritmos musicales mezcla el grupo Orishas en sus canciones?
9. La canción *Guantanamera* es una adaptación de un poema. ¿De qué escritor cubano?
10. ¿Qué quiere decir *guajiro/a* y *guantanamera*?
11. ¿Qué papel desempeñó el cantante Peter Seeger en la popularización de la canción *Guantanamera*?
12. Cita tres características del español que se habla en Cuba.

Puntos

Grupo A:	Grupo B:

Autoevaluación

Código 4

Portfolio: evalúa tus conocimientos de español.

Después de hacer la unidad 6
Fecha: ....

	Nivel alcanzado			
	Insuficiente	Suficiente	Bueno	Muy bueno

Comunicación

Puedo expresar mi opinión sobre el consumo.
Escribe las expresiones:

□ □ □ □

Puedo hablar de mis capacidades para presentarme a un trabajo.
Escribe las expresiones:

□ □ □ □

Puedo describir un puesto de trabajo.
Escribe las expresiones:

□ □ □ □

Gramática

Sé usar el pretérito perfecto de subjuntivo.
Escribe algunos ejemplos:

□ □ □ □

Sé usar el pretérito pluscuamperfecto de subjuntivo.
Escribe algunos ejemplos:

□ □ □ □

Sé usar el condicional compuesto.
Escribe algunos ejemplos:

□ □ □ □

Sé distinguir las distintas oraciones condicionales.
Escribe algunos ejemplos:

□ □ □ □

Vocabulario

Conozco las palabras para hablar de la economía.
Escribe las palabras que recuerdas:

□ □ □ □

Conozco las palabras relacionadas con el mundo del trabajo.
Escribe las palabras que recuerdas:

□ □ □ □

Conozco los nombres de las actividades de tiempo libre.
Escribe las palabras que recuerdas:

□ □ □ □

Mi diccionario

Traduce las principales palabras de la unidad 6 a tu idioma.

A
- a menudo (expresión) ....
- afición (la) ....
- ágil ....
- agrícola ....
- alacrán (el) ....
- alfabetización (la) ....
- alfabetizar (verbo irregular) ....
- almacén (el) ....
- alquilar (verbo regular) ....
- amabilidad (la) ....
- analfabetismo (el) ....
- animador, animadora (el, la) ....
- anunciar (verbo regular) ....
- aparcar (verbo irregular) ....
- apariencia (la) ....
- apasionar (verbo regular) ....
- arreglárselas con (expresión) ....
- aseo (el) ....
- atentamente ....
- autocontrol (el) ....
- aviso (el) ....

B
- *ballet* (el) ....
- béisbol (el) ....
- bimestre (el) ....

C
- campesino, campesina (el, la) ....
- canguro (el) ....
- capacidad (la) ....
- capricho (el) ....
- caprichoso, caprichosa ....
- ciempiés (el) ....
- clavel (el) ....
- cobra (la) ....
- collar (el) ....
- combate (el) ....
- comercial ....
- condición (la) ....
- conseguir (verbo irregular) ....
- consumismo (el) ....
- consumista ....
- contratar (verbo regular) ....
- coordinar (verbo regular) ....
- cronológicamente ....
- crucero (el) ....
- cuenta (la) ....
- cuento (el) ....
- cumplido (el) ....

D
- descuento (el) ....
- desempleado, desempleada (el, la) ....
- despedir (verbo irregular) ....
- despido (el) ....
- detalle (el) ....
- deuda (la) ....

E
- economía (la) ....
- elegir (verbo irregular) ....
- emigrar (verbo regular) ....
- empleado, empleada (el, la) ....
- empobrecer (verbo regular) ....
- endeudamiento (el) ....
- engordar (verbo regular) ....
- entretener (verbo regular) ....
- entrevistador, entrevistadora (el, la) ....
- erradicación (la) ....
- eslogan (el) ....
- estacional ....
- estrella (la) ....
- exiliado, exiliada (el, la) ....
- expresarse (verbo reflexivo regular) ....
- expulsión (la) ....

F
- felicidad (la) ....
- feriado, feriada ....
- figurado, figurada ....
- filosofía (la) ....
- finalmente ....
- finanza (la) ....
- flexibilidad (la) ....
- flor (la) ....

G
- ganancia (la) ....
- generalmente ....
- girar (verbo regular) ....
- granja (la) ....

H
- hablante (el, la) ....
- hierbabuena (la) ....
- horizonte (el) ....
- hostelería (la) ....
- hotelero, hotelera ....
- humilde ....

I
- imprescindible ....
- impulsividad (la) ....
- impulsivo, impulsiva ....
- independientemente ....
- índice (el) ....
- indispensable ....
- inflación (la) ....

inscripción (la) ....
insostenible ....
integrante ....
intensificar (verbo irregular) ....
intentar (verbo regular) ....

J
jefe, jefa (el, la) ....
juntar (verbo regular) ....
juvenil ....

L
lástima (la) ....
laurel (el) ....
librarse (verbo reflexivo regular) ....
líder (el, la) ....

M
manutención (la) ....
marino, marina ....
matanza (la) ....
mensual ....
mentir (verbo regular) ....
mirto (el) ....
mixto, mixta ....
modificar (verbo regular) ....
morir (verbo irregular) ....
mulato, mulata ....
multiplicar (verbo irregular) ....
muralla (la) ....
musical ....
musicalidad (la) ....

N
nacimiento (el) ....
nacionalidad (la) ....
necesidad (la) ....
novedad (la) ....

O
ocasión (la) ....
ocio (el) ....
ocupación (la) ....
onomatopeya (la) ....
originalidad (la) ....

P
paloma (la) ....
particular ....
patrocinador, patrocinadora ....
perfeccionar (verbo regular) ....
permanente ....
plazo (el) ....
posicionarse (verbo regular) ....
precisar (verbo regular) ....
predominar (verbo regular) ....
preocupante ....
prepararse (verbo reflexivo regular) ....

promoción (la) ....
propaganda (la) ....
protección (la) ....
publicar (verbo irregular) ....
publicitario, publicitaria ....
puñal (el) ....

Q
queja (la) ....

R
racional ....
rebajas (las) ....
reconstruir (verbo irregular) ....
referencia (la) ....
refuerzo (el) ....
remuneración (la) ....
remunerado, remunerada ....
repertorio (el) ....
repetición (la) ....
reportero, reportera (el, la) ....
requerir (verbo irregular) ....
requisito (el) ....
revolución (la) ....
ridículo (el) ....
rima (la) ....
ruiseñor (el) ....

S
sable (el) ....
simplista ....
sinfín (el) ....
sobreendeudamiento (el) ....
socialista ....
socorrismo (el) ....
socorrista (el, la) ....
soler (verbo irregular) ....
solicitar (verbo regular) ....
suceso (el) ....
sueldo (el) ....

T
tableta (la) ....
tecnológico, tecnológica ....
temporal ....
totalidad (la) ....
tradición (la) ....
transformar (verbo regular) ....

U
unión (la) ....

V
variado, variada ....
varios, varias ....
veneno (el) ....
verso (el) ....
víctima (la) ....

TRANSCRIPCIONES cuaderno de ejercicios

Pista 21
—Buenos días a todos. Vengo a explicarles que vamos a tener una semana un poco diferente en el colegio. Vamos a recibir a una directora de cine y a su equipo de rodaje para hacer unas pruebas. Ella está haciendo un documental sobre los adolescentes y quiere entrevistarnos y hacer algunas tomas del colegio. Les voy a entregar un formulario, después de rellenarlo tienen que mostrárselo a sus padres y pedirles que lo firmen. Es una autorización para que puedan participar.
—¿Le puedo hacer una pregunta, doña Eulalia?
—Claro, pregúntame lo que quieras.
—¿Cuándo es el estreno?
—No lo sé, pero creo que todavía tardará un poquito. Lo que sé es que además de directora, es una activista, que hace documentales sobre la sociedad y que quiere derribar ciertos prejuicios respecto a los adolescentes. Pero debo decirles que no se hagan muchas ilusiones sobre aparecer en una película, filman muchas horas, pero luego aprovechan muy poco, un documental no tiene más que una hora normalmente.

Pista 22
—Te he esperado toda la tarde en la biblioteca y no has venido. Si no fuera por Lucas, no entendería nunca la materia nueva.
—Pero ayer te dije que, si terminaba lo que tenía que hacer, te llamaría para encontrarnos. Si no te he llamado, es porque no he terminado.
—Bueno... Quería pedirte un favor: si te mando mi informe sobre el experimento de Química, ¿me lo imprimes? Es que mi impresora se estropeó.
—No hay problema, mándamelo.
—Gracias, pero antes tengo que terminarlo.
—Pero son las once de la noche, Ainoa. Mira, si tu informe no me llega en media hora, lo siento, pero no lo imprimiré. Siempre lo dejas todo para el último momento.
—Entonces adiós, si no, no lo termino.

Pista 23
Como conclusión, en cuanto a la privacidad de los datos compartidos, el estudio revela que desde el año 2006, año que se realizó el último estudio de estas características, los usuarios prestan menos atención a la información personal que publican en las redes.
Haciendo un promedio de las respuestas de chicos y chicas, un 91 % de los adolescentes incluye una foto suya en su perfil y un 20 % revela su número de teléfono celular. Asimismo, el 71 % expone su ciudad de residencia, el 82 % su fecha de cumpleaños, el 9 % su nombre real, el 53 % la dirección de su cuenta de correo electrónico, el 62 % su situación sentimental, y el 24 % aseguró haber subido un vídeo de sí mismo en esta red.
No obstante, el estudio también observó que un 26 % de estos adolescentes incluye información falsa en su perfil para «desorientar» a los curiosos y proteger así su identidad. En este sentido, muchos de ellos han optado por migrar a la red social de *microblogging* Twitter para salvaguardar su privacidad con el uso de un seudónimo.

Pista 24
Patricia: ¿Qué receta vas a poner en el blog?
Leonardo: Mi desayuno favorito en verano: licuado de yogur con banana y avena. Tomas un potito de yogur natural, juntas dos cubitos de hielo, un plátano, una cucharadita de avena, un poquito de canela y un poquito de miel. Pon todo en la licuadora, lo bates y listo. Está riquísimo. Y además es muy sano. Y tú, ¿qué vas a escribir?
Patricia: Un postre que siempre hace mi tía Mónica cuando la visitamos en Brasil. Lo voy a llamar «Pastelito de coco y queso».
Leonardo: ¿Y acá tendremos los ingredientes?
Patricia: Sí, sí. Lleva cuatro cosas: una lata de leche condensada, una taza de coco rallado, una cucharada de queso rallado y dos yemas.
Leonardo: ¿Y cómo se hace?
Patricia: Yo mismo no lo hice, pero la ayudé. Ella mezcla todos los ingredientes en un bol y después va poniendo la masa con una cuchara en unos moldecitos de papel.
Leonardo: ¿Y nada más?
Patricia: Hay que hornearlos hasta que queden dorados. Son deliciosos.
Leonardo: ¿Y a qué temperatura tiene que estar el horno?
Patricia: ¿Temperatura? Pues no lo sé.
Leonardo: Pregúntaselo a tu tía, entonces. Es una información importante.

Pista 25
—Estaba leyendo esta revista de turismo y mira qué curioso. ¿Te diste cuenta de que hay varias ciudades en Latinoamérica que tienen nombres de ciudades españolas? Están, por ejemplo, Cuenca, Mérida, Córdoba.
—Sí, pero son completamente diferentes. Cuenca en América está en Ecuador y es una ciudad colonial, muy hermosa. En el centro de la ciudad hay un parque, se llama Abdón Calderón. Y de Cuenca en España sé que tiene las casas colgadas y que en sus tierras está la Ciudad Encantada, más bien un parque de formaciones rocosas.
—Sí, sí. Córdoba en Argentina también es de la época colonial, tiene varias construcciones de ese estilo e importantes edificaciones de los jesuitas. Ya la Córdoba española es una ciudad medieval, con muchas marcas arquitectónicas de los judíos y moros que habitaron ahí. Ay, ¡qué ganas de viajar me entraron!
—¡Yo me apunto! ¿Hacemos las maletas?

Pista 26
Tunza es una palabra en *swahili* que significa «tratar con cuidado» y este es el nombre de una iniciativa del Programa de las Naciones Unidas para el Medio Ambiente que tiene como objetivo concienciar a niños y jóvenes sobre la importancia del cuidado del medio ambiente. En el marco de esa iniciativa, todos los años el programa organiza un concurso de pintura infantil sobre medio ambiente. Para nuestro orgullo, María José, una chica nacida en 1999 [en] México, resultó la ganadora de su 23.ª edició[n] cuyo tema fue *Desperdicios y desechos alime[n]ticios*. María José dijo que se inspiró en el do[lor] y sufrimiento que padecen muchas personas [en] el mundo, incluso en nuestro país, pues hay l[u]gares en que la gente muere de hambre mientr[as] en las grandes ciudades se desperdicia much[o] alimento. Tanto María como los ganadores [de] las otras cinco regiones del mundo recibirán [un] premio en efectivo de 1 000 dólares estadou[ni]denses y un viaje con todos los gastos pagad[os] para asistir a la próxima Conferencia Internacio[]nal TUNZA.

Pista 27
1. Además, el cambio climático no solo es u[n] reto para nuestra forma de vida actual, sin[o] que también pone en peligro los avances q[ue] logramos hasta ahora.
2. El mercurio es un elemento altamente tóxic[o] y dañino para el medio ambiente. Por [lo] tanto, hay que reducir al máximo sus em[i]siones.
3. De hecho, se derrocha mucho papel en nue[s]tra escuela y vamos a cambiar esa situació[n].
4. Me parece absurda la idea de prohibir co[m]pletamente la circulación de coches en [el] centro de la ciudad.

Pista 28
Diariamente recibimos, consciente o incon[s]cientemente, cientos de mensajes publicita[]rios: por la radio, la televisión, la prensa, p[or] Internet. El lenguaje publicitario nos rodea y [es] muy importante que utilice un discurso respo[n]sable y que fomente la igualdad y los buen[os] valores sociales, que muestre a las mujeres y [a] los hombres iguales en su condición de ser[es] humanos. Ya no se discute que el discurso p[u]blicitario posee una gran fuerza de persuasió[n] y que, no solo refleja la sociedad, sino qu[e] también influye en la transmisión de valores [y] creencias. Por ello, es tan importante elimina[r] de este lenguaje las representaciones que pro[]mueven las desigualdades. Hombres y mujere[s] han sido tradicionalmente «etiquetados» co[n] diferentes rótulos y así han aparecido reflejado[s] en los medios de comunicación y en la publ[i]cidad. Así, hasta mediados de los ochenta, e[ra] absolutamente normal que la mujer aparecier[a] en los anuncios únicamente como ama de casa[,] madre y esposa. Aunque actualmente este pa[]norama ha cambiado, pues la mujer también h[a] asumido otros papeles fuera del hogar, algun[os] estudios demuestran que, en los anuncios d[e] productos de uso cotidiano como productos d[e] limpieza, de alimentación o de electrodomésti[]cos, la mujer sigue siendo la protagonista. Es l[o] que podemos observar en los siguientes ejem[]plos. El primero tiene más de cuarenta años [y] el segundo es actual. Podemos ver que, a pesa[r] de la diferencia de tiempo entre ellos, en ambo[s] el producto aparece asociado a la mujer com[o] usuaria principal de este tipo de electrodomés[]tico.

Tus notas:

Tus notas:

Tus notas:

Tus notas:

Índice

Unidad 1.	¡Hola!	4
Unidad 2.	Presentaciones	7
Unidad 3.	Alquilar un piso	10
Unidad 4.	Por la ciudad	14
Unidad 5.	Comer en un restaurante	18
Unidad 6.	Háblame de ti	21
Unidad 7.	De compras	25
Unidad 8.	Invitaciones	29
Unidad 9.	Prepara una excursión	34
Unidad 10.	¿Qué has hecho?	38
Unidad 11.	Cuéntame qué pasó	42
Unidad 12.	Viajar en avión	47
Unidad 13.	Antes y ahora	51
Unidad 14.	Instrucciones	54
Unidad 15.	Acontecimientos del pasado	58
Claves		62

unidad 1
¡Hola!

Comunicación

1 RELACIONA los elementos de las columnas.

1. ¿Cómo te llamas?
2. Hola, ¿qué tal?
3. ¿De dónde eres?
4. ¿Cómo se escribe?
5. ¿Dónde vives?
6. ¿Qué haces?

a. Bien, ¿y tú?
b. De Lima.
c. Gustavo.
d. En Madrid.
e. Soy cocinero.
f. ge-u-ese-te-a-uve-o.

2 ESCRIBE la pregunta adecuada.

1. • ¿...*Cómo te llamas*...?
   • Álvaro Gómez.
2. • ¿........................?
   • Soy informático.
3. • ¿........................?
   • De Madrid.
4. • ¿........................?
   • En Lima.
5. • ¿........................?
   • No, soy boliviana.
6. • ¿........................?
   • Soy profesor.
7. • ¿........................?
   • No, soy argentino.
8. • ¿........................?
   • En Ciudad de México.
9. • ¿........................?
   • Carlos López.
10. • ¿........................?
    • Soy mexicano.

Gramática

1 COMPLETA con los interrogativos adecuados.

dónde   qué   cómo

a. ¿*Dónde* vives?
b. ¿De .... eres?
c. ¿.............. te llamas?
d. ¿.............. estudias?
e. ¿.............. se escribe "bocadillo"?
f. ¿.............. trabajas?

4 • cuatro

UNIDAD 1

2 COMPLETA la tabla con las formas verbales adecuadas.

Yo	trabajo	vivo	....	me llamo
Tú	....	vives	....	....
Él/ella/Ud.	....	....	es	....
....	....	....	somos	nos llamamos
Vosotros/as	trabajáis	....	....	....
....	....	....	....	....

3 COMPLETA con las palabras que faltan.

a. • Hola, ¿cómo ......*te llamas*......?
   • Ida Jiménez.
b. • ¿..................... española?
   • No, soy argentina.
c. • ¿............... en una oficina?
   • No, ahora trabajo en un restaurante.
d. • ¿Dónde ....?
   • .... en Buenos Aires.

4 COMPLETA la tabla con las frases correspondientes.

El profesor es chileno.	La profesora es chilena.
....	La pianista es argentina.
El guía es español.	....
....	La enfermera es venezolana.
El estudiante es brasileño.	....
....	La cocinera es uruguaya.
El actor es cubano.	....

Léxico

1 ¿De dónde son? ESCRIBE el adjetivo correspondiente.

1. Gunter es *alemán* (Alemania).
2. Claudia es .... (Italia).
3. John es .... (Inglaterra).
4. Renate es .... (Austria).
5. Elaine es .... (Brasil).
6. Svieta es .... (Rusia).
7. Pierre es .... (Canadá).
8. Richard es ....(Francia).
9. Mohammed es .... (Marruecos).
10. Li es .... (China).

2 ESCRIBE frases como las del ejemplo.

francés / París
a. ¿Eres francés?
b. Sí, soy de París.

1. española / Valencia
   ....
   ....
2. italiana / Milán
   ....
   ....
3. argentino / Córdoba
   ....
   ....

4. mexicano / México
   ....
   ....
5. brasileño / São Paulo
   ....
   ....
6. portuguesa / Lisboa
   ....
   ....

3 ESCRIBE debajo de cada dibujo el nombre de la profesión.

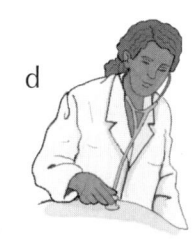

a ....   b ....   c ....   d ....

e ....   f ....   g ....   h ....

Comprensión oral

1 LEE y DELETREA los siguientes nombres. Comprueba con la cinta.

1. ALONSO   2. HERRERO   3. GUADALQUIVIR   4. HERNÁNDEZ
5. VALENCIA   6. BADAJOZ   7. ZARAGOZA   8. GOITIA

2 ESCUCHA y subraya el apellido que oyes.

1. Hernández / Fernández
2. Rodero / Rodríguez
3. Herrero / Ferrero
4. Romero / Rodero
5. García / Santamaría
6. Sancho / Sánchez
7. Díaz / Díez
8. Rueda / Pereda
9. Puerta / Cuerda

6 • seis

unidad 2
Presentaciones

Comunicación

1 ORDENA los datos de Elena Rodríguez y Raúl Toledo.

| argentino   madrileña   abogado   directora de banco   en Madrid   en Buenos Aires |

a. Elena Rodríguez es ....
b. ....
c. ....

d. Raúl Toledo es ....
e. ....
f. ....

2 COMPLETA la tabla con las frases correspondientes.

TÚ	USTED	VOSOTROS	USTEDES
¿Cómo te llamas?	....	....	....
....	....	¿De dónde sois?	....
....	¿Qué hace?	....	....
¿Dónde vives?	....	....	¿Dónde viven ustedes?

3 COMPLETA los diálogos con las expresiones o palabras que faltan.

a. • ...*Buenos*... días, señor Martínez, ¿cómo .... usted?
   • ...., ¿y ....?
   • Bien, gracias. ¿............... usted periodista?
   • No, ... abogado.
   • ¿............... usted en Valencia?
   • Sí, eso es.

b. • ¿Es .... enfermera?
   • .... soy médica.
   • ¿............... en el Hospital de La Paz?
   • No, ... en el Doce de Octubre.

7 • siete

4 ¿Cómo saludas en las siguientes situaciones? ESCRIBE tus respuestas.

a. Saludas a un amigo por la calle:
....

b. Saludas al director de tu empresa:
....

Gramática

1 COMPLETA la tabla.

Yo	trabajo	....	....
Tú	....	comes	....
Él/ella/Ud.	....	....	vive
Nosotros/as	....	....	....
Vosotros/as	....	....	....
....	....	....	viven

2 FORMA frases tomando un elemento de cada columna.

1.	2.	3.
María	se llama	estudiantes
Nosotros	son	profesores
Él	es	valenciano
Ernesto	somos	en Caracas
Ellos	vive	Miguel López

a. *María vive en Caracas.*
b. ....
c. ....
d. ....
e. ....

3 RELACIONA para hacer las presentaciones.

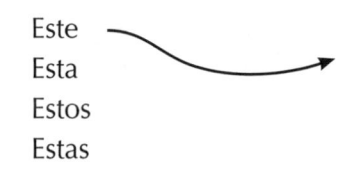

Este → es Elena Pérez, profesora de inglés.
Esta   es Ricardo Díez, mi compañero de trabajo.
Estos   son mis amigas Julia y Marina, son de Sevilla.
Estas   son Valerio y Salvador, son de Tegucigalpa.
         son mis vecinos Mayte y Rafa.

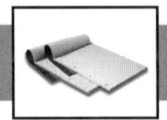

Léxico

1 ESCRIBE los resultados.

1. dos + tres = *cinco*
2. tres + uno = ...
3. cuatro + cinco = ...
4. seis + dos = ...
5. cuatro + tres = ...
6. ocho - ocho = ...
7. siete - seis = ...
8. nueve - siete = ...
9. siete - uno = ...
10. ocho - cinco = ...

UNIDAD 2

2 COMPLETA el cuadro con las formas correspondientes.

chino	china	chinos	chinas
....	alemana	....	....
francés	....	....	....
....	japonesa	japoneses	
....	marroquí	....	....
brasileño	....	....	....
....	....	rusos	
iraní	....	....	....
inglés	....	....	....

3 ESCRIBE el plural de las profesiones.

1. El pintor → *los pintores.*
2. La abogada → ....
3. La secretaria → ....
4. La azafata → ....
5. El enfermero → ....
6. El economista → ....
7. La empresaria → ....

Comprensión oral

1 ESCUCHA y completa la información.

NOMBRE	PROFESIÓN	LUGAR DE TRABAJO	ORIGEN
Laura	....	....	....
Rafael	....	....	....
Manuel	....	....	....
Pilar y Eva	....	....	....

9 • nueve

unidad 3
Alquilar un piso

Comunicación

1 Este es el dormitorio de Mayte. Mira el dibujo y SEÑALA verdadero (V) o falso (F).

	V	F
1. La lámpara está en el suelo.	☐	☐
2. La ventana es pequeña.	☐	☐
3. El ordenador está debajo de la ventana.	☐	☐
4. Las llaves están en la mesita de noche.	☐	☐
5. Los libros están encima de la cama.	☐	☐
6. La ropa de Mayte está en el suelo.	☐	☐

2 CLASIFICA las expresiones en la categoría correspondiente.

Localizar objetos	Preguntar y decir cantidades	Describir una vivienda

a. Mi casa no es muy grande.
b. El dormitorio está al lado del salón.
c. ¿Cuántas habitaciones tiene tu casa?
d. ¿Dónde está la cocina?
e. El ordenador está encima de la mesa del salón.

UNIDAD 3

Gramática

1. COMPLETA la tabla con las formas verbales.

ESTAR	TENER	PONER
estoy	....	....
....	tienes	....
....	....	pone
....	....	....
....	....	....
....	....	....

2. COMPLETA las frases con los verbos conjugados del recuadro.

- estar
- vivir
- ser
- trabajar
- tener
- poner

1. ¿Cuántas habitaciones ...*tiene*... tu casa?
2. ¿Dónde .... usted? ¿En un banco o en una empresa de informática?
3. ¿De dónde .... ustedes? ¿De Bogotá?
4. Yo no .... los libros en el suelo.
5. Mi casa .... al lado de la Puerta del Sol.
6. ¿Dónde .... usted?

3. FORMA frases tomando un elemento de cada columna.

A	B	C
El salón	es	cómodas
La lavadora	está	antiguos
Los sillones	son	aquí
El cuarto de baño	están	pequeño
Las sillas		a la izquierda

1. *El salón es pequeño.*
2. ....
3. ....
4. ....
5. ....

4. Mira las ilustraciones y COMPLETA las frases con los artículos y las preposiciones necesarias.

1. *El* dormitorio *de* Juan está *al* lado *de la* cocina.
2. .... salón está .... fondo .... pasillo.
3. .... baño está enfrente .... cocina.

1. .... muebles .... salón son antiguos.
2. .... libros están encima .... sillas.
3. .... teléfono está debajo .... mesa.

11 • once

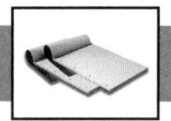

Léxico

1 **ESCRIBE el adjetivo contrario.**

1. Mi casa no es antigua, es *moderna*.
2. El cuarto de baño no es grande, es ....
3. No es un piso exterior, es ....
4. La calle no es ruidosa, es ....
5. La cocina no es bonita, es ....
6. El balcón no es pequeño, es ....

2 **En español, para mencionar a los reyes y papas se usan los ordinales hasta el décimo. ESCRIBE los ordinales correspondientes a cada número romano.**

1. Felipe II	*segundo*.	6. Carlos III	....
2. Felipe V	....	7. Fernando VI	....
3. Alfonso VIII	....	8. Carlos IV	....
4. Carlos I	....	9. Fernando VII	....
5. Alfonso IX	....	10. Alfonso X	....

3 **ESCRIBE los números.**

17 *diecisiete*	20	13	18 ....
12	14	15	19 ....
16	11		

4 **PON el nombre a cada habitación.**

1. ....
2. ....
3. ....
4. ....
5. ....
6. ....

UNIDAD 3

5 ESCRIBE el nombre debajo de cada imagen.

a. .... b. .... c. .... d. ....

e. .... f. .... g. .... h. ....

6 Ahora, ESCRIBE los muebles que necesitas para amueblar cada habitación.

DORMITORIO	SALÓN-COMEDOR	COCINA
....	....	....
....	....	....
....	....	....

Comprensión oral

1 Escucha y SEÑALA (✓) el número que oyes.

a. 15 ☐   5 ☐   b. 12 ☐   2 ☐   c. 14 ☐   12 ☐
d. 10 ☐   3 ☐   e. 11 ☐   12 ☐   f. 8 ☐   18 ☐

2 Emma quiere alquilar un piso y llama por teléfono a varios anuncios. Escucha las conversaciones y COMPLETA el cuadro.

	Número de habitaciones	¿Exterior o interior?	Precio
Piso 1	....	....	....
Piso 2	....	....	....
Piso 3	....	....	....

3 ESCRIBE un párrafo sobre tu casa ideal.

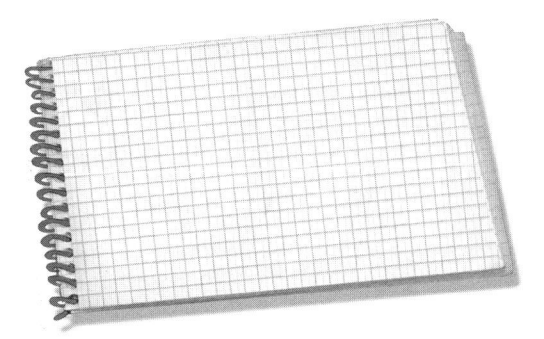

unidad 4
Por la ciudad

Comunicación

1 **COMPLETA los diálogos con las instrucciones necesarias.**

1. • Perdone, ¿..*hay*.... un hospital por aquí cerca?
   • Sí, en la calle Velázquez. .... usted en la tercera calle a la derecha y luego .... todo recto unos 100 metros.
2. • Perdone, ¿el cine Rex .... en la calle Frida Kahlo?
   • No, en la calle Sorolla.
3. • ¿Cómo se .... a Correos?
   • .... todo recto y luego .... en la segunda calle a la izquierda.
4. • ¿Cómo .... a tu casa?
   • En autobús. .... el número 12 hasta la Castellana. Te .... en la quinta parada. Desde allí .... andando. Mi casa .... al lado de una farmacia.

2 **ESCRIBE frases como las del modelo.**

Abrir / bancos / 8:30
A. Por favor, ¿a qué hora abren los bancos?
B. A las ocho y media.

1. Abrir las farmacias / 9:30
....
....

2. Cerrar los estancos / 20:30
....
....

3. Abrir el Museo de Historia / 9:45
....
....

4. Llegar el vuelo de Caracas / 6:45
....
....

5. Salir el autobús de la playa / 11:55
....
....

6. Cerrar el supermercado / 21:30
....
....

3 **¿Qué hora es? ESCRIBE tus respuestas debajo de cada ilustración.**

a   b   c   d   e   f

....

14 • catorce

UNIDAD 4

4. RELACIONA.

a. 14 — catorce
b. 57 — cincuenta y siete
c. 100 — cien
d. 529 — quinientos veintinueve
e. 1 945 — mil novecientos cuarenta y cinco
f. 2 587 — dos mil quinientos ochenta y siete
g. 5 913 — cinco mil novecientos trece

5. ESCRIBE en letras las siguientes cantidades.

a) 822 €   b) 315 €   c) 1 895 €   d) 176 €   e) 5 048 €

....

Comprensión oral

1. ESCUCHA y señala (✓) la cantidad que oyes.

a. 36 ☐   16 ☐   b. 43 ☐   33 ☐   c. 89 ☐   109 ☐
d. 340 ☐ 140 ☐   e. 524 ☐ 543 ☐   f. 1958 ☐ 1968 ☐

2. Escucha y COMPLETA con las horas.

1. ¿A qué hora empieza la película?   ....
2. ¿A qué hora voy a tu casa?   ....
3. Yo me levanto todos los días a las   ....
4. ¿Cuándo vamos a la calle?   A las ....
5. ¿A qué hora cierran el restaurante?   A las ...., creo.
6. ¿Qué hora tienes?   ....
7. ¿Qué hora es?   ....

3. Completa la conversación. A continuación, escucha y COMPRUEBA.

- Hola, Alicia, ¿vienes esta noche a mi casa?
- ...., ¿............................?
- En metro. Tomas la línea 1 hasta Sagrera, sales de la estación y muy cerca está mi casa.
- ¿............................?
- En la calle Jacinto Verdaguer, 15, 2º, izda.
- ¿............................?
- A las siete y media.
- ...., ...
- Hasta luego.

unidad 5
Comer en el restaurante

Comunicación

1 **COMPLETA los diálogos.**

1.
a. Hola, ¿qué ...*van a*... tomar?
b. Yo un .... de naranja, ¿y tú?
c. Yo, una tónica.

2.
a. ¿Qué quiere de ....?
b. Sopa.
a. ¿Y de segundo?
b. .... de ternera.

3.
a. Camarero, ¿................ ....?
b. Son 7 euros con veinte céntimos.
a. Aquí tiene.

4.
a. Por favor, ...
b. ¿Sólo o con leche?
a. ....

Gramática

1 **COMPLETA el cuadro.**

	PASAR	COMER	ABRIR	CERRAR	HACER	PONER	REPETIR	CALLARSE
TÚ	pasa	....	abre	....	haz	....	repite	....
USTED	....	coma	....	cierre	....	ponga	....	cállese

2 **TRANSFORMA las frases escribiendo las preguntas o dando órdenes.**

1. ¿Puedes abrir la ventana? → a. *Abre la ventana, por favor.*
2. ¿Puedes ponerme un zumo de tomate? b. ....
3. .... c. Haz la comida hoy, por favor.
4. ¿Puedes cerrar la ventana? d. ....
5. .... e. Habla más bajo, por favor.
6. ¿Puedes poner la tele? f. ....
7. .... g. Llama a las siete, por favor.

UNIDAD 5

3 **ESCRIBE cinco frases tomando un elemento de cada columna.**

A ella A David A mí ¿A ti A Elena	te me le	gusta gustan	ver la tele la música latina? el jamón los deportes las gambas

1. ....
2. ....
3. ....
4. ....
5. ....

4 **ORDENA las frases.**

A / queso / el / mucho / gusta / me / mí
A mí me gusta mucho el queso.

1. pescado / no / gusta / mucho / él / A / le / el
....
2. aceitunas / las / gustan / nada / ti / A /no / te
....
3. clásica / la / música / gusta / Me / mucho
....

4. Sergio / no / ajedrez / gusta / el / A / le
....
5. Sergio / motos / le / mucho / gustan / las / A
....
6. Eva / gustan / helados / mucho / los / A / le
....

Léxico

1 **ESCRIBE el nombre debajo de cada ilustración.**

a. *Pera*

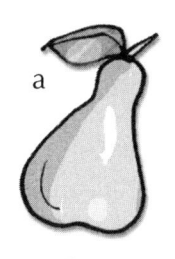

b. ....

c. ....

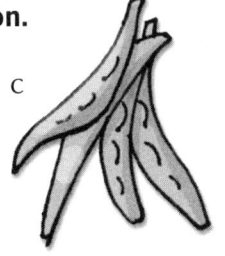

d. ....

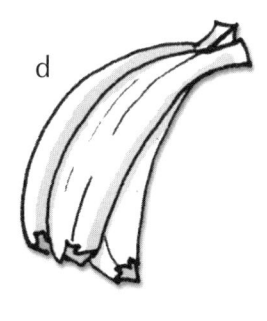

e. ....

f. ....

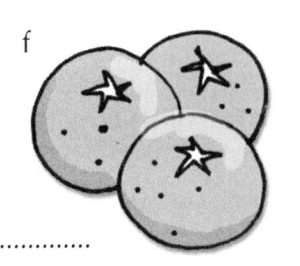

g. ....

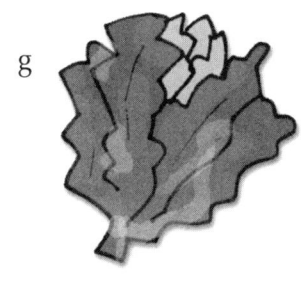

19 • diecinueve

2. BUSCA seis nombres de carnes y pescados en esta sopa de letras.

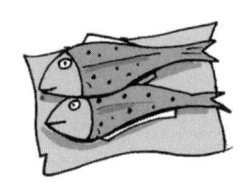

A	C	D	H	T	P	S	T	R	Q
X	B	E	Y	R	Ñ	J	M	S	O
M	Ñ	L	P	U	Ñ	C	I	R	M
Ñ	Q	S	T	C	P	O	L	L	O
Q	G	H	J	H	M	R	J	K	L
A	S	D	S	A	R	D	I	N	A
C	V	T	E	R	N	E	R	A	L
M	N	E	I	D	P	R	P	U	Y
B	A	C	A	L	A	O	S	C	T

Comprensión oral

1. Escucha y SEÑALA (✓) lo que le gusta a cada uno.

	Hijo	Padre	Madre
Leer			
Ver la tele			
Jugar con el ordenador			
El fútbol			
La música moderna			
La música clásica			
Pintar			
El cine			

Comprensión lectora

1. Lee y RESPONDE a las preguntas.

En España, tanto a la hora de comer como a la hora de cenar, se suele comer dos platos y un postre. El primer plato puede ser sopa, ensalada, pasta, arroz o verduras y el segundo plato está compuesto de carne (de pollo, ternera, cerdo o cordero, generalmente) o algún pescado (sardinas, truchas, boquerones...). Los españoles son grandes consumidores de pescado gracias a la gran extensión de sus costas. En cuanto al postre, suele consistir en fruta o algún postre preparado como arroz con leche o flan. En general, a la gente le gusta comer bien, tanto en casa como en el restaurante.

a. ¿Cuántos platos comen los españoles normalmente? ....
b. ¿El pescado se come de primero o de segundo? ....
c. ¿Por qué comen tanto pescado los españoles? ....
d. ¿Qué se come de postre? ....

unidad 6
Háblame de ti

Comunicación

1 **DESCRIBE a las siguientes personas.**

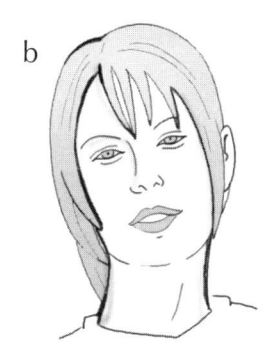

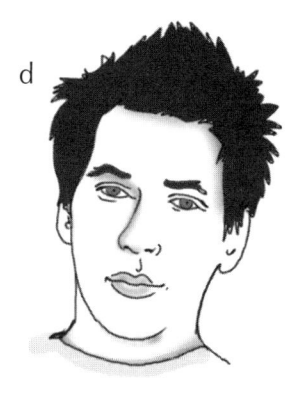

a   b   c   d

....
....
....
....

2 **RELACIONA las dos columnas para formar diálogos.**

1. ¿A qué hora te levantas?
2. ¿Cómo vas al trabajo?
3. ¿A qué hora empiezas a trabajar?
4. ¿Dónde comes?
5. ¿A qué hora terminas de trabajar?
6. ¿A qué hora te acuestas?

a. A las cinco de la tarde.
b. En el restaurante de la empresa.
c. A las once y media o las doce.
d. Muy temprano, a las seis y media.
e. En metro y autobús.
f. Yo a las ocho, pero mi jefa a las nueve.

3 **Habla correctamente: SUBRAYA el verbo adecuado.**

Mi vecina es / <u>tiene</u> el pelo largo y rizado.

a. Mi profesor no tiene / es muy simpático.
b. ¿Tu padre es / tiene bigote?
c. ¿Cuántos años es / tiene tu hermana mayor?
d. ¿El pintor es / tiene joven o mayor?
e. Tu amiga Natalia es / tiene muy divertida.

Gramática

1. COMPLETA la tabla con las formas verbales.

EMPEZAR	empiezo	....	....	....	....	empiezan
SALIR	....	sales	....	....	salís	....
VOLVER	....	....	vuelve	volvemos	....	....

2. ESCRIBE frases como en el modelo.

Yo / levantarse / a las siete
Yo me levanto a las siete.

a. Nosotros / ducharse / por la noche

b. Mi hija / vestirse / sola

c. Yo no callarse / cuando enfadarse

d. Mis vecinos / acostarse / muy tarde

e. Daniel / sentarse / en la primera fila

f. Carmen y Ramón / levantarse / muy temprano

3. FORMULA las preguntas como en el modelo.

Hora / levantarse
¿A qué hora te levantas?

a. Hora / empezar el trabajo

b. Hora / salir del trabajo

c. Hora / acostarse

d. Hora / comer

e. Hora / volver a casa

f. Hora / hacer la compra

4. COMPLETA este texto con los verbos del recuadro.

cenar ~~levantarse~~ acostarse volver empezar comer

Ángel es profesor, trabaja en un instituto. Todos los días *se levanta* a las 7 y ....(b).... a trabajar a las ocho y media. ....(c).... a su casa a las tres y ....(d).... con su mujer, Susana. Después de comer, va a un gimnasio o prepara las clases del día siguiente. Por la noche, ...(e).... a las nueve y media con toda la familia y ....(f).... a las once y media.

UNIDAD 6

5. ESCRIBE un párrafo sobre tu rutina diaria.

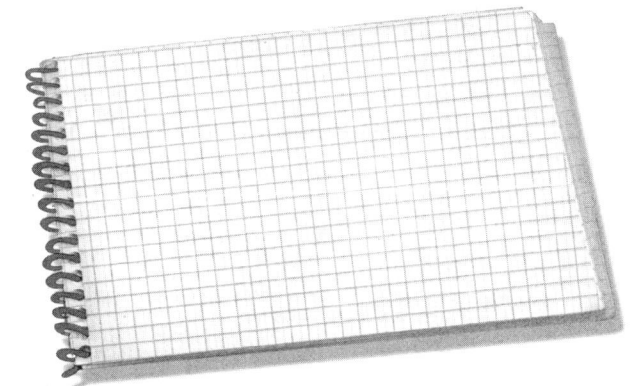

6. COMPLETA con *mi, mis, tus, su, sus*.

Venimos a visitar a Natalia González, somos ..*sus*.. hermanas.

1. • Hola, señor Martínez, ¿cómo están .... hijos?
   • Muy bien, ¿y .... hija Patricia?
2. • Hola, ¿qué tal te va, Marisa?
   • Bien, yo bien, pero .... marido está en el hospital.
3. • Mira, te presento a .... hijos.
4. • Estoy cansada de ir todos los domingos a casa de .... padres, Carlos.

Léxico

1. Mira el árbol genealógico y COMPLETA las frases.

1. Jaime tiene cuatro *nietos*.
2. Paloma es la .... de Laura.
3. Pablo es el .... de Laura.
4. Laura es la .... de Pablo.
5. Víctor es el .... de Patricia.
6. Marta sólo tiene ....
7. Patricia es .... de Víctor.
8. David .... dos ....
9. Bárbara es .... de Óscar.
10. Óscar no ....

Comprensión oral

1 🎧 Escucha y COMPLETA la agenda de Elena Hernández para esta semana.

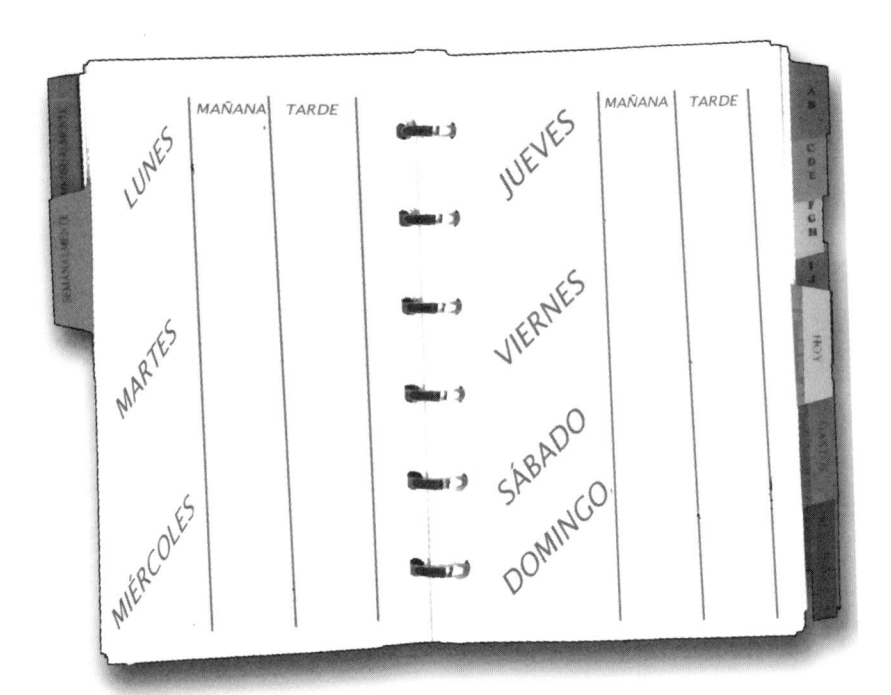

Comprensión lectora

1 LEE el texto.

> Pilar Pons es pintora y vive de los cuadros que pinta. Su vida no es rutinaria, pero tiene que trabajar todos los días, como casi todo el mundo. Normalmente se levanta a las nueve de la mañana, desayuna y pinta hasta la una, más o menos. Entonces deja de pintar y sale a comprar el pan, el periódico y algo para comer. Come a las dos. Los lunes, miércoles y viernes, va al gimnasio después de comer y pasa allí una hora. Algunas tardes sale a dar un paseo y a ver alguna exposición. Le gusta mucho cenar fuera de casa y charlar con sus amigos. Normalmente, después de cenar, pinta un poco más, hasta las doce o la una de la madrugada. Como se ve, no es una vida descansada.

2 ¿Qué hace Pilar a estas horas? ESCRIBE tus respuestas.

a. A las nueve de la mañana — *se levanta.*
b. A la una y cuarto — ....
c. A las dos — ....
d. El viernes a las cuatro — ....
e. A las siete de la tarde — ....
f. A las once de la noche — ....

24 • veinticuatro

unidad 7
De compras

Comunicación

1. RELACIONA.

1. ¿Qué precio tienen estas camisas?
2. ¿Puedo probarme esta camisa?
3. ¿Cómo paga, con tarjeta o en efectivo?
4. ¿De qué talla?
5. ¿De qué color?
6. ¿Qué bolso te gusta más?
7. ¿Cómo le queda?

a. El grande; es más práctico.
b. De la 40.
c. Muy bien, me la llevo.
d. Marrón o negro.
e. Con tarjeta de crédito.
f. Ochenta euros.
g. Claro, allí están los probadores.

2. ESCRIBE frases como en el modelo.

Traje azul / marrón
¿Te gusta el traje azul?   No, prefiero el marrón.

1. Zapatos negros / marrones
2. Coche gris / rojo
3. Blusa de seda / algodón
4. Bolso pequeño / grande
5. Jersey estrecho / ancho

Gramática

1. CONTESTA como en el modelo.

• ¿Le gusta esta chaqueta?   • Sí, me la llevo.

1. • ¿Le gusta este abrigo?
2. • ¿Le gustan estos zapatos?
3. • ¿Le gusta esta blusa?
4. • ¿Le gusta este bolso?
5. • ¿Le gustan estos pantalones?
6. • ¿Te gusta esta falda?

25 • veinticinco

2 ORDENA los elementos para escribir las frases.

A ti / camisa blanca / quedar bien
A ti la camisa blanca te queda bien.

a. A mí / zapatos negros / quedar mal ....
b. A Ernesto / pantalones vaqueros / quedar bien ....
c. A Luis / corbata de rayas / quedar fatal ....
d. A ti / minifalda / quedar / muy bien ....
e. A ellas / blusas rojas / no quedar bien ....
f. A Berta / vestido largo / queda bien ....

3 ESCRIBE frases como en el modelo.

Pantalones ⟶ *Mira estos pantalones, ¿qué te parecen?*

1. Traje ....
2. Camisetas ....
3. Vestido ....
4. Camisa ....

Léxico

1 Mira la ilustración y ESCRIBE el nombre de cada prenda.

UNIDAD 7

2. ¿De qué color son en tu país? ESCRIBE tus respuestas.

1. Los taxis: ....
2. La bandera: ....
3. Los autobuses: ....
4. Los uniformes de la policía: ....

3. COMPLETA el crucigrama con el nombre de los alimentos.

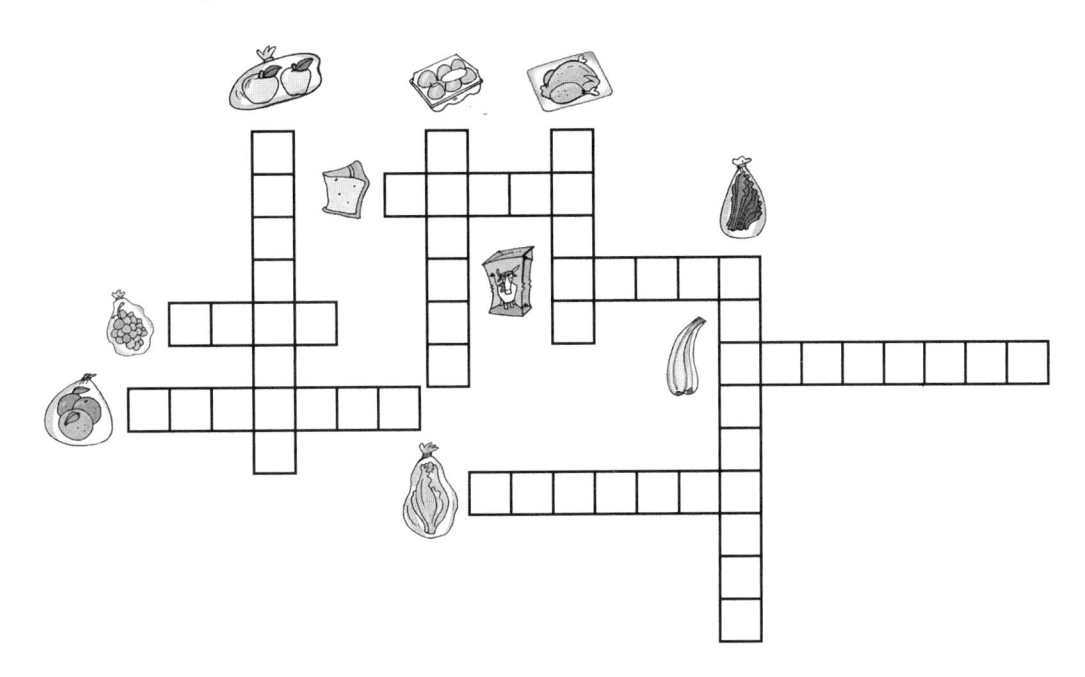

Comprensión oral

1. Esta es la lista de la compra de Berta. ESCUCHA la conversación entre Berta y Ángel. Tacha lo que tienen. Anota lo que falta.

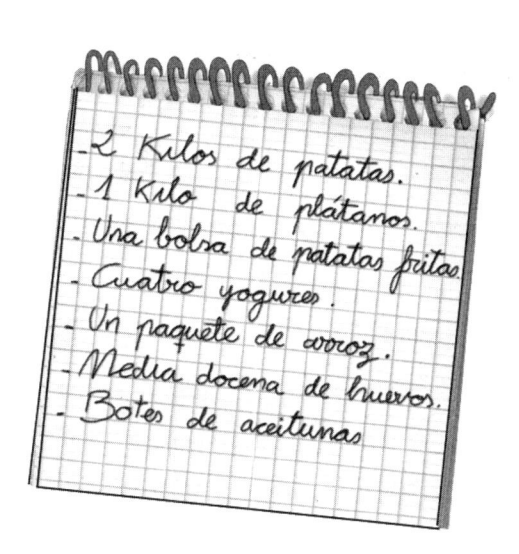

- 2 Kilos de patatas.
- 1 Kilo de plátanos.
- Una bolsa de patatas fritas.
- Cuatro yogures.
- Un paquete de arroz.
- Media docena de huevos.
- Botes de aceitunas.

Comprensión lectora

1 Lee el texto, mira las ilustraciones y ESCRIBE el nombre de cada personaje debajo de las mismas.

> Mira, estos son mis amigos. Este de aquí es Paco, es abogado y trabaja en un bufete, así que normalmente lleva ropa clásica, traje, camisa o pantalones y chaqueta y zapatos negros casi siempre. Pero los fines de semana no se pone nunca traje, lleva vaqueros y zapatillas deportivas.
> Esta es Laura; es profesora de matemáticas. A Laura le gustan las faldas largas y las camisetas amplias. En invierno lleva pantalones y jerseys, y un abrigo marrón, muy largo. Este es Justo, es periodista y viste como le parece: casi siempre lleva pantalones de algodón, camisas y jerseys de lana y cazadora de cuero. Por último, está Paloma, la documentalista. A Paloma le gusta vestir bien y gasta mucho dinero en ropa. Le gustan las faldas elegantes, las blusas y los zapatos de tacón.

a .... b .... c .... d ....

2 ESCRIBE un párrafo sobre tus amigos y su modo de vestir.

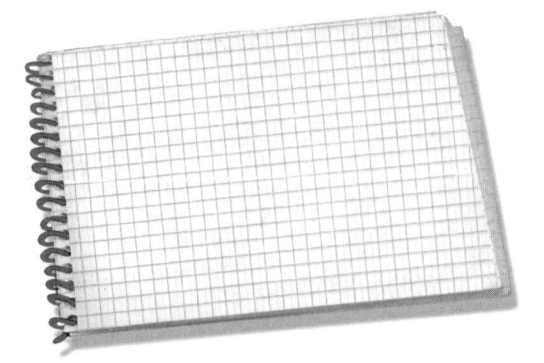

unidad 8
Invitaciones

Comunicación

1 **ORDENA las conversaciones.**

Pablo:	*A las 10.*	☐
Javier:	*Muy bien, ¿a qué hora quedamos?*	☐
Pablo:	*El sábado por la mañana, ¿cómo te va?*	☐
Pablo:	*Javier, ¿vamos a jugar al tenis?*	1
Javier:	*Vale, de acuerdo.*	☐
Javier:	*Vale, ¿cuándo quedamos?*	☐

Olga:	*Ana, ¿quieres venir conmigo al teatro? Hay una obra de Antonio Gala.*	1
Ana:	*Mejor te llamo el jueves, ¿vale?*	☐
Ana:	*Lo siento, pero no puedo, es que tengo que ir con Arturo al médico.*	☐
Olga:	*Vale, hasta el jueves.*	☐
Olga:	*¿Por qué no va él solo?, ¿está muy mal?*	☐
Olga:	*Y ¿qué te parece el viernes que viene?*	☐
Ana:	*No, lo que pasa es que no le gusta ir solo.*	☐

Gramática

1 **COMPLETA la tabla con las formas verbales que faltan.**

JUGAR	OÍR	CONOCER
juego	....	....
....	oyes	....
....	....	conoce
....	....	....
jugáis	....	....
....	oyen	....

2. FORMA frases tomando un elemento de cada columna.

| Yo / Tú / Ud. / David y yo / Vosotras / Ismael y ella / Ellos | tener que | estudiar / hacer / ir / llamar por teléfono / comprar | los deberes. / el pan. / los verbos. / la comida. / a su madre. / al médico. / la compra. |

Yo tengo que hacer los deberes.

1. ....
2. ....
3. ....
4. ....
5. ....
6. ....
7. ....

3. COMPLETA las frases con la forma correcta del verbo.

1. • Hola, Ana, ¿qué *estás haciendo*? (hacer)
   • .... (ver) una película en la tele.

2. • Y tus padres, ¿están en casa?
   • No, ... (cenar) fuera.

3. • Hola, ¿qué tal? ¿Qué estáis haciendo?
   • Aquí, ... (jugar) a las cartas.

4. • Ángel, ¿dónde está la niña?
   • No te preocupes, mujer, ... (jugar) en su habitación.

5. • Jaime, ven un momento, por favor.
   • Ahora no puedo, ... (arreglar) el ordenador.

6. • Hola, ¿está Andrea en casa?
   • Sí, pero en este momento .... (ducharse).

UNIDAD 8

4. Mira la imagen y COMPLETA las frases con los verbos del recuadro.

> jugar(2)   leer   bañarse   hablar   tomar   comer   hacer   pescar

Miguel está pescando al lado del río.

1. Julia, Pablo y Arturo .... al fútbol.
2. Paco y Ángel .... la paella.
3. Laura, Carmen y Lola .... y .... un refresco.
4. Luis y Reyes ....
5. Fernando .... con el perro.
6. Susana ....
7. Irene .... el periódico.

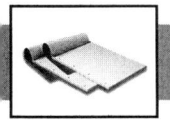

Léxico

1. ORDENA las letras para formar los nombres de los meses del año.

NEROE	NUJOI	SOTOGA	PEMISTREBE
1.	2.	3.	4. ....
YOMA	ZOMAR	DRECIBEMI	ORFEBRE
5.	6.	7.	8. ....
LIBRA	UJILO	CRETUBO	VINOREBM
9.	10.	11.	12. ....

31 • treinta y uno

2 Ahora CLASIFICA los meses según la estación del año.

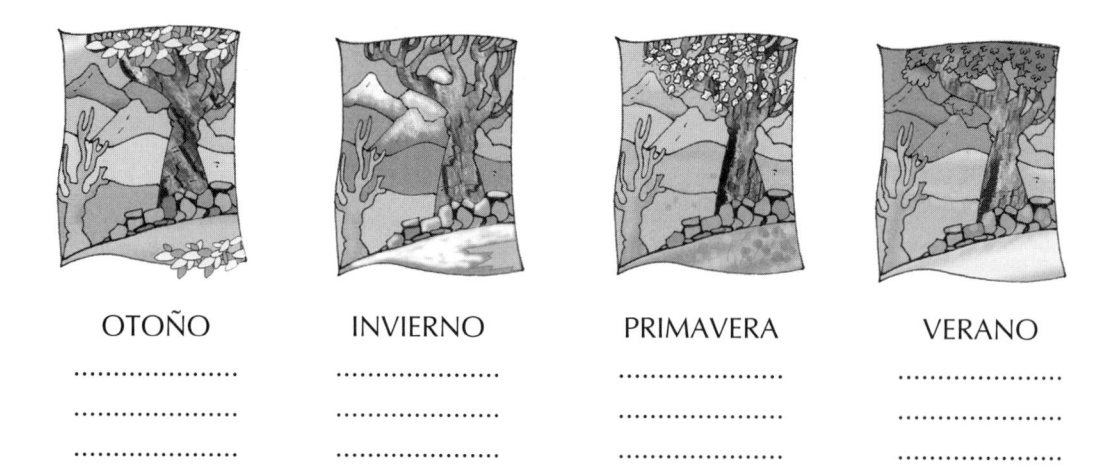

OTOÑO	INVIERNO	PRIMAVERA	VERANO
....	....	....	....
....	....	....	....
....	....	....	....

Comprensión oral

1 La tía Carmen llama a casa de Carlos por teléfono. Escucha y COMPLETA la información. ¿Qué está haciendo cada uno?

- Carlos
- La hermana
- La madre
- El padre
- Álvaro

32 • treinta y dos

UNIDAD 8

Comprensión lectora

1 Después de leer el texto, haz una lista de las preferencias de los jóvenes españoles durante el fin de semana.

El tiempo libre de los jóvenes de 25 a 29 años

El 45% de los jóvenes de 25 a 29 años afirma que no sale los fines de semana, según una encuesta realizada por el Centro de Investigaciones Sociológicas.

Cuando salen por la noche, los chicos vuelven a casa más tarde que ellas y el transporte preferido por todos es el coche. La mayoría relaciona el ocio fuera del hogar a hablar con los demás. Así, el 89% sale o se reúne con amigos. El 72% va al cine, el 57% a bailar en discotecas y un 53% prefiere salir a tomar copas.

En cuanto a sus actividades, ellos prefieren usar ordenadores (73%) y videojuegos (62%), mientras que las mujeres leen y van al teatro (un 78% y un 48%).

Cuando se quedan en casa, los jóvenes escuchan música (92%), ven la televisión (89%), oyen la radio (76%), leen periódicos y revistas (73%), usan el ordenador (63%) y leen libros (59%). No obstante, el 68% considera el descanso como "no hacer nada".

FUERA DE CASA	EN CASA
1º *Salir con amigos.*	1º ....
2º	2º ....
3º	3º ....
4º	4º ....
5º	5º ....

2 ESCRIBE un párrafo similar sobre los jóvenes en tu país.

En mi país los fines de semana la mayoría de los jóvenes...

unidad 9
Preparar una excursión

Comunicación

1 Las conversaciones telefónicas están desordenadas, ORDÉNALAS.

1. A. Sí, ¿de parte de quién?
   A. ¿Diga?
   B. Soy Nacho, un compañero.
   A. Ahora se pone. [...] ¡Laura, al teléfono!
   B. ¿Está Laura?

2. A. Hola, ¿qué tal?
   A. Pues me gustaría mucho, pero este fin de semana, imposible, tengo tres exámenes la semana que viene.
   B. Vaya, qué pena, lo siento.
   A. Yo también.
   A. ¿Sí?
   B. Julia, soy Celia.
   B. Mira, que te llamo para preguntarte si quieres ir a ver el concierto de Ketama.

2 PROPÓN alternativas como en el modelo.

¿Salir / quedarte en casa?
¿Vas a salir o vas a quedarte en casa?

1. ¿Salir / quedaros en casa?
   ....
2. ¿Pasar las vacaciones en la playa / en la montaña? (Vosotros)
   ....
3. ¿Vivir en Madrid / Barcelona? (Usted)
   ....
4. ¿Ir al cine / al teatro? (Ustedes)
   ....
5. ¿Estudiar en una universidad privada / pública? (Vosotros)
   ....
6. ¿Ir en metro / en autobús? (Tú)
   ....

UNIDAD 9

3 ¿Quién viene a la playa? COMPLETA con las palabras del recuadro.

| sí | no | creo que sí | creo que no | no sé |

1. ¿Viene Celia? → *No*, está en el hospital.
2. ¿Y Nacho? ...., le gusta mucho la playa.
3. Elena viene, ¿no? ...., ya tiene el billete de tren.
4. ¿Juanjo viene? ...., tiene mucho trabajo.
5. ¿Y Rafa? ...., voy a preguntarle.

Gramática

1 COMPLETA las frases con el pronombre correspondiente (*me, te, lo, la, os, las*).

¿Quieres tomar un café? *Te* invito.

1. ¿Dónde están mis gafas?, no .... veo.

2. • ¿Conoces a mi hermana?
   • No, no .... conozco, ¿quién es?
   • Aquella de allí, la morena.

3. • ¿Qué dice ese chico?
   • No sé, no .... oigo.

4. • ¿Te gusta esta falda?
   • Sí, voy a probárme........ .

5. • Papá, mamá, ... presento a mi novia, Clara.
   • Hola, Clara.

6. • Clara, yo .... quiero. ¿Quieres casar..... conmigo?
   • Sí, Miguel, yo también .... quiero.

7. A mí, mi marido no ...... llama por teléfono al trabajo todos los días. Sólo cuando tiene un mensaje importante.

8. • Tengo un coche nuevo, ¿quieres ver.......?
   • Vale.

9. • Yo tengo mucho calor, voy a bañar....... .
   • Te acompaño.

35 • treinta y cinco

2 COMPLETA las frases con los marcadores temporales.

> mañana   dentro de   que viene   ahora   luego   esta noche

1. .... un mes termina el curso.
2. La semana .... empiezo a trabajar.
3. Por favor, un billete para .... por la tarde.
4. .... voy a cenar con Carlos.
5. ¿Qué vas a hacer el viernes ....?
6. Luis y María se van a casar .... de una semana.
7. .... mismo voy a llamar por teléfono a mi madre.
8. • ¿Cuando vas a arreglar la tele?
   • ...., ahora no puedo.

Léxico

1 TACHA la palabra que no corresponde en cada serie.

1. autocar	avión	tren	hotel
2. agradable	divertido	horrible	sol
3. playa	montaña	ciudad	cielo
4. maleta	billetes	bolsa	gafas
5. dormir	llegar	salir	regresar

Comprensión lectora

1 Lee las postales y COMPLETA las frases con la información que falta.

Cancún, 9 de mayo de 2003

Queridos hijos:

¿Cómo estáis? Nosotros, muy bien. La playa es estupenda. Hace calor, pero no mucho. Todos los días vamos a la playa por la mañana, y por la tarde, paseamos. La comida es riquísima, comemos mucho pescado fresco y frutas tropicales. Eso sí, hay un montón de turistas por todas partes.

Besos de vuestros padres,

Miguel y María

Madrid, 25 de abril de 2003

Hola, Laura, ¿qué tal?

Yo estoy estupendamente. Madrid es una ciudad preciosa. El tiempo es muy agradable. Todos los días veo muchas cosas: museos, parques, pueblos, como El Escorial. El hotel no es muy cómodo y la comida es horrible, pero la gente es muy amable y divertida.
Hasta pronto.

Un abrazo,

Rachel

UNIDAD 9

1. A Miguel y María .... la comida mexicana.
2. La playa de Cancún .... estupenda.
3. En Cancún comen .... y ....
4. Rachel .... estupendamente.
5. A Rachel no .... el hotel ni la comida.
6. La gente de Madrid es ....

Comprensión oral

1 ¿Qué planes tienen para este verano? Escucha y ESCRIBE un número a medida que van hablando.

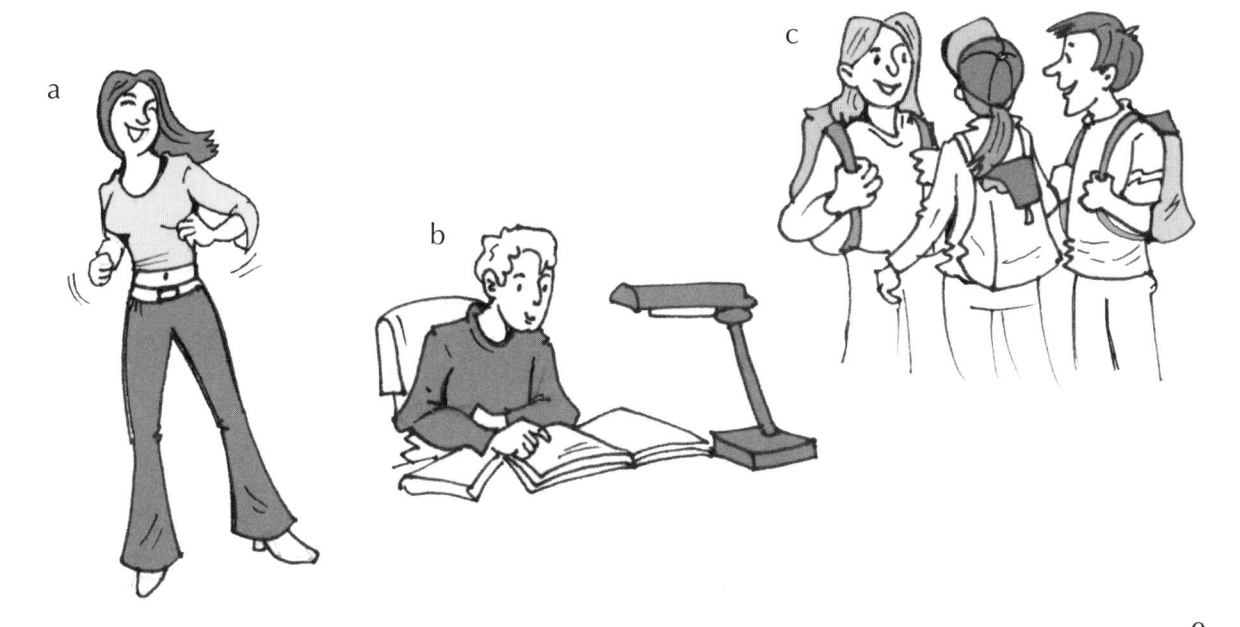

a

b

c

d

e

unidad 10
¿Qué has hecho?

Comunicación

1 CLASIFICA las expresiones en las categorías correspondientes.

Aceptar excusas	Justificarse	Hablar de hechos pasados

a. Es que he perdido el autobús.
b. Esta semana no he podido leer el periódico ni un solo día.
c. Bueno, está bien. No te preocupes.
d. No importa.
e. No te preocupes.
f. Ayer estuve en casa de Paula.
g. El mes pasado fui a Japón por primera vez.
h. Es que no he tenido tiempo.
i. Estuvimos en la conferencia de Arturo Pérez Reverte.
j. Lo siento. He tenido que acompañar a David al médico.

Gramática

1 ESCRIBE la forma del Pretérito Perfecto.

1. VENIR, yo: *he venido*
2. LEVANTARSE, tú: ....
3. IR, vosotros: ....
4. HABLAR, yo: ....
5. HACER, él: ....
6. ABRIR, él: ....
7. ESCRIBIR, ella: ....
8. VER, nosotros: ....
9. ESTAR, ellos: ....
10. LEER, él: ....
11. OLVIDAR, nosotras: ....
12. PONER, tú: ....

UNIDAD 10

2. COMPLETA las frases con uno de los verbos del recuadro en Pretérito Perfecto.

| ver   comer   venir   ir   levantarse   viajar   tener   estar (2) |

1. Esta mañana el profesor de historia no ...*ha venido*... a clase.
2. Julián .... por todo el mundo.
3. • ¿ .... la última película de Almodóvar?
   • No, ¿y tú?
4. • ¿A qué hora .... ?
   • Muy temprano, a las 8.
5. • ¿Con quién .... hoy?
   • Con Pepe, en un restaurante al lado de la oficina.
6. • ¿Por qué no .... a clase de matemáticas?
   • Porque estoy enfermo.
7. • ¿Dónde .... estas vacaciones?
   • En Perú, ¿y tú?
   • Yo .... en Madrid, trabajando. No .... vacaciones.
   • Vaya.

3. FORMA frases tomando un elemento de cada columna.

Esta tarde	he ganado	en Perú.
El año pasado	fui	temprano.
Esta mañana	me he levantado	menos que el pasado.
Este mes	estuve	al dentista.
Ayer	he visto	a tu novia.
Nunca	he llamado	a mi padre.

4. FORMULA las frases como en el modelo.

No he leído *El Quijote*.
¿Todavía no has leído El Quijote?

1. No he escrito el informe.
   ....
2. No hemos hecho los deberes.
   ....
3. No he visto la última película de Fernando Trueba.
   ....
4. No he ido a la peluquería.
   ....
5. No he comprado el pan.
   ....
6. No he hablado con el director.
   ....

5 CONTESTA como en el modelo.

¿Por qué no has venido antes? / no poder
Lo siento, es que no he podido.

1. ¿Por qué ha llegado tarde? / dormirse
   ....
2. ¿Por qué no ha llamado usted? / perder el número de teléfono
   ....
3. ¿Por qué no habéis venido a la reunión? / estar en otra reunión
   ....
4. ¿Por qué no habéis ido a cenar con Mario? / tener que estudiar
   ....

Léxico

1 ENCUENTRA seis palabras de elementos geográficos en esta sopa de letras.

M	R	P	M	O	M	A	R
B	Z	H	P	Q	O	N	B
M	X	O	R	C	N	K	S
B	X	C	M	B	T	Ñ	P
S	I	E	R	R	A	Ñ	M
Q	Z	A	V	T	Ñ	W	P
M	W	N	K	L	A	G	O
R	Z	O	I	S	L	A	P

Comprensión oral

1 Jorge y Laura estudiaron juntos y se encuentran después de un año sin verse. ¿Qué le ha pasado a cada uno en ese año? Escucha y SEÑALA verdadero (V) o falso (F).

	V	F
1. Jorge se fue a trabajar a París tres meses.	☐	☐
2. Jorge conoció una chica irlandesa.	☐	☐
3. Laura se ha casado.	☐	☐
4. Laura tuvo un accidente.	☐	☐
5. Laura va a empezar a trabajar mañana.	☐	☐
6. Jorge trabaja en un bar americano.	☐	☐

UNIDAD 10

Comprensión lectora

1 Eduardo Casariego hace un recuento de su vida. Lee el texto y COLOCA los verbos del recuadro en los huecos.

> he jugado   he tenido   he sido   ~~he casado~~   he visto   he estado
> he subido   he pintado   han querido

Tengo 83 años, soy de Madrid, y quiero hablar de las cosas que he hecho y de las que no he hecho. Soy feliz porque he hecho muchas cosas buenas para mí: me ......*he casado*...... dos veces, he tenido diez hijos; he trabajado en muchos oficios diferentes: ....(b).......... torero, maestro de toreros, guitarrista, albañil, y al final, empresario. He viajado mucho por España, ...(c).......... casi todas las playas españolas, pero no he salido mucho fuera. Los españoles de mi edad no viajaban al extranjero. Sólo ....(d).......... en París, en Roma y en Portugal. He querido a mis esposas y mis hijos y ellos me ....(e).........., y por eso me siento feliz. En el otro lado están las cosas que no he hecho: nunca ....(f).......... una montaña, nunca ....(g).......... un huerto, nunca he aprendido a cocinar, no ....(h).......... mucho con mis hijos, nunca ....(i).......... un cuadro. Pero bueno, no importa, lo importante es que me siento feliz y que cada domingo puedo disfrutar de mi gran familia.

2 ESCRIBE un párrafo sobre lo que has hecho y lo que no has hecho en tu vida.

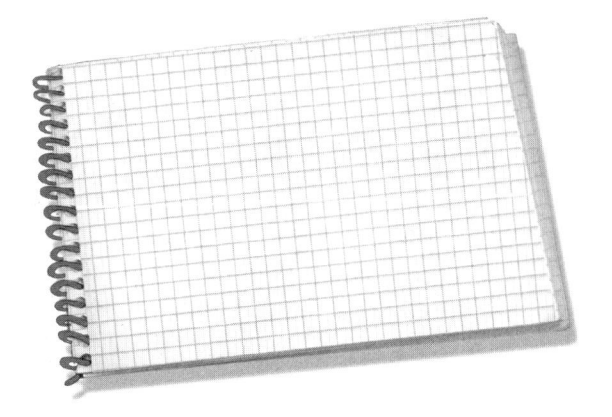

unidad 11
Cuéntame qué pasó...

Comunicación

1 **RELACIONA los elementos de las dos columnas.**

1. ¿Qué te pasa?, tienes mala cara.
2. ¿Y cómo es tu novio?
3. Buenos días, ¿cómo está usted?
4. ¿Has comprado las manzanas?
5. Julia, ordena tu habitación.
6. Me parece que trabajas demasiado.
7. ¿Por qué no ha venido hoy Luisa?

a. Es que está enferma.
b. Todavía no. Ya voy.
c. Sí, la verdad es que estoy cansado.
d. Vale, ya voy.
e. Estoy preocupado por mis padres, están mal.
f. Pues es moreno y un poco gordo.
g. Muy bien, gracias.

Gramática

1 **COMPLETA el cuadro con las formas verbales.**

ESTAR	TENER	OÍR	HACER	IR	LLEGAR
estuve					
	tuviste				
		oyó			
			hicimos		
				fuisteis	
					llegaron

2 **FORMA frases como en el ejemplo.**

Anoche / salir / Pepe
Anoche salí con Pepe.

1. La semana pasada / estar / concierto ....
2. Anoche / yo / hacer la cena ....
3. El lunes / tener / mucho trabajo ....
4. El sábado / ver / película muy buena ....
5. El año pasado / ir / de vacaciones / Canarias ....

UNIDAD 11

3 COMPLETA la tabla.

Todos los días	Hoy	Ayer
Leo *El País*.	*He leído El Mundo.*	*Leí el Marca.*
Como en casa.	.... en un restaurante.	.... en casa de Bárbara.
Voy a clase en metro.	.... en autobús.	.... en taxi.
Trabajo mucho.	.... poco.	No ....
Veo a Paco.	.... a María.	No .... a Paco ni a María.
Tomo café.	.... té.	No .... nada.
Me levanto a las 7.	.... a las 8.	.... a las 10.
Hago la comida.	No .... la comida.	.... la cena.
Compro el pan.	No lo	Tampoco lo ....

4 Este es el restaurante "El molino", que tiene poco éxito. COMPLETA la descripción del restaurante con las palabras del recuadro.

sucios   ningún   aburridos   algunos   ninguno
~~nadie~~   nada   viejas   preocupado

El restaurante "El molino" está muy mal, no hay *nadie* sentado en las mesas. A mí no me gusta ......(b)...... porque no hay ......(c)...... cuadro en las paredes, las cortinas están ......(d)............ . Los manteles están ......(e)...... . ...(f)...... clientes entran y miran, pero ....(g)...... se queda. Además, los camareros están ......(h)........ porque no tienen trabajo ni propinas. Por su parte, el dueño está ......(i)........ porque no gana dinero.

5 Ahora ESCRIBE un párrafo sobre este otro restaurante, el "Don Pedro", que funciona mucho mejor.

El restaurante "Don Pedro" va muy bien, hay mucha gente en las mesas.
A mí ....

6 SUBRAYA la preposición adecuada.

1. • ¿A / de / con qué hora llegaste a / en casa anoche?
   • A / por / de las once y media.
2. • ¿En / para / con quién hablas?
   • En / para / con mi hermana.
3. Todos los días trabajo en / desde / a las 8 a / para / hasta las 17:00.
4. • ¿Has ido de / en / a casa de Ernesto?
   • No, todavía no.
5. • ¿En / desde / para dónde me llamas?
   • En / desde / para el aeropuerto, acabo de llegar a Barajas.
6. • ¿Dónde estuviste ayer? Te llamé tres veces.
   • Estuve a / en / de casa de unos amigos marroquíes, me invitaron a cenar.
7. • ¿Está muy lejos el hotel "El molino"?
   • No, desde / para / en aquí sólo hay unos tres kilómetros.
8. • ¿Qué te pasa?
   • Nada, tengo sueño porque ayer estuve viendo la tele a / hasta / por las dos de la madrugada.

UNIDAD 11

Léxico

1 RELACIONA cada adjetivo con su contrario.

1. limpio
2. lleno
3. aburrido
4. libre
5. nuevo
6. ordenado
7. tranquilo

a. vacío
b. desordenado
c. nervioso
d. sucio
e. ocupado
f. divertido
g. viejo

2 ESCRIBE ocho frases utilizando los adjetivos anteriores.

Yo estoy aburrida.
Mi coche es viejo, pero funciona bastante bien.

Comprensión oral

1 Juan Antonio y una compañera de trabajo hablan del fin de semana. Escucha la conversación y SEÑALA verdadero (V) o falso (F).

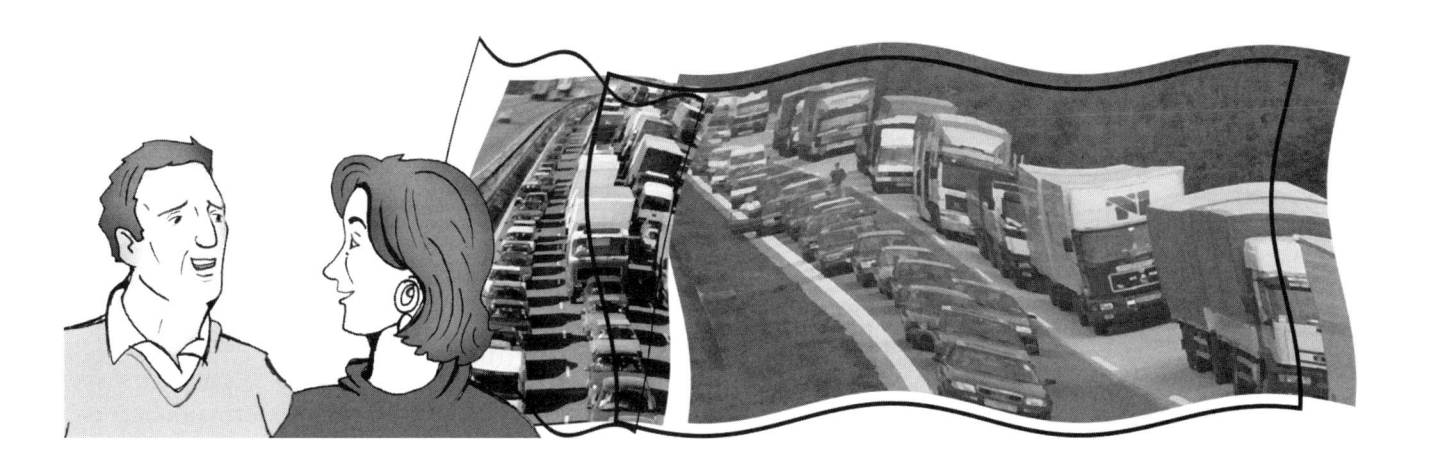

	V	F
1. Juan Antonio ha pasado un buen fin de semana.	☐	☐
2. Los padres de Laura se han comprado un chalé en la sierra.	☐	☐
3. Juan Antonio y Laura salieron de Madrid el sábado.	☐	☐
4. El sábado, Laura y su padre plantaron tomates.	☐	☐
5. Juan Antonio está muy cansado.	☐	☐

2 Marta y Gabriel hablan de su fin de semana. Escucha la conversación y SEÑALA el orden en que se produjeron los hechos.

1. Salieron de Madrid en tren el viernes por la tarde. ☐
2. Visitaron los lugares de Salamanca más importantes. ☐
3. Conocieron a dos chicos de Salamanca. ☐
4. Llegaron a Salamanca a las ocho de la tarde. ☐

Comprensión lectora

1 COMPLETA el texto con los verbos del recuadro en Pretérito Indefinido.

cultivarse ~~llegar~~ llevar empezar (2) conocer extenderse

La patata salvó a Europa del hambre

En el año 1532 ...*llegaron*... a las montañas andinas de Colombia los primeros españoles al mando de Pizarro. Allí ......(b)...... el popular alimento gracias a los indios. Pocos años después, los conquistadores la ......(c)...... a España. ......(d)...... por primera vez en Galicia, concretamente cerca de A Coruña. En Italia ......(e)...... a cultivarla entre 1560 y 1570. Años más tarde, concretamente en 1588, en Viena y Frankfurt. A mediados del siglo XVII, durante el reinado de Federico II el Grande, la patata ......(f)...... como alimento por todo el norte de Europa, gracias a la voluntad de este emperador.

Por su parte, en América las patatas ......(g)...... a cultivarse hace unos 10.000 años, en la región andina comprendida entre Cuzco y el lago Titicaca. Actualmente existen en esa zona más de 100 tipos de patatas diferentes.

unidad 12
Viajar en avión

Comunicación

1 ¿Qué tiempo hace? ESCRIBE tus respuestas debajo de cada ilustración.

a ....
b ....
c ....
d ....
e ....
f ....

2 ORDENA los elementos para construir frases.

agradable / es / temperatura / primavera / En / la
En primavera la temperatura es agradable.

1. los / voy a / esquiar / invierno / En / domingos / todos
   ....
2. gusta / me / el / tomar / No / sol
   ....
3. En / bebo / verano / refrescos / muchos
   ....
4. viento / Hoy / hace / y / nublado / está
   ....
5. gusta / el / no / me / mí / otoño / A
   ....

Gramática

1 COMPLETA la tabla con los demostrativos que faltan.

este	ese	
esta		
		aquellos
	esas	

47 • cuarenta y siete

2 ESCRIBE el demostrativo adecuado.

> este   estos   esta   estas

1. ¿Te gusta *esta* camisa?
2. Toma .... libros y ponlos en la estantería.
3. ¿De quién es .... cartera?
4. .... gafas están rotas. Ayer se cayeron al suelo.
5. Julián, toma .... zapatos y llévalos al zapatero.
6. Por favor, ¿qué precio tiene .... camiseta de algodón?
7. Camarero, ... vaso está sucio, ¿puede cambiármelo por otro?
8. .... ordenador funciona mucho mejor que el otro.

3 ESCRIBE frases comparativas con la información que tienes.

Luis mide 1,80. Ángel mide 1,75.
Luis es más alto que Ángel.

11 500 euros

16 000 euros

1. ....

La Sagrada Familia XIX

2. ....

Catedral de Zamora s.XII

Alberto   Carlos

72 años   75 años

3. ....

Edificio Cristal
Edificio Luna

4. ....

125 m²   75 m²

UNIDAD 12

4. ESCRIBE lo mismo de otra manera.

Elena es más inteligente que María.
María es menos inteligente que Elena.

1. Venezuela es más grande que Nicaragua.
....
2. Esta película es mejor que aquella.
....
3. El Hotel Buena Vista es más caro que el Hotel Argentina.
....
4. Mis padres son mayores que los tuyos.
....

5. ESCRIBE frases como en el modelo.

Moto / rápida
- *Mi moto es muy rápida.*
- *La mía es más rápida que la tuya.*

1. Novio / guapo
   - ....
   - ....
2. Ordenador / nuevo
   - ....
   - ....
3. Zapatillas / nuevas
   - ....
   - ....
4. Perro / inteligente
   - ....
   - ....
5. Pantalones / modernos
   - ....
   - ....

Léxico

1. BUSCA en esta sopa de letras cinco medios de transporte.

S	A	V	I	O	N	R	Y
X	U	M	B	T	Ñ	P	M
D	T	W	C	R	M	O	I
C	O	C	H	E	P	W	L
X	B	Q	A	N	U	C	J
R	U	S	D	L	O	B	I
Q	S	B	A	R	C	O	R

Comprensión oral

1. Escucha la conversación entre Pilar y Tony sobre el tiempo en España. COMPLETA las frases con la información que vas a oír.

1. En verano .... mucho .... en el .... de España.
2. En invierno hace .... en Castilla y Madrid, pero en la costa mediterránea, la temperaturas son ....
3. Alguna gente se baña en Alicante en ....
4. Tony quiere ir a .... a España.

Comprensión lectora

1. Lee el texto y COMPLETA los refranes con una palabra del recuadro. Ayúdate de la rima.

> siete   enero   sombra   calor   junio   mayo   balcón   puentes   mil   luna

1. En .... se hiela el agua en el puchero.
2. .... de febrero, rara vez dura un día entero.
3. Abril, para ser abril, ha de tener aguas ....
4. Hasta el cuarenta de .... no te quites el sayo.
5. En .... la hoz en el puño.
6. Por San Fermín, el .... no tiene fin.
7. .... de agosto y frío en rostro.
8. Septiembre, se lleva los ...... o seca las fuentes.
9. En octubre, de la .... huye.
10. Navidad al ...., Pascua al tizón.

50 • cincuenta

unidad 13
Antes y ahora

Comunicación

1 **RELACIONA los elementos de las dos columnas.**

1. Lo siento, no puedo ir contigo al concierto.
2. La farmacia está todavía abierta.
3. ¿Sabes?, ¡me han regalado una moto!
4. Tenemos que limpiar todo esto.
5. María se ha roto un brazo.

a. ¡Qué suerte!
b. ¡Qué mala suerte!
c. ¡Qué pena!
d. ¡Menos mal!
e. ¡Qué rollo!

Gramática

1 **COMPLETA la tabla con las formas verbales.**

trabajaba				
	comías			
		vivía		
			éramos	
				iban

2 **COMPLETA la información de las fichas.**

ANTES
1. Jugaba al fútbol.
2. Me levantaba tarde.
3. .... inglés.
4. .... la música "tecno".
5. Ganaba poco dinero.
6. .... muchas pizzas.
7. .... con mis amigos.
8. .... las cartas a mano.

AHORA
Juego al golf.
.... a las 7.
Estudio chino.
Me gusta la música clásica.
.... más dinero.
Como muchas verduras.
Salgo con mi familia.
.... en el ordenador.

51 • cincuenta y uno

3 CONTESTA a las preguntas.

a. ¿Dónde vivías cuando tenías diez años?
....
b. ¿A qué hora te levantabas?
....
c. ¿Comías en casa o en el colegio?
....
d. ¿Tenías muchos amigos?
....
e. ¿Qué hacías cuando salías del colegio?
....
f. ¿A qué hora te acostabas?
....
g. ¿Qué hacías los fines de semana?
....
h. ¿Adónde ibas de vacaciones cuando tenías catorce años?
....

4 COMPLETA las frases con un pronombre (*me, te, le, nos, os, les*) y el verbo *doler*.

a. Hoy no me encuentro bien, ...*me duele*..... la cabeza.
b. Anoche Ana cenó demasiado y hoy .... el estómago.
c. Fernando ha estado leyendo mucho tiempo, y claro, ahora .... los ojos.
d. Hoy he ido al dentista porque ayer .... mucho una muela.
e. No puedo más, he andado más de 10 kilómetros y .... los pies una barbaridad.
f. ¿A ti no .... nunca la espalda?, es que a mí .... bastante, especialmente en primavera.
g. Mis padres están estupendamente de salud, nunca .... nada.

Léxico

1 BUSCA en la sopa de letras diez nombres de partes del cuerpo.

E	S	P	A	L	D	A	W	M
S	C	I	N	B	O	J	O	S
T	X	E	D	M	A	N	O	I
O	C	R	Ñ	B	O	C	A	L
M	W	N	A	R	I	Z	Q	Z
A	D	A	Z	A	M	N	E	P
G	B	S	A	Z	E	B	A	C
O	D	Z	C	O	D	O	R	T

UNIDAD 13

Comprensión oral

Eliane de Souza tiene 32 años y es profesora. Conoció a Joaquín, un empresario valenciano, se casaron y ahora viven en Valencia. Escucha la conversación y SEÑALA verdadero (V) o falso (F).

	V	F
1. Eliane al principio de llegar a España estaba triste.	☐	☐
2. Eliane trabajaba en una escuela infantil.	☐	☐
3. Eliane practicaba deportes en su ciudad.	☐	☐
4. En Valencia salen mucho a los bares y restaurantes.	☐	☐
5. Eliane trabaja en una empresa de construcción.	☐	☐
6. Eliane echa de menos el jamón de su tierra.	☐	☐

Comprensión lectora

Lee el texto y COMPLETA con las palabras del recuadro.

enfermedades   ~~científicos~~   risa   recomiendan
corazón   ríete   excelente   Por eso

CÚRATE RIENDO

Las personas que ríen viven más y más sanas

La risa sirve para expresar emociones, pero también es un arma contra el pesimismo y un método curativo.
Los ...*científicos*... han demostrado que la risa genera endorfinas, unas hormonas que tienen el poder de luchar contra las ....(b)......... . También se ha demostrado que las personas con buen humor viven más y mejor, y es que un minuto de ....(c)......... sana es igual que 45 minutos de relajación. Es más, una carcajada es una ....(d)......... gimnasia, ya que mueve los pulmones, el ....(e)........., ayuda a la digestión, etc. ....(f)........., los médicos ....(g)......... reír todos los días un rato. La risoterapia (curación por la risa) es cada día más popular.
Así que, ya sabes, todos los días ....(h)......... un poco.

unidad 14
Instrucciones

Comunicación

1 CLASIFICA las frases en la categoría correspondiente.

Expresar obligación Forma personal	Expresar obligación Forma impersonal	Expresar posibilidad	Expresar prohibición

a. Antes de cruzar, hay que mirar.
b. No se puede fumar en toda la red de Metro.
c. Tenéis que apagar el móvil.
d. No se puede decir.
e. Se puede pagar con tarjeta.
f. Para estar en forma hay que practicar deporte.
g. Tienes que retrasar tus vacaciones.

Gramática

1 COMPLETA las instrucciones con *se puede, no se puede* y *hay que*.

1. .... adelantar.

2. .... fumar.

3. .... girar a la derecha.

4. .... parar.

5. .... entrar con perros.

6. .... cruzar la calle.

7. .... seguir recto.

54 • cincuenta y cuatro

UNIDAD 14

2. COMPLETA con *hay que* o *tener que*.

1. Si quieres aprender español, *tienes que* estudiar los verbos.
2. Para estar sano, ... comer frutas y verduras.
3. Si vamos a cenar, ... reservar mesa antes.
4. Si vas a Sevilla, ... ver la Giralda.
5. Para ser rico, ... trabajar mucho.
6. Si María quiere adelgazar, ... hacer dieta y gimnasia.
7. Para viajar a Brasil, no .... llevar ropa de invierno.

3. COMPLETA con uno de los verbos del recuadro en la forma adecuada.

> llamar   ir(2)   regalar   pasear   traer   acompañar

1. Si tengo tiempo, ...*voy*... a verte esta tarde.
2. Si tienes dinero, ...le a tu novia esos pendientes de oro.
3. Mi marido y yo todos los días, si no tenemos mucho trabajo, ... una hora.
4. Si mañana no llueve, ... a la playa.
5. Miguel por favor, si vas a salir, ...me el periódico.
6. Si salgo antes de trabajar, te .... a comprar los zapatos.
7. Si te acuerdas, ...me por teléfono antes de salir.

4. COMPLETA la tabla con los pronombres que faltan.

Sujeto	Complemento Directo	Complemento Indirecto
Yo	me	me
Él/ella/Ud.	lo-la-le	
		nos
Ellos/as/Uds.		les

5. SIGUE el modelo y completa las frases.

> • ¿*Le has dado el libro a Carlos?*
> • *Sí, ya se lo he dado.*

1. • ¿Les has dado la merienda a los niños?
   • Sí, ya .... he dado.
2. • ¿Le has entregado el informe a Enrique?
   • No, entregá..... .... tú, por favor.
3. • ¿Le has enviado el documento a Eva?
   • Sí, ya .... he enviado.
4. • ¿Le has comprado el regalo a papá?
   • No, voy a comprár..... .... esta tarde.
5. • ¿Chicos, os traigo ya los refrescos?
   • Sí, tráe....., por favor.
6. • Pepe, ¿me has traído el libro que te pedí?
   • Sí, mujer, ... he traído, toma.

6 COMPLETA el correo electrónico con los pronombres personales.

OS   LES   LE (3)   ME (2)   LO (2)   LES

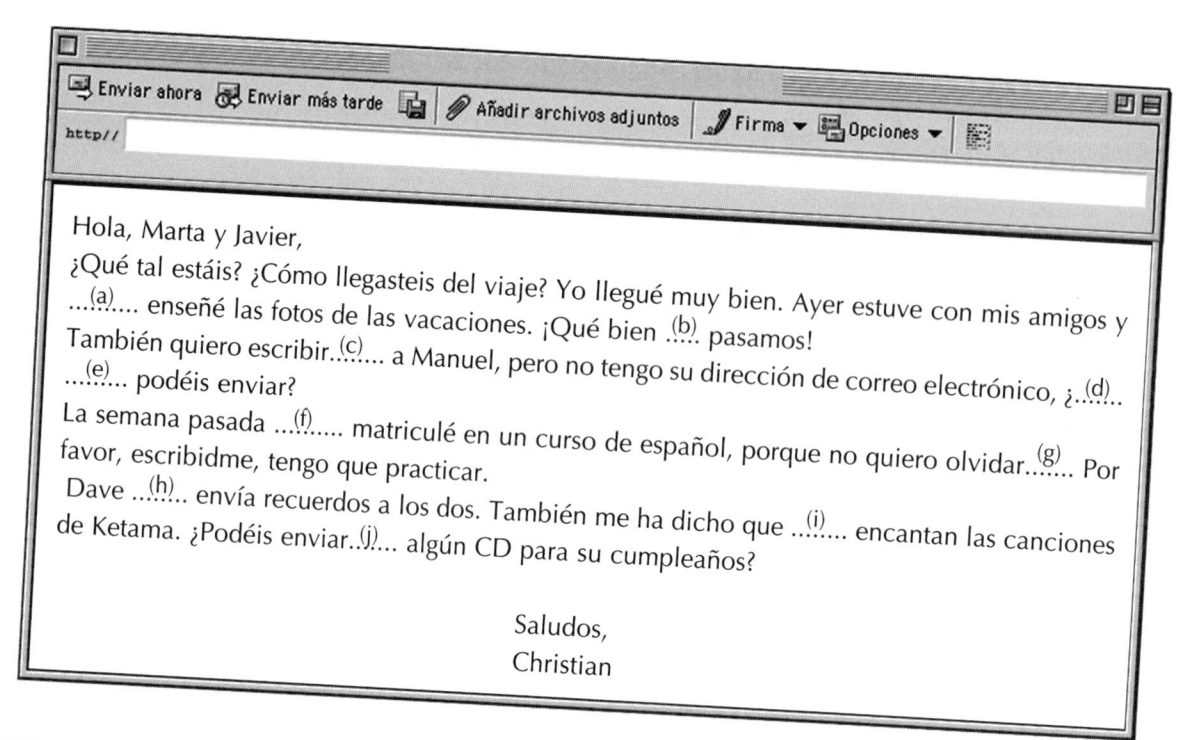

Hola, Marta y Javier,

¿Qué tal estáis? ¿Cómo llegasteis del viaje? Yo llegué muy bien. Ayer estuve con mis amigos y ...(a)... enseñé las fotos de las vacaciones. ¡Qué bien ...(b)... pasamos!

También quiero escribir...(c)... a Manuel, pero no tengo su dirección de correo electrónico, ¿...(d)... ...(e)... podéis enviar?

La semana pasada ...(f)... matriculé en un curso de español, porque no quiero olvidar...(g)... Por favor, escribidme, tengo que practicar.

Dave ...(h)... envía recuerdos a los dos. También me ha dicho que ...(i)... encantan las canciones de Ketama. ¿Podéis enviar...(j)... algún CD para su cumpleaños?

Saludos,
Christian

Léxico

1 ESCRIBE las palabras del recuadro en la columna correspondiente.

balón   bicicleta   nadar   gol   piscina   cancha   estadio
bañador   botas   canasta   meta   portería   gorro   maillot

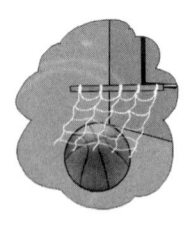

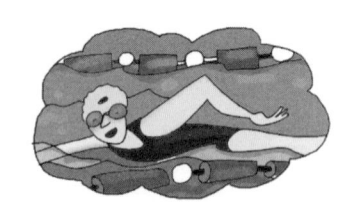

baloncesto	ciclismo	fútbol	natación

UNIDAD 14

Comprensión oral

Escucha el diálogo y SEÑALA verdadero (V) o falso (F).

	V	F
1. Arturo va al gimnasio a hacer pesas.	☐	☐
2. Isabel va al gimnasio los lunes y miércoles.	☐	☐
3. Hace mucho tiempo que Isabel practica kárate.	☐	☐
4. Arturo no quiere ir más veces al gimnasio.	☐	☐
5. Quedan para tomar algo a las ocho y cuarto.	☐	☐

Comprensión lectora

En una revista hemos encontrado esta serie de recetas mágicas. Léelas, COMPLETA las frases con las palabras del recuadro y si te gustan, ponlas en práctica.

> minutos   incómodo/a   foto   rosa   abrir   rosas   noche   contrato   fiesta

1. Si estás muy nervioso, llena la bañera con agua fría o casi fría y añádele medio kilo de bicarbonato y medio kilo de sal, mezclándolo bien. Toma un baño de quince .... Después acuéstate y duerme.

2. Si quieres cobrar una deuda, pon una .... de tu deudor o su nombre escrito en un papel blanco debajo del felpudo de tu casa.

3. Si tienes que firmar algún .... o papeles importantes, hierve un huevo diez minutos y luego ponlo debajo de tu almohada la .... anterior a la firma del contrato.

4. Si tienes que ir a una .... y estás .... porque puede haber mucha gente mirándote, vístete de negro.

5. Si piensas .... un negocio, recuerda que es bueno inaugurarlo en lunes y en luna llena. Además, tienes que meter seis .... blancas en el cajón de tu mesa.

6. Si llevas mucho tiempo saliendo con un/-a chico/a y quieres casarte pronto, corta una .... la noche de San Juan (23 de junio), y luego pon los pétalos debajo de tu almohada.

unidad 15
Acontecimientos del pasado

Comunicación

1 CLASIFICA las frases en la categoría correspondiente.

Expresar acciones interrumpidas	Contar la vida de una persona	Hacer comparaciones

a. Mérida no es tan grande como Caracas.
b. Ana nació en Salamanca en 1971.
c. Cuando estaba viendo la tele, entró el ladrón.
d. Llovía tanto como en Londres.
e. Cuando llegué, estaba dormida.
f. Murió en un pueblo de Francia.
g. Inventó el submarino.

Gramática

1 COMPLETA la tabla con las formas del Pretérito Indefinido que faltan.

....	....	leí
naciste	....	....
....	murió	....
....	....	....
....	....	....
....	....	leyeron

58 • cincuenta y ocho

UNIDAD 15

2. FORMA frases como la del modelo.

Ir (yo) a trabajar / tener un accidente
Cuando iba a trabajar, tuve un accidente.

1. Escuchar música / llamar mi novia
   ....
2. Tener 25 años / casarme
   ....
3. Estudiar en la universidad / conocer a mi mujer, Rosa
   ....
4. Ducharse (yo) / llamarme mi jefe por teléfono
   ....
5. Esquiar (yo) / romperme la pierna
   ....

3. COMPLETA las frases con el verbo en la forma adecuada.

1. Cuando (ESTAR, nosotros) *estábamos* tomando café, (OÍR, nosotros) .... la noticia.
2. Cuando (PASEAR, yo) .... por el Retiro, (ENCONTRARSE) .... con mis amigos.
3. Cuando (TENER, yo) .... 15 años, mis padres me (COMPRAR) .... un piano.
4. Cuando Jorge (IR) .... al trabajo, (TENER) .... un accidente.
5. Cuando (SER, yo) .... niña, (VIVIR) .... en un pueblo.
6. Cuando Arturo (ESTAR) .... hablando por teléfono, (CORTARSE) .... la comunicación.
7. Antes, cuando (ESTAR, yo) .... de vacaciones, (LEVANTARSE) .... tarde.
8. Anoche (IR, yo) .... a un concierto y (ACOSTARSE) .... tarde.
9. Cuando (IR) .... al supermercado, les (ROBAR, ellos) .... la cartera.
10. Cuando (ESTAR, nosotros) .... oyendo el telediario, (LLEGAR) .... los niños del colegio.

4. COMPLETA el hueco con el verbo en el tiempo adecuado.

EVA PERÓN ("Evita")

Eva Perón (NACER) *nació* el 7 de mayo de 1919 en Los Toldos, cerca de Buenos Aires. ......(b)...... (SER) actriz hasta que (CASARSE) ......(c)...... con Domingo Perón, presidente de Argentina desde 1946 hasta 1953. Evita (TENER) ......(d)...... mucha influencia en la política, (ORGANIZAR) ......(e)...... a las mujeres trabajadoras y (ACTUAR) ......(f)...... como ministra *de facto* de Salud y Bienestar. En 1951, ya enferma de cáncer, el partido peronista la (NOMBRAR) ......(g)...... vicepresidenta, pero el ejército la (OBLIGAR) ......(h)...... a retirarse. (MORIR) ......(i)...... en 1952 en Buenos Aires.

5 COMPLETA las frases con *más que / menos que / tanto como / mejor que / peor que*.

1. Una gripe es *más* grave *que* un resfriado.
2. El fútbol me gusta .... el baloncesto. Los dos son muy divertidos.
3. Ahora como .... antes. Es que quiero adelgazar.
4. Generalmente, los niños ven la tele .... los mayores.
5. Yo no he viajado .... tú, pero leo muchos periódicos extranjeros.
6. A veces los estudiantes saben .... los profesores.
7. Jennifer López canta .... tú, claro. Es una profesional.
8. Este zumo sabe mal. Es .... el de ayer.

6 ESCRIBE varias frases comparando los datos de Olga y Jorge.

JORGE
Altura: 1,75
35 años
Trabaja 8 horas.
Gana 1 880 euros.
Sale todos los fines de semana.

OLGA
1,65
33 años
Trabaja 8 horas.
Gana 2 150 euros.
Sale dos veces al mes.

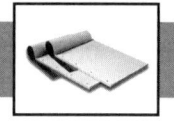

Léxico

1 RELACIONA las noticias con las secciones del periódico en el que aparecen.

1. Sobre un concierto de música clásica.
2. Sobre un partido de fútbol.
3. Sobre la subida del euro.
4. Sobre las elecciones municipales.
5. Sobre una cumbre en la ONU.
6. Sobre el nacimiento de un nieto de los Reyes.

a. DEPORTES
b. INTERNACIONAL
c. NACIONAL
d. SOCIEDAD
e. CULTURA
f. ECONOMÍA

Comprensión oral

1 Escucha la entrevista a Ricardo Gómez, pianista, y CONTESTA a las preguntas.

1. ¿Con cuántos años empezó a estudiar música?
2. ¿Qué profesión tenía su madre?
3. ¿Por qué eligió el piano?
4. ¿Dónde estudió el Ciclo Superior de su carrera?
5. ¿Adónde se fue después?

UNIDAD 15

Comprensión lectora

Lee y RESPONDE a las preguntas de estos dos textos.

> ### Sobrevive en el mar durante tres meses viendo vídeos
> Ricardo Díaz salió a dar un paseo de tres horas en su barco, pero cuando estaba lejos de la costa, una tormenta estropeó el motor de la embarcación. En ese momento Ricardo Pérez, un cubano de 62 años, se quedó incomunicado, ya que la radio tampoco funcionaba. El náufrago no tiene esposa ni hijos, así que nadie se dio cuenta de su desaparición. A partir de entonces, Ricardo empezó un largo viaje arrastrado por las corrientes marinas, hasta que tres meses después fue rescatado por una fragata de la Marina francesa. Durante estos tres meses, Ricardo se alimentó con los peces, tortugas y pájaros que se posaban en su barco. Además, dijo que no se aburrió, ya que tenía muchas películas de vídeo para entretenerse.

1. ¿Cómo se estropeó el barco?
....
2. ¿De dónde es Ricardo Pérez?
....
3. ¿Dónde está la familia del náufrago?
....
4. ¿Quién lo encontró?
....
5. ¿Cómo sobrevivió durante los tres meses que pasó en el mar?
....

> ### 2 800 000 madrileños están expuestos a trastornos por el ruido
> Casi 800 000 madrileños están expuestos a trastornos de salud por los altos índices de ruido que soportan; otro medio millón de personas se hallan afectadas en la capital por enfermedades relacionadas con pérdidas de audición, según un estudio del Ayuntamiento de Madrid.
> El estudio, además, señala que en las fechas navideñas, los altos índices de ruido aumentan en determinadas zonas del centro urbano hasta en un 30%. En otros lugares, como la zona limitada por la autopista M-30, los niveles de ruido son superiores a 70 decibelios, cinco por encima de la tasa considerada "límite de aceptación de ruido" por la Unión Europea. Según el estudio, en los últimos 20 años se ha duplicado el ruido en el ambiente de Madrid.

1. ¿Cuántos madrileños están enfermos del oído?
....
2. ¿Quién ha hecho el informe?
....
3. ¿En qué época del año aumentan los ruidos?
....
4. ¿Cuál es la tasa de aceptación del ruido, según la Unión Europea?
....
5. ¿Qué ha ocurrido con el ruido en Madrid en los últimos veinte años?
....

Claves

UNIDAD 1
Comunicación
1. 1-c; 2-a: 3-b; 4-f; 5-d; 6-e.
2. 1. ¿Cómo te llamas?; 2. ¿Qué haces?; 3. ¿De dónde eres?; 4. ¿Dónde vives?; 5. ¿Eres peruana?; 6. ¿Qué haces?; 7. ¿Eres uruguayo?; 8. ¿Dónde vives?; 9. ¿Cómo te llamas?; 10. ¿De dónde eres?

Gramática
1. a. Dónde; b. dónde; c. cómo; d. qué; e. cómo; f. dónde.
2.

TRABAJAR	VIVIR	SER	LLAMARSE
trabajo	vivo	soy	me llamo
trabajas	vives	eres	te llamas
trabaja	vive	es	se llama
trabajamos	vivimos	somos	nos llamamos
trabajáis	vivís	sois	os llamáis
trabajan	viven	son	se llaman

3. a. te llamas; b. eres; c. trabajas; d. vives; vivo.
4.
El profesor es chileno. La profesora es chilena.
El pianista es argentino. La pianista es argentina.
El guía es español. La guía es española.
El enfermero es venezolano. La enfermera es venezolana.
El estudiante es brasileño. La estudiante es brasileña.
El cocinero es uruguayo. La cocinera es uruguaya.
El actor es cubano. La actriz es cubana.

Léxico
1. 1. alemán; 2. italiana; 3. inglés; 4. austriaca; 5. brasileña; 6. rusa; 7. canadiense; 8. francés; 9. marroquí; 10. china.
2. 1. ¿Eres española?/Sí, soy de Valencia; 2. ¿Eres italiana?/Sí, soy de Milán; 3. ¿Eres argentino?/Sí, soy de Córdoba; 4. ¿Eres mexicano?/Sí, soy de Ciudad de México; 5. ¿Eres brasileño?/Sí soy de Sao Paulo; 6. ¿Eres portuguesa?/Sí, soy de Lisboa.
3. a. pianista; b. secretaria; c. profesor; d. médica; e. cocinero; f. pintor; g. guía; h. camarero.

Comprensión oral
2. 1. Hernández; 2. Rodríguez; 3. Ferrero; 4. Rodero; 5. Santamaría; 6. Sánchez; 7. Díez; 8. Rueda; 9. Cuerda.

UNIDAD 2
Comunicación
1. a. Es madrileña; b. Es directora de un banco; c. Vive en Madrid; d. Es argentino; e. Es abogado; f. Vive en Buenos Aires.
2.

TÚ	USTED	VOSOTROS	USTEDES
¿Cómo te llamas?	¿Cómo se llama?	¿Cómo os llamáis?	¿Cómo se llaman?
¿De dónde eres?	¿De dónde es?	¿De dónde sois?	¿De dónde son?
¿Qué haces?	¿Qué hace?	¿Qué hacéis?	¿Qué hacen?
¿Dónde vives?	¿Dónde vive?	¿Dónde vivís?	¿Dónde viven ustedes?

3. a. buenos, está, bien, usted, es, soy, trabaja; b. usted, no, trabaja, trabajo.
4. a. ¡Hola! ¿Qué tal?; b. Buenos días, ¿cómo está usted?

Gramática
1.

TRABAJAR	COMER	VIVIR
trabajo	como	vivo
trabajas	comes	vives
trabaja	come	vive
trabajamos	comemos	vivimos
trabajáis	coméis	vivís
trabajan	comen	viven

2. a. Él se llama Miguel López; b. Nosotros somos profesores; c. Él es valenciano; d. Ernesto vive en Caracas; e. Ellos son profesores.
3. Este es Ricardo Díez, mi compañero de trabajo; Esta es Elena Pérez, profesora de inglés; Estos son mis vecinos Mayte y Rafa; Estos son Valerio y Salvador, son de Tegucigalpa; Estas son mis amigas Julia y Marina, son de Sevilla.

Léxico
1. 1. cinco; 2. cuatro; 3. nueve; 4. ocho; 5. siete; 6. cero; 7. uno; 8. dos; 9. seis; 10. tres.
2.

chino	china	chinos	chinas
alemán	alemana	alemanes	alemanas
francés	francesa	franceses	francesas
japonés	japonesa	japoneses	japonesas
marroquí	marroquí	marroquíes	marroquíes
brasileño	brasileña	brasileños	brasileñas
ruso	rusa	rusos	rusas
iraní	iraní	iraníes	iraníes
inglés	inglesa	ingleses	inglesas

3. 1. los pintores; 2. las abogadas; 3. las secretarias; 4. las azafatas; 5. los enfermeros; 6. los economistas; 7. las empresarias.

Comprensión oral
Laura – secretaria – banco – catalana; Rafael – enfermero – hospital – cordobés: Manuel – economista – empresa de informática – Madrid; Pilar y Eva– profesoras de español – academia – catalanas.

UNIDAD 3
Comunicación
1. 1. falso; 2. falso; 3. falso; 4. verdadero; 5. falso; 6. verdadero.
2. Localizar objetos: b, d, e; Preguntar y decir cantidades: c; Describir una vivienda: a.

Gramática
1.

ESTAR	TENER	PONER
estoy	tengo	pongo
estás	tienes	pones
está	tiene	pone
estamos	tenemos	ponemos
estáis	tenéis	ponéis
están	tienen	ponen

2. 1. tiene; 2. trabaja; 3. son; 4. pongo; 5. está; 6. vive.
3. 1. El salón es pequeño; 2. La lavadora está a la izquierda; 3. Los sillones son antiguos; 4. El cuarto de baño está a la izquierda; 5. Las sillas son cómodas.
4. a. 1. de, al, de la; 2. el, al, del; 3. el, de la;
   b. 1. los, del; 2. los, de las; 3. el, de la.

Léxico
1. 1. moderna; 2. pequeño; 3. interior; 4. tranquila; 5. fea; 6. grande.
2. 1. segundo; 2. quinto; 3. octavo; 4. primero; 5. noveno; 6. tercero; 7. sexto; 8. cuarto; 9. séptimo; 10. décimo.
3. 17. diecisiete; 12. doce; 16. dieciséis; 20. veinte; 14. catorce; 11. once; 13. trece; 15. quince; 18. dieciocho; 19. diecinueve.
4. 1. salón-comedor; 2. cuarto de baño; 3. dormitorio; 4. dormitorio; 5. recibidor; 6. cocina.
5. a. armario; b. sofá; c. mesa; d. silla; e. cama; f. mesilla; g. sillón; h. lámpara.
6. Dormitorio: cama, mesilla, armario. Salón-comedor: sofá, sillón, lámpara, mesa, silla. Cocina: mesa, silla, armario.

Comprensión oral
1. a. 15; b. 2; c. 12; d. 3; e. 11; f. 8.
2. Piso 1: 1 habitación, es exterior, 550 euros al mes.
   Piso 2: 2 habitaciones, exterior, 750 euros.
   Piso 3: 1 habitación, interior, 400 euros.

UNIDAD 4
Comunicación
1. 1. hay, gire, siga; 2. está; 3. va, siga, gire; 4. voy, coges, bajas, sigues, está.
2. 1. Por favor, ¿a qué hora abren las farmacias? A las nueve y media de la mañana; 2. ¿A qué hora cierran los estancos? A las ocho y media de la tarde; 3. ¿A qué hora abre el Museo de Historia? A las diez menos cuarto de la mañana; 4. ¿A qué hora llega el vuelo de Caracas? A las siete menos cuarto de la mañana; 5. ¿A qué hora sale el autobús de la playa? A las doce menos cinco; 6. ¿A qué hora cierra el supermercado? A las nueve y media de la noche.
3. a. Las dos y media; b. Las cuatro menos cuarto; c. Las ocho menos veinte; d. Las seis y diez; e. Las nueve y cuarto; f. La una y veinte.

Gramática
1.

IR	SEGUIR	VENIR	CERRAR
voy	sigo	vengo	cierro
vas	sigues	vienes	cierras
va	sigue	viene	cierra
vamos	seguimos	venimos	cerramos
vais	seguís	venís	cerráis
van	siguen	vienen	cierran

2. 1. vamos; 2. vas; 3. venís; 4. cierran; 5. sigues; 6. voy; 7. vienes.
3. 1. a, en; 2. de; 3. del; 4. a, de; 5. a, a; 6. en; 7. en, a.

Léxico
1. a. El pan se vende en la panadería; b. El sello se vende en el estanco; c. La leche se vende en el supermercado; d. El periódico se vende en el quiosco; e. El jabón se vende en la perfumería; f. Las aspirinas se venden en la farmacia; g. El detergente se vende en el supermercado.
2. a. lejos; b. estación; c. parque; d. supermercado; e. quiosco; f. periódico; g. oficina de Correos; h. parada; i. estación.
4. a. 14 – catorce; b. 57 – cincuenta y siete; c. 100 – cien; d. 529 – quinientos veintinueve; e. 1945 – mil novecientos cuarenta y cinco; f. 2 587 – dos mil quinientos ochenta y siete; g. 5 913 – cinco mil novecientos trece.
5. a. Ochocientos veintidós; b. Trecientos quince; c. Mil ochocientos noventa y cinco; d. Ciento setenta y seis; e. Cinco mil cuarenta y ocho.

Comprensión oral
1. a. 36; b. 33; c. 89; d. 340; e. 543; f. 1968.
2. 1. A las ocho y diez; 2. A las ocho; 3. A las siete y media; 4. A las cinco; 5. A las once y media; 6. Las ocho menos cuarto; 7. Las cinco y cuarto.
3. Vale, ¿cómo voy?; ¿Dónde vives?; ¿A qué hora quedamos?; De acuerdo, hasta luego.

UNIDAD 5
Comunicación
1. 1. van a; zumo; 2. primero; un filete; 3. cuánto es; 4. un café; con leche.

Gramática
1. PASAR COMER ABRIR CERRAR HACER PONER REPETIR CALLARSE
   pasa come abre cierra haz pon repite cállate
   pase coma abra cierre haga ponga repita cállese
2. b. Ponme un zumo de tomate, por favor; 3. ¿Puedes hacer la comida?; d. Cierra la ventana, por favor; 5. ¿Puedes hablar más bajo?; f. Pon la tele, por favor; 7. ¿Puedes llamar a las siete?
3. 1. A ella le gustan los deportes; 2. A David le gusta ver la tele; 3. A mí me gusta el jamón; 4. ¿A ti te gusta la música latina?; 5. A Elena le gustan las gambas.
4. 1. A él no le gusta mucho el pescado; 2. A ti no te gustan nada las aceitunas;

Claves

3. Me gusta mucho la música clásica; 4. A Sergio no le gusta el ajedrez; 5. A Sergio le gustan mucho las motos; 6. A Eva le gustan mucho los helados.
Léxico
1. a. pera; b. manzana; c. judías verdes; d. plátanos; e. uvas; f. tomates; g. espinacas.
2.
Horizontales: pollo, sardina, ternera, bacalao.
Verticales: trucha, cordero.
Comprensión oral
1. Al hijo le gusta ver la tele, jugar con el ordenador y el fútbol. Al padre le gusta leer filosofía y escuchar música clásica, antigua, y pintar. A la madre le gusta leer novelas policiacas, y el cine.
Comprensión lectora
1. a. dos platos y un postre; b. de segundo; c. por la gran extensión de sus costas; d. fruta, arroz con leche o flan.

UNIDAD 6
Comunicación
1. a. Lleva gafas, tiene el pelo corto y liso; b. Tiene el pelo largo y liso. Es rubia y tiene los ojos claros; c. Tiene el pelo corto y liso. Es morena y tiene los ojos claros; d. Tiene el pelo corto, es moreno y tiene los ojos oscuros.
2. 1 – d; 2 – e; 3 – f; 4 – b; 5 – a; 6 – c.
3. a. es; b. tiene; c. tiene; d. es; e. es.
Gramática
1.

EMPEZAR	SALIR	VOLVER
empiezo	salgo	vuelvo
empiezas	sales	vuelves
empieza	sale	vuelve
empezamos	salimos	volvemos
empezáis	salís	volvéis
empiezan	salen	vuelven

2. a. Nosotros nos duchamos por la noche; b. Mi hija se viste sola; c. Yo no me callo cuando me enfado; d. Mis vecinos se acuestan muy tarde; e. Daniel se sienta en la primera fila; f. Carmen y Ramón se levantan muy temprano.
3. a. ¿A qué hora empiezas el trabajo?; b. ¿A qué hora sales del trabajo?; c. ¿A qué hora te acuestas?; d. ¿A qué hora comes?; e. ¿A qué hora vuelves a casa?; f. ¿A qué hora haces la compra?
4. a. se levanta; b. empieza; c. vuelve; d. come; e. cena; f. se acuesta.
6. 1. sus; su; 2. mi; 3. mis; 4. tus.
Léxico
1. 1. nietos; 2. madre; 3. marido; 4. mujer; 5. tío; 6. un hijo; 7. sobrina; 8. tiene dos hermanas; 9. prima; 10. tiene hermanos.
Comprensión oral
1. El lunes y el martes, reunión toda la mañana. El lunes por la tarde no está en la oficina y el martes tiene una cita concertada. El miércoles y el jueves está en Bruselas. El viernes por la tarde fija la reunión. El fin de semana no está en la oficina.
Comprensión lectora
2. a. se levanta; b. sale a comprar el pan y el periódico; c. come; d. va al gimnasio; e. da algún paseo o ve alguna exposición; f. pinta.

UNIDAD 7
Comunicación
1. 1 – f; 2 – g; 3 – e; 4 – b; 5 – d; 6 – a; 7 – c.
2. 1. ¿Te gustan los zapatos negros? No, prefiero los marrones; 2. ¿Te gusta el coche gris? No, prefiero el rojo; 3. ¿Te gusta la blusa de seda? No, prefiero la de algodón; 4. ¿Te gusta el bolso pequeño? No, prefiero el grande; 5. ¿Te gusta el jersey estrecho? No, prefiero el ancho.
Gramática
1. 1. Sí, me lo llevo; 2. Sí, me los llevo; 3. Sí, me la llevo; 4. Sí, me lo llevo; 5. Sí, me los llevo; 6. Sí, me la llevo.
2. a. A mí los zapatos negros me quedan mal; b. A Ernesto los pantalones vaqueros le quedan bien; c. A Luis la corbata de rayas le queda fatal; d. A ti la minifalda te queda muy bien; e. A ellas las blusas rojas no les quedan bien; f. A Berta el vestido largo le queda bien.
3. 1. Mira este traje, ¿qué te parece?; 2. Mira estas camisetas, ¿qué te parecen?; 3. Mira este vestido, ¿qué te parece?; 4. Mira esta camisa, ¿qué te parece?
Léxico
1. 1. pantalones; 2. corbata; 3. camisa; 4. chaqueta; 5. zapatos; 6. falda; 7. blusa; 8. medias; 9. bolso; 10. vaqueros; 11. camiseta; 12. cazadora.
3.
Horizontales: naranja, uvas, queso, leche, plátanos, lechuga.
Verticales: manzanas, huevos, pollo, espinacas.
Comprensión oral
1. Ya tienen plátanos, yogures, arroz y huevos. Falta un kilo de peras y tres latas de atún.
Comprensión lectora
1. a. Justo; b. Paloma; c. Paco; d. Laura.

UNIDAD 8
Comunicación
1.
Diálogo 1
1. ¿Vamos a jugar al tenis?; 2. Vale, ¿cuándo quedamos?; 3. El sábado por la mañana, ¿cómo te va?; 4. Muy bien, ¿a qué hora quedamos?; 5. A las 10; 6. Vale, de acuerdo.
Diálogo 2
1. Ana, ¿quieres venir conmigo al teatro? Hay una obra de Antonio Gala; 2. Lo siento, pero no puedo, es que tengo que ir con Arturo al médico; 3. ¿Por qué no va él solo, está muy mal?; 4. No, lo que pasa es que no le gusta ir solo; 5. Y ¿qué te parece el viernes que viene?; 6. Mejor, te llamo el jueves ¿vale?; 7. Vale, hasta el jueves.
Gramática
1.

JUGAR	OÍR	CONOCER
juego	oigo	conozco
juegas	oyes	conoces
juega	oye	conoce
jugamos	oímos	conocemos
jugáis	oís	conocéis
juegan	oyen	conocen

2. 1. (Posibles respuestas) Yo tengo que hacer los deberes; 2. Tú tienes que llamar por teléfono al médico; 3. Usted tiene que hacer la comida; 4. David y yo tenemos que hacer la compra; 5. Vosotras tenéis que comprar el pan; 6. Ismael y ella tienen que ir al médico; 7. Ellos tienen que estudiar los verbos.
3. 1. Estoy viendo; 2. Están cenando fuera; 3. Estamos jugando; 4. Está jugando; 5. Estoy arreglando el ordenador; 6. Está duchándose.
4. 1. Están jugando; 2. Están haciendo; 3. Están hablando y tomando; 4. Están bañándose; 5. Está jugando; 6. Está comiendo; 7. Está leyendo.
Léxico
1. 1. enero; 2. junio; 3. agosto; 4. septiembre; 5. mayo; 6. marzo; 7. diciembre; 8. febrero; 9. abril; 10. julio; 11. octubre; 12. noviembre.
2. Otoño: octubre, noviembre, diciembre (hasta el 21); Invierno: enero, febrero, marzo (hasta el 21); Primavera: abril, mayo, junio (hasta el 21); Verano: julio, agosto, septiembre (hasta el 21).
Comprensión oral
1. Carlos está cenando y viendo una película en la tele; La hermana está jugando con el ordenador; El padre está hablando con unos vecinos; La madre está comprando; Álvaro está durmiendo.
Comprensión lectora
1. Fuera de casa: salir con amigos, ir al cine, bailar en discotecas, salir a tomar copas.
En casa: escuchar música, ver la televisión, oír la radio, leer periódicos y revistas, usar el ordenador.

UNIDAD 9
Comunicación
1. Diálogo 1. 1. ¿Diga?; 2. ¿Está Laura?; 3. Sí, ¿de parte de quién?; 4. Soy Nacho, un compañero; 5. Ahora se pone. ¡Laura, al teléfono!
Diálogo 2. 1. ¿Sí?; 2. Julia, soy Celia; 3. Hola, ¿qué tal?; 4. Mira, que te llamo para preguntarte si quieres ir a ver el concierto de Ketama; 5. Pues, me gustaría mucho pero este fin de semana, imposible, tengo tres exámenes la semana que viene; 6. Vaya, qué pena, lo siento; 7. Yo también.
2. 1. ¿Vais a salir o vais a quedaros en casa?; 2. ¿Vais a pasar las vacaciones en la playa o en la montaña?; 3. ¿Va a vivir en Madrid o va a vivir en Barcelona?; 4. ¿Van a ir al cine o van a ir al teatro?; 5. ¿Vais a estudiar en una universidad privada o en una universidad pública?; 6. ¿Vas a ir en metro o vas a ir en autobús?
3. 1. No, está en el hospital; 2. Creo que sí, le gusta mucho la playa; 3. Sí, ya tiene el billete de tren. 4. Creo que no, tiene mucho trabajo; 5. No sé, voy a preguntarle.
Gramática
1. 1. las; 2. la; 3. le/lo; 4. la; 5. os; 6. te, te, te; 7. me; 8. lo; 9. me.
2. 1. dentro de; 2. que viene; 3. mañana; 4. esta noche; 5. que viene; 6. dentro de; 7. ahora; 8. luego.
Léxico
1. 1. hotel; 2. sol; 3. cielo; 4. gafas; 5. dormir.
Comprensión lectora
1. 1. les gusta; 2. es; 3. pescado fresco y frutas tropicales; 4. está; 5. le gusta; 6. muy amable y divertida.
Comprensión oral
1. 1 – d; 2 – a: 3 – c; 4 – b; 5 – e.

UNIDAD 10
Comunicación
1. Aceptar excusas: c, d, e; Justificarse: a, h, j; Hablar de hechos pasados: b, f, g, i.
Gramática
1. 1. he venido; 2. te has levantado; 3. habéis ido; 4. he hablado; 5. ha hecho; 6. ha abierto; 7. ha escrito; 8. hemos visto; 9. han estado; 10. ha leído; 11. hemos olvidado; 12. has puesto.
2. 1. ha venido; 2. ha viajado; 3. has visto; 4. te has levantado; 5. has comido; 6. has ido; 7. ha estado; he estado; he tenido.
3. Esta tarde he visto a mi padre; El año pasado estuve en Perú; Esta mañana me he levantado temprano; Este mes me he ganado menos que el pasado; Ayer fui al dentista; Nunca he llamado a tu novia.
4. 1. ¿Todavía no has escrito el informe?; 2. ¿Todavía no habéis hecho los deberes?; 3. ¿Todavía no has visto la última película de Fernando Trueba?; 4. ¿Todavía no has ido a la peluquería?; 5. ¿Todavía no has comprado el pan?; 6. ¿Todavía no has hablado con el director?

Claves

5. 1. Lo siento, es que me he dormido; 2. Lo siento, es que he perdido el número de teléfono; 3. Lo sentimos, es que hemos estado en otra reunión; 4. Lo sentimos, es que hemos tenido que estudiar.
Léxico
1.
Horizontales: mar, sierra, lago, isla.
Verticales: océano, montaña.
Comprensión oral
1. 1. F; 2. V; 3. F; 4. V; 5. V; 6. F.
Comprensión lectora
1. a. he casado; b. he sido; c. he visto; d. he estado; e. han querido; f. he subido; g. he tenido; h. he jugado; i. he pintado.

UNIDAD 11
Comunicación
1. 1 – e; 2 – f; 3 – g; 4 – b; 5 – d; 6 - c; 7 – a.
Gramática
1.

ESTAR	TENER	OÍR	HACER	IR	LLEGAR
estuve	tuve	oí	hice	fui	llegué
estuviste	tuviste	oíste	hiciste	fuiste	llegaste
estuvo	tuvo	oyó	hizo	fue	llegó
estuvimos	tuvimos	oímos	hicimos	fuimos	llegamos
estuvisteis	tuvisteis	oísteis	hicisteis	fuisteis	llegasteis
estuvieron	tuvieron	oyeron	hicieron	fueron	llegaron

2. 1. La semana pasada estuve en un concierto; 2. Anoche hice la cena; 3. El lunes tuve mucho trabajo; 4. El sábado vi una película muy buena; 5. El año pasado fui de vacaciones a Canarias.
3.

Todos los días	Hoy	Ayer
Leo *El País*.	He leído *El Mundo*.	Leí el *Marca*.
Como en casa.	He comido en un restaurante.	Comí en casa de Bárbara.
Voy a clase en metro.	He ido en autobús.	Fui en taxi.
Trabajo mucho.	He trabajado poco.	No trabajé.
Veo a Paco.	He visto a María.	No vi a Paco ni a María.
Tomo café.	He tomado té.	No tomé nada.
Me levanto a las 7.	Me he levantado a las 8.	Me levanté a las 10.
Hago la comida.	No he hecho la comida.	Hice la cena.
Compro el pan.	No lo he comprado.	Tampoco lo compré

4. a. nadie; b. nada; c. ningún; d. viejas; e. sucios; f. algunos; g. ninguno; h. aburridos; i. preocupado.
6. 1. a, a, a; 2. con, con; 3. desde, hasta; 4. a; 5. desde, desde; 6. en; 7. desde; 8. hasta.
Léxico
1. 1 – d; 2 – a; 3 – f: 4 – e; 5 – g; 6 – b; 7 – c.
Comprensión oral
1. 1. F; 2. V; 3. F; 4. F; 5. V.
2. 1 – 3 - 2 - 4.
Comprensión lectora
1. a. llegaron; b. conocieron; c. llevaron; d. se cultivó; e. empezaron; f. se extendió; g. empezaron.

UNIDAD 12
Comunicación
1. a. Llueve; b. Nieva; c. Hace viento; d. Hay niebla; e. Hace sol; f. Está nublado.
2. 1. En invierno, voy todos los domingos a esquiar; 2. No me gusta tomar el sol; 3. En verano bebo muchos refrescos; 4. Hoy hace viento y está nublado; 5. A mí no me gusta el otoño.
Gramática
1.

	este	ese	aquel
	esta	esa	aquella
	estos	esos	aquellos
	estas	esas	aquellas

2. 1. esta; 2. estos; 3. esta; 4. estas; 5. estos; 6. esta; 7. este; 8. este.
3. 1. El coche descapotable es más caro que el otro; 2. La catedral de Zamora es más antigua que La Sagrada Familia de Barcelona; 3. Carlos es más viejo que Alberto. 4. Los pisos del edificio de Cristal son más grandes que los de Luna.
4. 1. Nicaragua es más pequeño que Venezuela; 2. Aquella película es peor que esta; 3. El Hotel Argentina es más barato que el Hotel Buena Vista; 4. Mis padres son más jovenes que los tuyos.
5. 1. Mi novio es muy guapo / El mío es más guapo que el tuyo; 2. Mi ordenador es muy nuevo / El mío es más nuevo que el tuyo; 3. Mis zapatillas son muy nuevas / Las mías son más nuevas que las tuyas; 4. Mi perro es muy inteligente / El mío es más inteligente que el tuyo; 5. Mis pantalones son muy modernos / Los míos son más modernos que los tuyos.
Léxico
1.
Horizontales: avión, coche, barco.
Verticales: autobús, tren.
Comprensión oral
1. 1. En verano hace mucho calor en el sur de España; 2. En invierno hace frío en Castilla y Madrid, pero en la costa mediterránea, las temperaturas son agradables; 3. Alguna gente se baña en Alicante en invierno; 4. Tony quiere ir a vivir a España.
Comprensión lectora
1. 1. enero; 2. calor; 3. mil; 4. mayo; 5. junio; 6. siete; 7. luna ; 8. puentes; 9. sombra; 10. balcón.

UNIDAD 13
Comunicación
1. 1 – c; 2 – d; 3 – a; 4 – e; 5 – b.
Gramática
1.

TRABAJAR	COMER	VIVIR	SER	IR
trabajaba	comía	vivía	era	iba
trabajabas	comías	vivías	eras	ibas
trabajaba	comía	vivía	era	iba
trabajábamos	comíamos	vivíamos	éramos	íbamos
trabajabais	comíais	vivíais	erais	ibais
trabajaban	comían	vivían	eran	iban

2. Antes: estudiaba, me gustaba; comía, salía, escribía.
Ahora: me levanto, gano, escribo.
4. a. me duele; b. le duele; c. le duelen; d. me dolía; e. me duelen; f. te duele, me duele; g. les duele.
Léxico
1.
Horizontales: espalda, ojos, mano, boca, nariz, codo, cabeza.
Verticales: estómago, pie, brazo.
Comprensión oral
1. 1. V; 2. F; 3. V; 4. V; 5. F; 6. F.
Comprensión lectora
1. a. científicos; b. enfermedades; c. risa; d. excelente; e. corazón; f. por eso; g. recomiendan; h. ríete.

UNIDAD 14
Comunicación
1. Expresar obligación (forma personal): c, g; Expresar obligación (forma impersonal): a, f; Expresar posibilidad: e; Expresar prohibición: b, d.
Gramática
1. 1. No se puede; 2. No se puede; 3. No se puede; 4. Hay que; 5. No se puede; 6. Se puede; 7. Hay que.
2. 1. tienes que; 2. hay que; 3. hay que; 4. tienes que; 5. hay que; 6. tiene que; 7. hay que.
3. 1. voy; 2. regala; 3. paseamos; 4. vamos; 5. tráeme; 6. acompaño; 7. llámame.
4.

Sujeto	Complemento Directo	Complemento Indirecto
Yo	me	me
Tú	te	te
Él/ella/Ud.	lo-la-le	le-se
Nosotros/as	nos	nos
Vosotros/as	os	os
Ellos/as/Uds.	los-las-les	les-se

5. 1. se la; 2. selo; 3. se lo; 4. selo; 5. los; 6. te lo.
6. a. les; b. lo; c. le; d. me; e. la; f. me; g. lo; h. os; i. le; j. le.
Léxico
Baloncesto: balón, cancha, botas, canasta; Ciclismo: bicicleta, meta, maillot; Fútbol: balón, gol, estadio, botas, portería; Natación: nadar, piscina, bañador, gorro.
Comprensión oral
1. V; 2. F; 3. F; 4. F; 5. V.
Comprensión lectora
1. minutos; 2. foto; 3. contrato, noche; 4. fiesta, incómodo; 5. abrir, rosas; 6. rosa.

UNIDAD 15
Comunicación
1. Expresar acciones interrumpidas: c, e; Contar la vida de una persona: b, f, g; Hacer comparaciones: a, d.
Gramática
1.

NACER	MORIR	LEER
nací	morí	leí
naciste	moriste	leíste
nació	murió	leyó
nacimos	morimos	leímos
nacisteis	moristeis	leísteis
nacieron	murieron	leyeron

2. 1. Cuando estaba escuchando música, llamó mi novia; 2. Cuando tenía 25 años, me casé; 3. Cuando estudiaba en la universidad, conocí a mi mujer, Rosa; 4. Cuando me estaba duchando, me llamó mi jefe por teléfono; 5. Cuando estaba esquiando, me rompí la pierna.
3. 1. estábamos, oímos; 2. paseaba, me encontré; 3. tenía, compraron; 4. iba, tuvo; 5. era, vivía; 6. estaba, se cortó; 7. estaba, me levantaba; 8. fui, me acosté; 9. iban, robaron; 10. estábamos, llegaron.
4. a. nació; b. fue; c. se casó; d. tuvo; e. organizó; f. actuó; g. nombró; h. obligó; i. murió.
5. 1. más grave que; 2. tanto como; 3. menos que; 4. más que; 5. tanto como; 6. más que; 7. mejor que; 8. peor que.
Léxico
1. 1 – e; 2 – a; 3 – f; 4 – c; 5 – b; 6 – d.
Comprensión oral
1. 1. con cinco años; 2. maestra; 3. es el instrumento más completo; 4. En Madrid; 5. A Londres.
Comprensión lectora
1. 1. Por una tormenta; 2. De Cuba; 3. No tiene; 4. La Marina francesa; 5. Comió peces, tortugas y pájaros.
2. 1. Medio millón; 2. El Ayuntamiento de Madrid; 3. En Navidad; 4. 65 decibelios; 5. Se ha duplicado.